説話社 占い選書 4

手のひらで心が読める

西洋手相占い

ゆきまる

はじめに

「あなたの人生は、特別に良くも悪くもない。つまり、平平凡凡《へいへいぼんぼん》な人生ってこと！」

友人に誘われて、生まれて初めてプロの手相家に観てもらったのは、私がまだ学生のころ。自分自身のことをよくわかっていなかったにも関わらず、もっと明るい未来を伝えられることを期待していた私は、「特別に良くも悪くもない」「平平凡凡」という言葉に、ひどくがっかりしたものでした。

しかし、この経験が一つのきっかけとなり、「それならば、平凡な人生とは違う道へ行こう」と、なぜか伝えられた未来とは全く違う未来を思い描き、同時に「いったい手相って何なのだろう」という好奇心が芽生えたのです。

あなたがこの本を手に取ったのも、少なからず手相というものに興味を抱いたからだと思います。ところが本を開いてみたものの「手相って、本を読んでも今ひとつよくわからない」、そんな思いがどこかにあるのだとしたら、どうぞご心配なく！　最初のうちは、どれが運命線やら頭脳線やら見分けがつかなくとも、あるコツさえつかんでしまえば、手のひらの風景が徐々にはっきりと見えるようになるのです。

本書は、あなたと同じように、私もまた手相に興味を抱いてきた者の一人として、わかりやすく、読みやすく、丁寧に、を心がけて幅広い視点で手相の学びを紹介しています。

手のひらに現れているメッセージ（手相）は、世の中で一般的に認識されている、いわゆる「手相占い」とは少し違うものだと、私は考えています。例えば、手のひらの線（相）の有無だけを見て、一喜一憂し、単純に運の良し悪しを観るものではないということです。

手のひら（手相）は、世界に二つとないあなただけのものであり、まさに、あなたの人生そのものです。自らの考え方や行動が変われば、手相もそれに伴い変わっていくということを、ぜひ、本書を通して体験していただけたら、手相観としてこんなに嬉しいことはありません。

ゆきまる

目次

本書の使い方

手相を学ぶ際の流れは、とてもシンプルです。「覚える」「実践する」「理解を深める」という3ステップです。

①「覚える」とは文字通り、手相に関する用語やそれらの意味など、基本的な知識を覚えるということです。しかし、手相に関するすべての知識を丸暗記しなくてはならないという話ではありません。この点については、後ほど説明しましょう。

②「実践する」とは、覚えた基礎知識を用いて、実際の手のひらにはどのように現れているのかを自分の目で確かめ、手相を読むことです。

③「理解を深める」とは、手相読みの結果を自分の中で反芻《はんすう》しながら、手のひらの人物と手のひらが語っていることを考察し、手相読みの経験値を高めていくことです。

さて、話を「覚える」に戻しましょう。あなたが全くの初心者であるならば、

●基本的な手相の見方
●感情線・頭脳線・生命線・運命線の基本タイプ
●丘の意味

をまずは覚えてしまいましょう。その他の知識は、この本をページ順に読み進めながら徐々に覚えていけばいいのです。

手相についての知識を一通り学んでいるという場合は、手のひらを読む際、平面的に読むのではなく、一つの風景を眺めるように立体的、全体的に読むことを心がけながら、本書を読み進めていただければと思います。

空高く舞う鳥のように、両手の風景を俯瞰《ふかん》して観られるようになったとき、さらなる手相の神髄に出会うことでしょう。

さあ、はじめましょう!

基本的な手相の見方

右手：社会における生き方が現れる、後天的な手相。
左手：持って生まれた資質が現れる、先天的な手相。

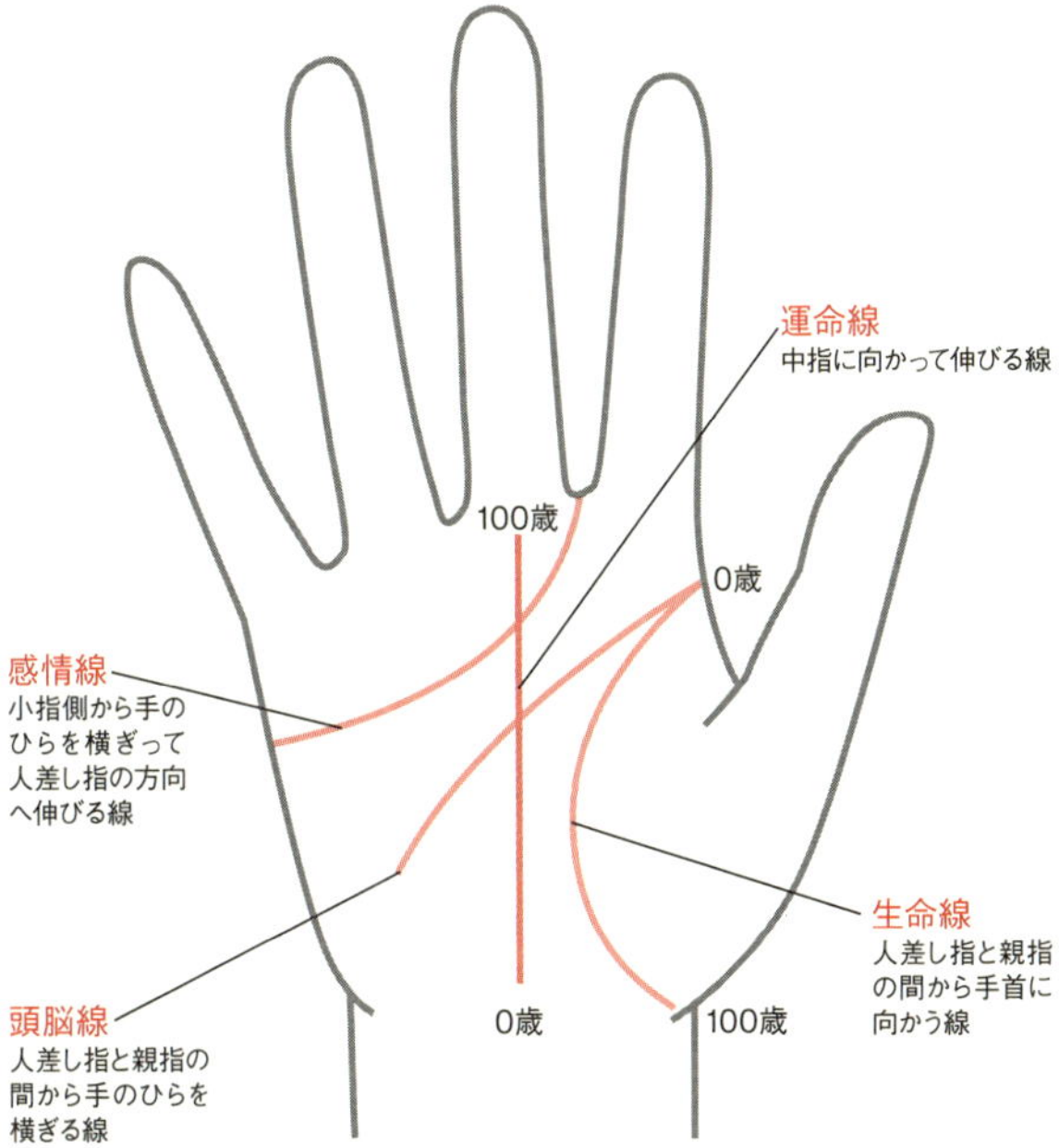
運命線
中指に向かって伸びる線
100歳
0歳
感情線
小指側から手のひらを横ぎって人差し指の方向へ伸びる線
生命線
人差し指と親指の間から手首に向かう線
頭脳線
人差し指と親指の間から手のひらを横ぎる線
0歳
100歳

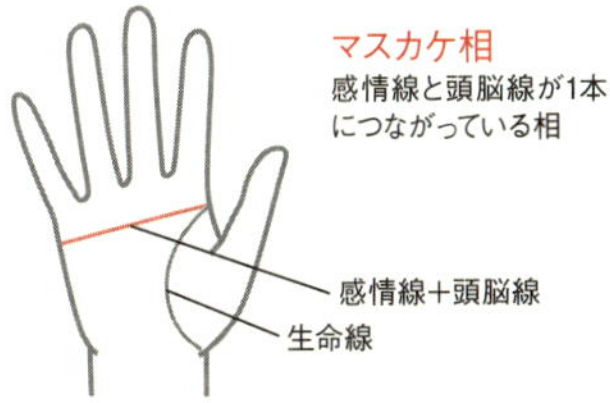
マスカケ相
感情線と頭脳線が1本につながっている相
感情線＋頭脳線
生命線

第1章　手相学とは

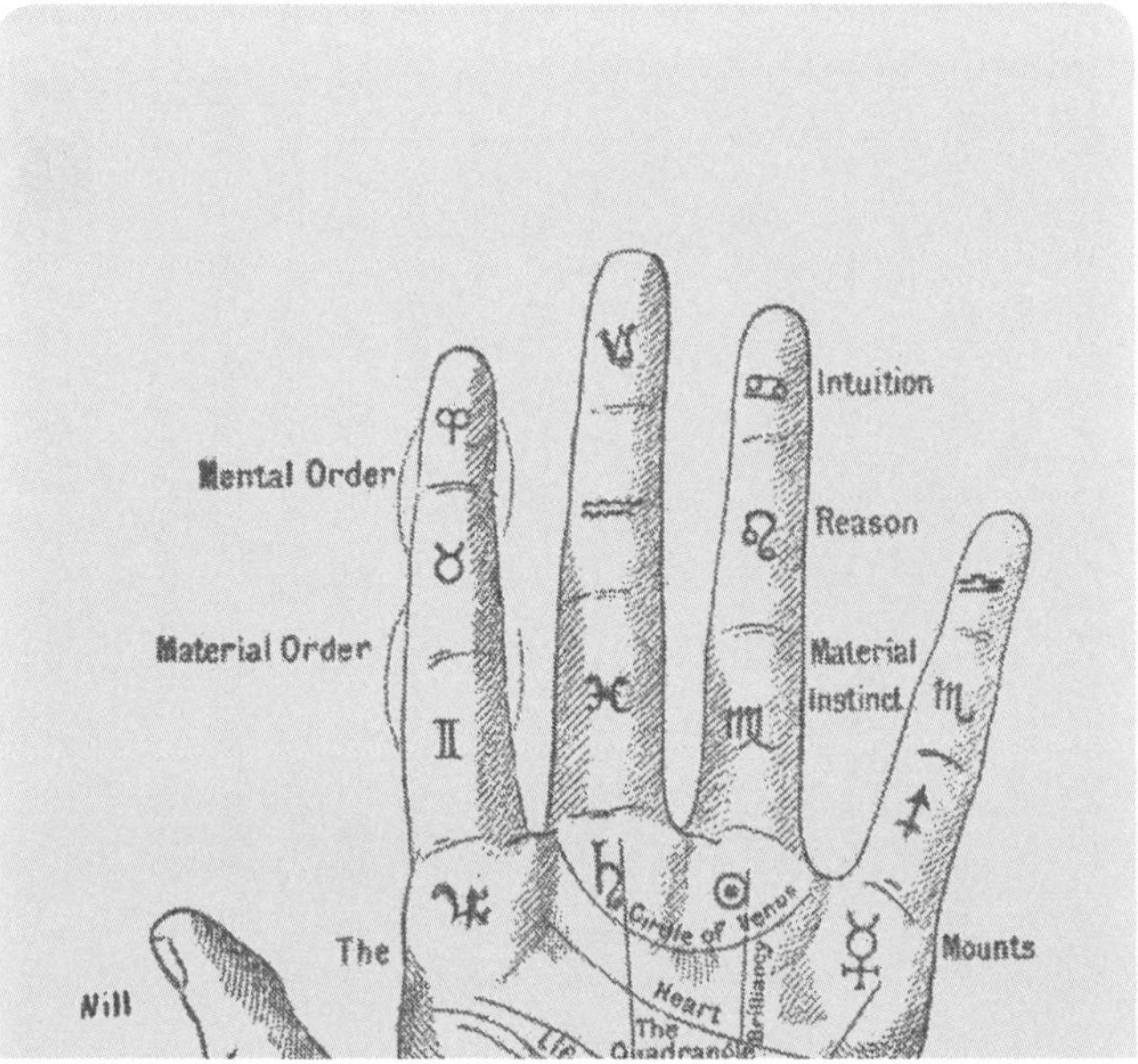

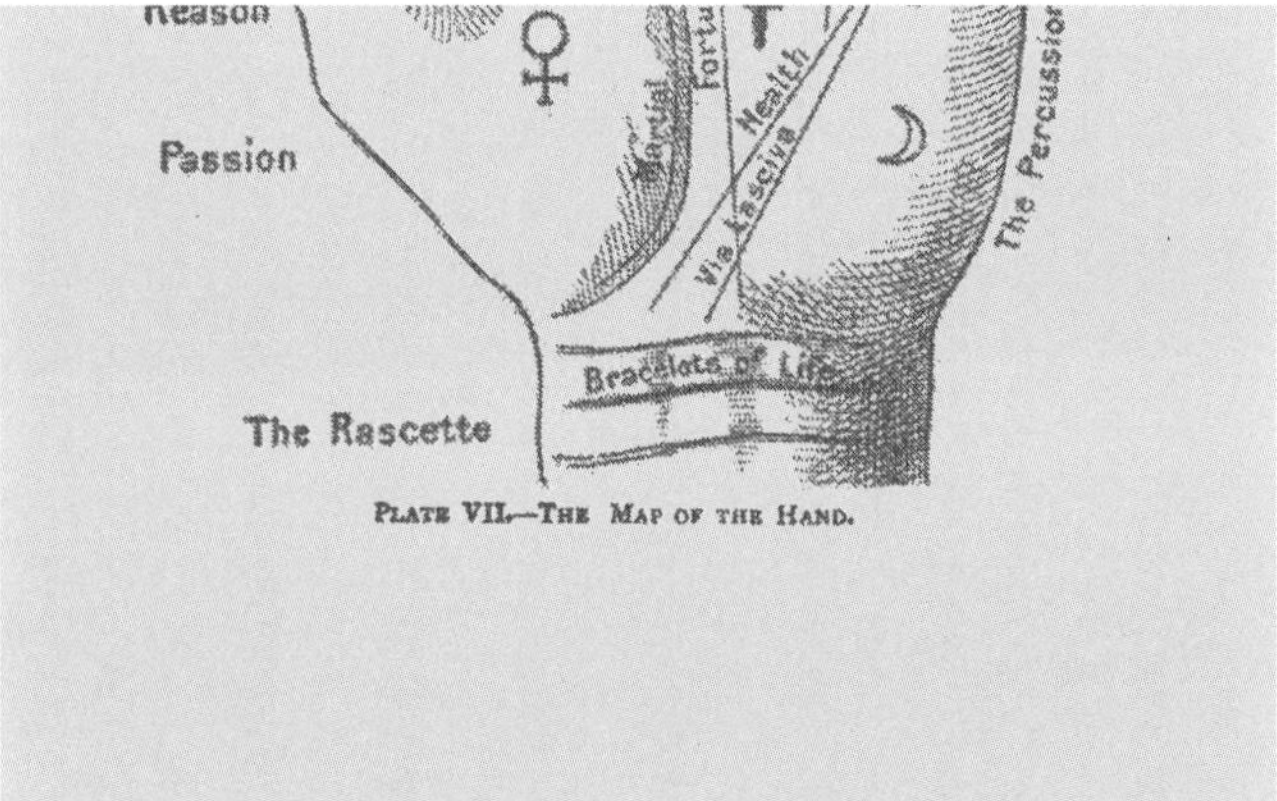

PLATE VII.—THE MAP OF THE HAND.

1 手のひらを読むということ

手相「学」っていったい何でしょう。

私は、手相を単なる占いだとは考えていません。

確かに、未来の可能性を読むという点では占うことになるのかもしれませんが、両手は常に自らの人生とともにあり、手のひらが成長していく（変わっていく）さまを通して気づきを得ることができるという点で、やはり、単なる占いとは言い切れないと思うのです。

このような視点から、手相占いではなく、「手のひらを読むことから人生を学ぶ」＝「手相学」と考えているのです。

では、実際に手のひらに現れているメッセージを必要に応じて読むことができたら、いったい何が起きると思いますか。

例えば、今あなたが、人生という森の中で自分の道を見失ってしまい、どうしたらよいかわからなくなってしまったとしましょう。そんなときに、もし、自らの手のひらのメッセージを読むことができたら、

「今ここ」にいる自分が…

- これまでどんな道を辿ってここまで歩いてきたのか（＝これまでの生き方）がわかる。
- どの時点で、道に迷ってしまったのかを客観的視点に立って見ることができる。
- 自分に合った方法論や具体策をもって、自分の道を冷静に見極めることができる。
- 未来を無駄に案じることを止めて、ビジョンを思い描くことができるようになる。
- 自分が望んでいる道へと進むことができる。

ただし、起こり得るすべてのこと（未来）は、まさに「今ここ」からのスタートであるということを、心に強く留めておきましょう。

では、いったいなぜ、このようなことが可能になるのでしょう。

それは、自分自身の「思考の流れ」や「溢れる感情」を、体の外側（＝手のひら）から客観視することによって、自分という人間を改めてよく知ることができるからです。

するとさらに何が起きると思いますか。

自分の「思考」や「感情」を冷静に受け止めることができたとき、今度は、自分自身が心の底から望んでいるもの、つまり「心の声」が聞こえてくるようになるのです。その「心の声」にどう答えていくかは、また別の機会でお話しすることにして、何にせよ、まずは「心の声」に気づくことが大事なのです。

手のひらを読むということは、実に奥深いものなのです。

2 西洋手相術の流れ

西洋手相術の起源はいったいどこにあるのでしょうか。

これまで多くの手相家たちの間で、おそらくは古代のインド～中近東地域がその始まりだったといわれてきましたが、残念ながらそれらを証明する書物が現存しないため、実際のところは謎に包まれたまま……というよりほかはありません。

そこで、手相術ブームが広がった16世紀以降のヨーロッパの話から始めましょう。

日本では戦国時代～安土桃山時代を迎えていたころ、ヨーロッパでは手相術が盛んとなり、ドイツ、イタリア、フランスなどで手相術の本が次々と出版されました。

ところが17世紀～18世紀にかけては、この手相術ブームもいったん影を潜めます。その原因が何だったのかは特定できませんが、時代背景としては次のようなことが挙げられます。17世紀、これまで信じられていた天動説に対し、ガリレオ・ガリレイ、ヨハネス・ケプラーが地動説を証明しました。そして、アイザック・ニュートンによって科学革命の時代が到来します。18世紀に入ると、イギリスではペストが大流行し、人々の生活に暗い影を落としました。また18世紀末にはフランス革命も起こり、ますます混迷した世の中を迎えたのです。

しかし、こういった時代の流れを超えて、19世紀に入ると、手相術ブームは再び復活します。フランスでは、1839年、ダルペンティニー（1808年〜1814年：フランス）が手の形を七つに分類した『カイログノミー』を記します。その後、1859年には、アンドリアン・アドルフ・デバロール（1801年〜1886年：フランス）が『手の神秘』を発表します。

デバロールは、ダルペンティニーの手型学に対して、掌線学（＝手のひらの相）について記しています。さらに、1885年、イギリス人のエドワード・ヘロン＝アレン（1861年〜1963年：イギリス）が『手の知識のマニュアル』、ついで1889年『手の科学』を発表し、ダルペンティニーの手型学とデバロールの掌線学を総合的にまとめています。このようにして西洋手相術は、さまざまな手相家たちによって研究され体系化されていきました。

19世紀末、今度はアイルランド出身のキロ（本名：ウィリアム・ジョン・ワーナー　1866年〜1936年：アイルランド）が『キロの手の言葉』を世に出します。すると、ヨーロッパ、アメリカ、さらには日本でも『キロの手の言葉』がたちまち翻訳され、当時、世界中で大ベストセラーとなったのです。

20世紀以降も、続々と手相家たちが現れました。その中でも注目しておきたい一人として、ここではフレッド・ゲティングス（イギリス）を挙げておきたいと思います。彼は占星術における四つのエレメント（火・地・風・水）により、手の形を4タイプに分類しました。フレッド・ゲティングスは、手相術のみならず占星術や数秘術などさまざまな占術も極めていたからこそ、このような手法を見出したのでしょう。

　以上、大雑把な流れですが、手相術が脈々と受け継がれてきたのは、こうした先人たちの努力無くして語ることはできません。現在では、イギリスやアメリカの手相家たちによって掌紋（指紋のように手のひらに現れる紋）の研究も進み発表されています。今後も手相術はまだまだ進化を遂げていくことでしょう。

　なお、手相の歴史についてもっと詳しく知りたい！という人は、ぜひ、『西洋手相術の世界　『手』に宿された星々の言葉』（伊泉龍一・ジューン澁澤共著、駒草出版）をお読みいただければと思います。

3 日本への伝播と発展

　今度は舞台を日本へ移しましょう。

　先に記した通り、19世紀末イギリスにて『キロの手の言葉（原題：『Cheiro's Language of the HAND』）』が出版され、20世紀初頭、それが日本でも「人と人の手」「手相の言葉」として翻訳されたのを機に、西洋手相術が広がっていきます。

　それよりも以前に中国から入ってきた東洋手相は、手相という独立した占術というよりは、あくまでも人相学の一部として扱われており、一般的にはそれほど知られていませんでした。それに比べて西洋手相術は、独立した占術であり体系化されていてわかりやすく、初めて手相を知る人にとってもわりと馴染みやすかったといえます。

　また、当時（大正時代）の日本は、西洋文化の影響を色濃く受けていたこともあり、庶民の間では西洋手相術への関心が徐々に高まったのでしょう。

もうお気づきかと思いますが、つまり、現在の日本で広く親しまれている、いわゆる「手相占い」は、多くの場合、西洋の手相術がベースとなっているというわけです。その火つけ役『キロの手の言葉』を最初に翻訳したのは、中村文聰、大和田斉眼という二人の人物です。彼らは、知る人ぞ知る「人相学の大家」です。中村文聰においては、西洋手相術をベースにしながらも、西洋の読み方にはない、掌の気色（血色に近いもの）を読むという独特な手法を持っていました。しかし、現在この手法はほとんど知られていません（※1）。

一方、大和田斉眼の手相術はまさにキロのそれを再現したものでした。その後も国内では『キロの手の言葉』に影響され、多くの手相家たちによって手相本が続々と出版されました（※2）。

このように日本では、「初めて紹介された西洋手相術」という位置づけにおいて、『キロの手の言葉』は注目されてきましたが、手相術の研究が盛んな現在の西洋においては、もはや、過去に存在した手相家たちの一人という位置づけにすぎないのです。

しかし、それでもなお、日本に西洋手相術の魅力を届けてくれた手相家キロの本として、『キロの手の言葉』は、一度は読んでみると面白い発見があるでしょう（※3）。

※1　中村文聰《なかむらぶんそう》『手相現象秘録』
※2　永島真雄《ながしままさお》『手相の神秘』
小西久遠《こにしくおん》『図解手相学』
出雲又太郎《いずもまたたろう》『図解手相の見方』
沢井民三《さわいたみぞう》『手相の事典』
※3　『手は物語る キロ 手相の書』（ディスカヴァー・トゥエンティワン）

第2章　手相リーディングの基本的な考え方

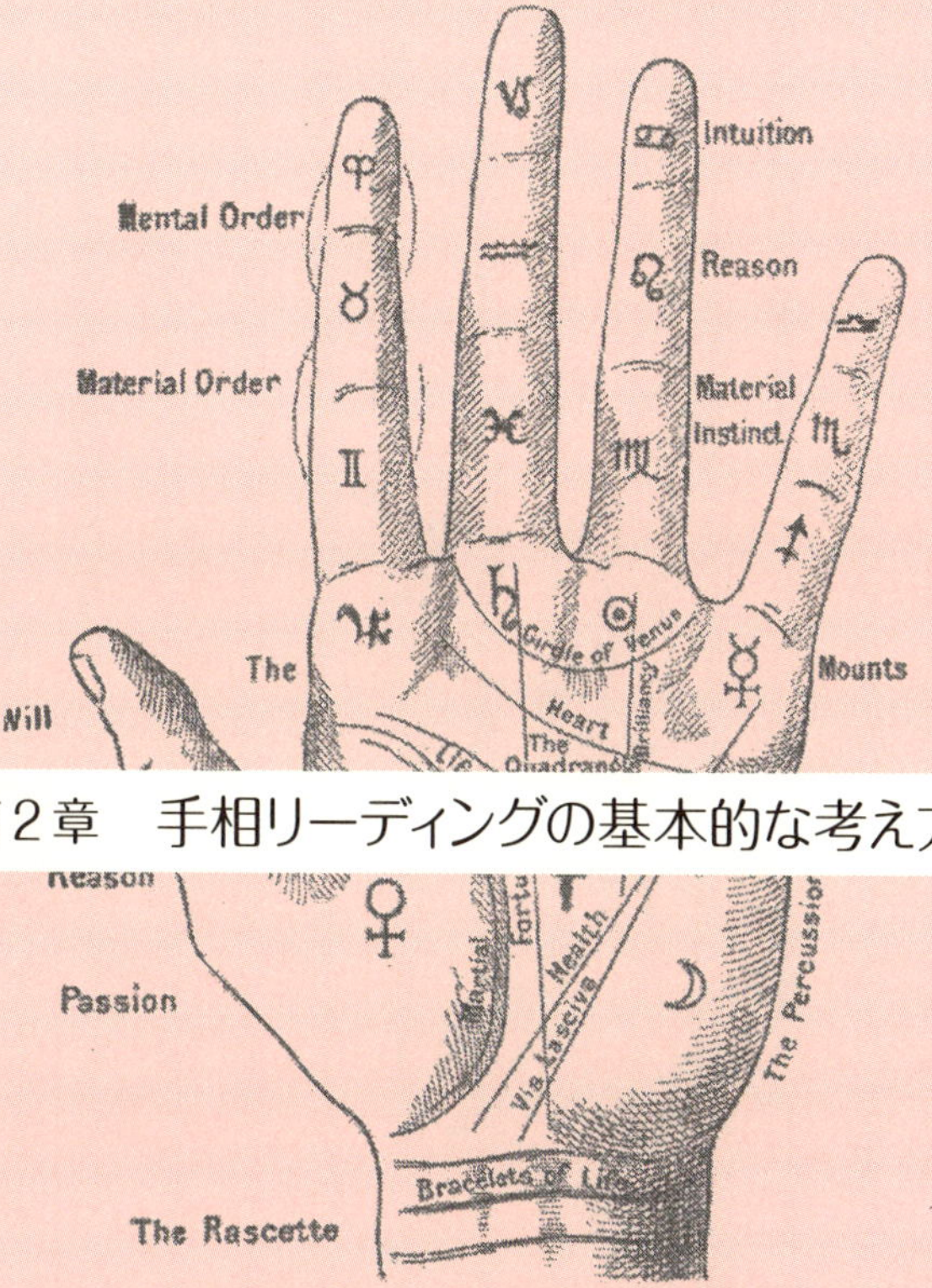

PLATE VII.—THE MAP OF THE HAND.

1 右手と左手について

「手相は、右手と左手のどちらを見ればいいの？」

このような質問をよく受けます。

西洋手相術においては、あくまでも右手と左手の両方を見てリーディングしていくことが鉄則です。また、右手を「社会における生き方が現れる手相」、左手を「持って生まれた資質が現れる手相」と解釈して読んでいくことが大事です。両手を見ることにより、その人の人となり（＝気質）と合わせて総合的に運勢を理解していくことが求められているのです。

手相家の中には、男性は右手で、女性は左手で見るという手法を用いたり、右手と左手の解釈が西洋手相術とは異なったりする場合もあります。しかし、西洋手相術においては先に書いた通りです。

下記にポイントをまとめておきましょう。

ルール1

手相は両手を見てリーディングするのが鉄則！

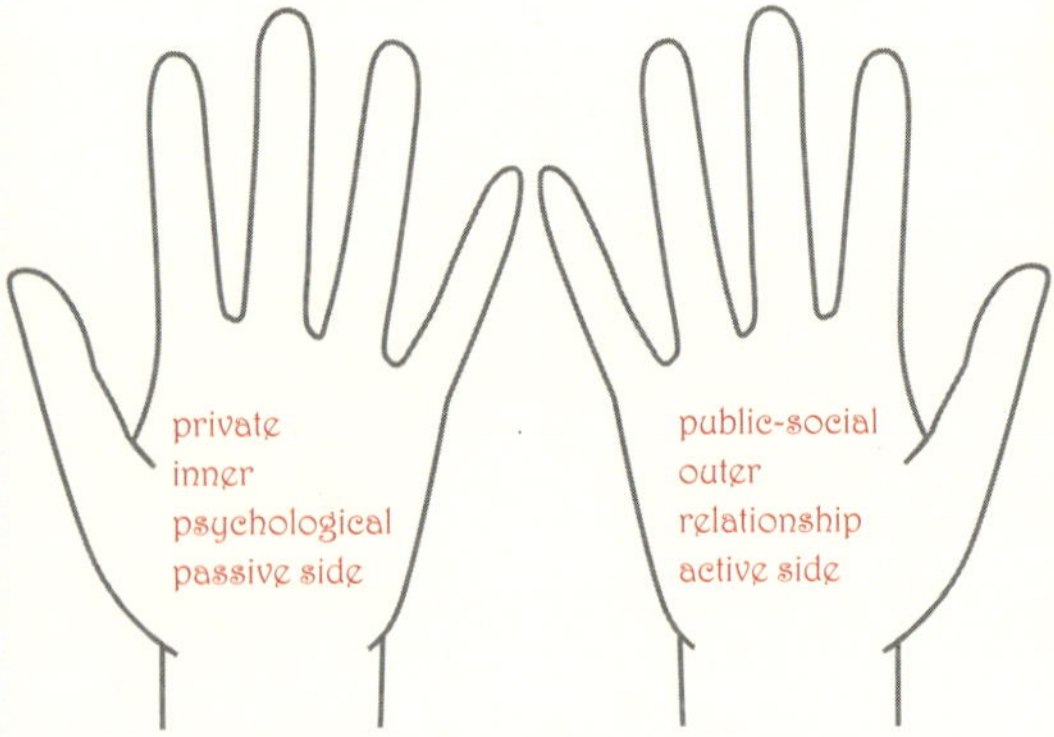
private
inner
psychological
passive side
public-social
outer
relationship
active side

右手：社会における生き方が現れる、後天的な手相
左手：持って生まれた資質が現れる、先天的な手相

ところで、右利き、左利きによって、手相の読み方は異なるのでしょうか。ときどき、このような質問も受けますが、答えはシンプルです。

右利き、左利きに関わらず、手相上ではルール１を用います。

西洋手相術では１００年以上も前から、人間の脳の働きと手との関連性について注目しています。日本に手相術を広く普及させるきっかけとなったキロの『Cheiro's Language of the HAND』の中にもそのような記述が見られます。現在の脳科学では、右脳と左脳が体の各部位の神経と交差してつながっているということは、周知の事実です。

両手についていえば、右手は左脳（＝言語脳）と、左手は右脳（＝感覚脳）とつながっています。そこで、左右の脳の働きを考えたとき、手相上では、右利き、左利きに関わらず、ルール1で読んでいくのです。

2 脳科学と手相

1981年、ノーベル生理学・医学賞を受賞したロジャー・スペリー（神経心理学者：アメリカ）は、「大脳半球の機能分化に関する研究」について発表しました。この研究がきっかけとなり、今では、右脳＝感覚脳、左脳＝言語脳という、左右の脳が持つ働きが世の中に広く知られることとなったのです。

それでは、左右の脳の機能を分化する「分離脳」実験について例を挙げてみましょう。

右脳と左脳をつなぐ、「脳梁《のうりょう》」という部分が損傷した患者に対して実験を行います。

まず患者の左目を隠して、右目でりんごを見てもらいます。この時点では、左脳が働いています。すると、その患者は目の前にあるものが「りんご」であると認識し、「これは何か？」という問いに対して「りんご」と答えることができました。

次に右目を隠して、左目でりんごを見てもらいます。

この時点では、右脳が働いています。実験者は同様に「これは何か?」と問いかけます。しかし今度は「りんご」そのものは認知しているのに、言葉は全く出てこなかったのです。これは、脳梁が損傷しているために、右脳が認知したことを左脳に連絡することができていないためだと考えられています。

以上の実験結果から、言語機能においては左脳が「優位半球」であることが明らかになったのです。

ここで改めて、両手と脳の関係についてまとめておきましょう。

脳科学者の中には、手の働きと脳の関係について研究されている先生がいますが、「手相」という視点から、左右の手のひらが持つ意味と脳の関係を科学的に解明した人は、残念ながらまだ誰もいません。

そこで、もしこの謎を解くことができたのなら、それこそノーベル賞も夢ではないのかもしれません(?)。

ルール2　両手と脳の関係

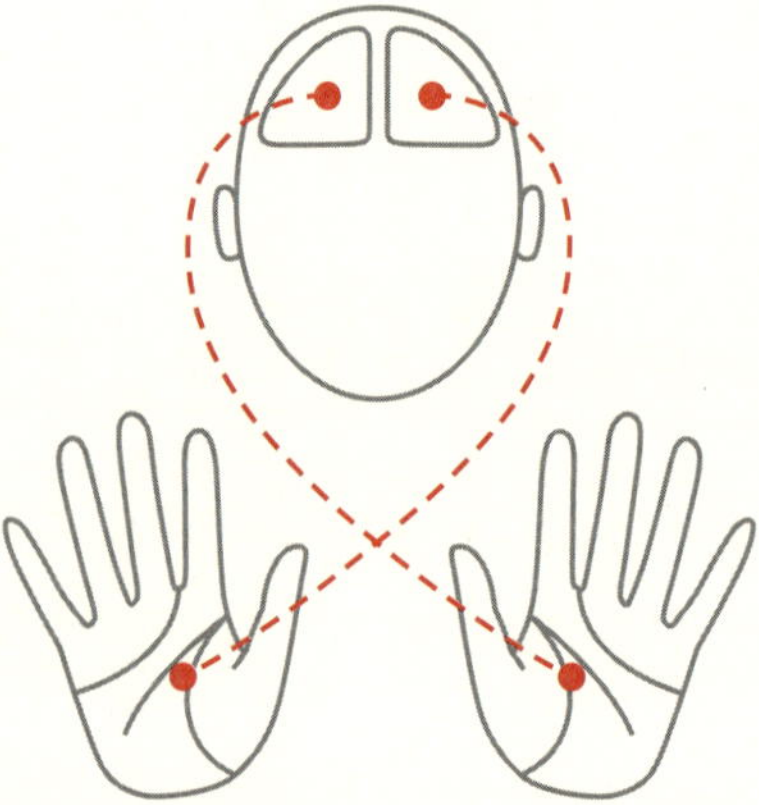

左手×右脳(=無意識に大量記憶する感覚脳)
右手×左脳(=意識的に考えて記憶する言語脳)

しかし、謎に包まれた未知なる手相だからこそ、人は手のひらを読むこと、つまり、自らの人生を読むということにますます魅了されるのでしょう。

３ 潜在意識と顕在意識

潜在意識と顕在意識は、よく海に浮かぶ氷山に例えられます。

水面から浮かぶ氷山の一角が顕在意識層であり、水面下に隠れている大部分が潜在意識層というわけです。その比率は１（顕在意識層）：９（潜在意識層）といわれています。

それでは、まず顕在意識から考えてみましょう。

顕在意識は、自分の思考、感情、願望、意志、欲求（食欲・睡眠欲・性欲）などを言語化できる心の領域です。

〈言語化できる心の領域〉

例

◆決意（意志）：結婚しよう。

◆判断（思考）：結婚相手には、ＡさんよりＢさんとの方が上手くいくだろう。

◆選択（意志）：結婚相手には、ＢさんではなくＡさんを選ぼう。

◆悩み（感情）：Ｂさんとの結婚を決めたものの、まだＡさんのことも好き。

◆不安（思考・感情）：Ｂさんと結婚したら本当に上手くいくだろうか。

◆願望：幸せな結婚がしたい。

これらの顕在意識は、海に浮かぶ氷山を思い浮かべるとわかるように、すべて潜在意識がベースとなって作られているのです。

それでは次に、潜在意識について考えてみましょう。

潜在意識は、これまで経験してきたすべての記憶といえます。それらの記憶の中には、成功体験もあるでしょうし、未だ解決していない苦い経験もあるでしょう。

過去の記憶のすべてが潜在意識層の中に存在するのです。しかも潜在意識は、強く感じたことを何度も繰り返し思い起こす傾向にあり、過去の出来事にも関わらず、まるで目の前の出来事として感じられるのです。

肯定的な感情は、自信や勇気を生み出し、否定的な感情は自分自身や他人をも責め続け苦しい思いをします。

肯定的な感情：私は愛されている。私は強運だ。私は自由だ。
否定的な感情：私は価値がない。私は不運だ。私は～ができない。

手のひらには、このような顕在意識や潜在意識が現れるのです。そこで、手のひらを的確に読むことによって、その人がまだ気づいていない問題を解決するきっかけとなり、あるいは、その人が持つ創造性や直観力などを引き出すことができるのです。

ルール3　潜在意識と顕在意識

顕在意識：自分の思考、感情、願望、意志、欲求（食欲・睡眠欲・性欲）など、言語化できる心の領域
潜在意識：これまで経験してきたすべての記憶＝過去の記憶

4 手相運命論

手相に運命論？　いったい何のことでしょう。言い換えるならば、手のひらに現れているタイムライン（現在・過去・未来）をいかに読んで、その結果をどうとらえたらよいか、という話です。

私たちの両手には、現在、過去、起こり得る未来の出来事が刻まれていますが、順に説明していきましょう。

現在はいうまでもなく、今の心のありようが手のひらにそのまま映し出されています。人生を楽しんでいる人の手のひらは、澄み渡った青空のように美しく輝き、逆に、不安や悲しみ、怒りを抱えて生きている人の手のひらは、暗雲が立ち込めて今にも台風がやってきそうな、あるいは、既に台風に見舞われた後のような、血色が悪く艶のない荒れた手のひらをしています。

一日という時間の流れの中でも、朝起きてお日様の光を浴びているときの手のひらと、まる一日仕事を終えた後の手のひらとでは、その様子にいろいろな変化が現れます。

例えば、起床時は血行が良く相がはっきり見えていたのに対して、就寝時は相がぼんやりとしてはっきり見えないことがあります。まさに、刻一刻と変化していく手のひらの「今」が現れているのです。

次に現在から過去を振り返った場合、手のひらには何が映し出されていると思いますか。過去は、これまであなたが経験してきたことのすべてが軌跡として現れています。

例えば、あなたが過去に大失恋を経験したとしましょう。大失恋による心の傷は、そのまま手のひらにも残酷な傷跡を残すことがあります。

結婚線の終わりが二つに分かれたり（図1のa）、下降したり（図1のb）といった変化が起こります。ところが、長い時間をかけて心の痛みも徐々に薄れ、その経験が文字通り過去のものとなったとき、結婚線にまた新たな変化が起こります。二つに分かれた

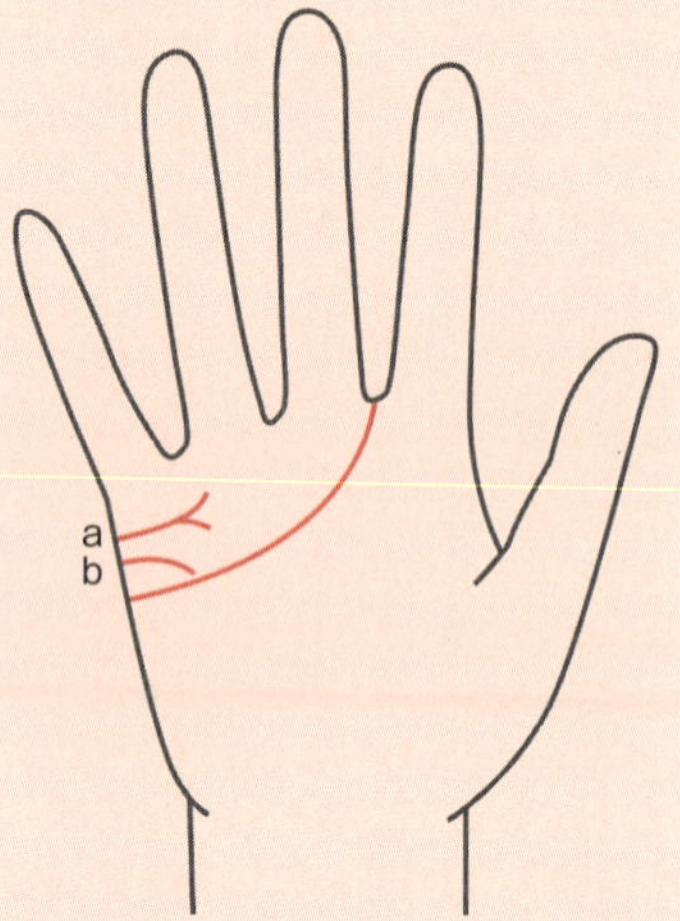

図1

り、下降した結婚線の終わりがいつの間にか薄くなり以前ほど目立たなくなることがあります。このようにして手のひらの風景は、心の変化に伴って大きく変わります。

最後に現在から見た未来について考えてみましょう。手のひらに現れている未来は、あくまでも起こり得る未来であって、生まれたときから定められた運命など存在しません。手のひらの未来についてお話しするとき、私はよく次の例を挙げます。

あなたの目の前に、ある青年がやってきました。彼の右手の運命線は、ちょうど現在の彼の年齢まで勢いよく刻まれていますが、その先の運命線は全く現れていません。彼は不安な気持ちを抱えてあなたに質問します。

「この先の未来はどうなるのですか?」

あなたなら何と答えますか。「残念ながら、あなたの未来は夢も希望もありません」と答えるでしょうか。それとも、「あなたの未来は、まっ白なキャンバスと同じです。ですから、これからいくらでも好きな絵（＝未来）を描くことができます」と答えるでしょうか。

あなたに青年を励まそうという気持ちがあるならば、きっと「……いくらでも好きな絵を描くことができる」というメッセージの方を伝えるでしょう。その結果、青年は未来のビジョンを積極的に描こうと努力をすることでしょう。

つまり、手のひらに現れている未来は、その人の気の持ちようでいかようにでも変えることができるというわけです。

ルール4　手相運命論

現在：心のありようや、刻一刻と変化していく「今」を表している。
過去：これまで経験してきたことのすべて。その軌跡。
未来：起こり得る未来。未来の可能性。

Column. 1

手相は本当に変わるの？

「手相は本当に変わるの？」

この問いに対して私は「手相は間違いなく変わる！」と断言します。生まれて間もない赤ちゃんの手のひらから、おじいちゃん、おばあちゃんの手のひらまで、生きている限り、手のひらは日々刻々と変化しているのです。

具体的なエピソードを挙げましょう。

これまで私は、自らの手相講座で多くの受講生たちと出会いました。短期クラスで約半年、長期クラスで約1年という講座を行っていますが、クラスがスタートして、早い人で1か月後、遅い人でも3か月後には、手のひらに何らかの変化が見られるようになります。

受講生の中には、手相を学ぶことが全くの初めてという人も、独学でコツコツと学んできたという人もいて、手相の知識は人それぞれに異なるのですが、あるとき「あれ？　薄かった手相がハッキリしてきた！」とか「頭脳線が急に伸びてきた！」、「右手より左手の相が複雑になってきた！」など、いろいろな変化に気づき始めるのです。

手相を学ぶということは、まずは、自分の手のひらを前にして、自分自身と向き合うところからのスタートですから、自らを深く内観しているうちに複雑な感情も湧き起こってきます。そして、日常から少し離れて「今、自分に起こっていること」を外側（＝手のひら）から自然と客観視できるようになります。

すると、手相を学ぶ以前には気づかなかった自分の意外な一面を発見し、人によっては、新しいものの見方や考え方が生まれます。このようにして思考の変化が起こると、今度は、その人の行動そのものにも影響して、未来をより具体的に考えようとします。

その結果、気がつけばいつの間にか、手のひらが変わっていた！　ということになるわけです。

不思議であるとしかいいようがありませんが、これは紛れもない事実です。最初は単なる好奇心や興味から学び始めた手相だと思いますが、講座を重ねるごとに周りの人たちの手のひらを見る機会も増えていき、人とのつき合いの中で新たなコミュニケーションが生まれ、さらに新しい自分と出会うことで、受講生の方々は手相のみならず、顔の表情までもが生き生きとしてくるのです。もちろん、そこに至るまでには、ときに自分自身の問題に真正面から取り組み、それらを乗り越えていく努力を要するかもしれません。けれども最終的には皆、本当に素晴らしい笑顔でクラスを卒業していきます。そのような笑顔に出会うことで、私もまた幸せな気持ちでいっぱいになります。

手相には、薬指に向かって伸びる太陽線という線がありますが、これは、毎日を溌剌《はつらつ》と喜びを持って生きる人の手のひらに現れる相です。

みなさんもぜひ、キラキラと輝く太陽線を育ててみませんか。

第3章　基本3大線の覚え方

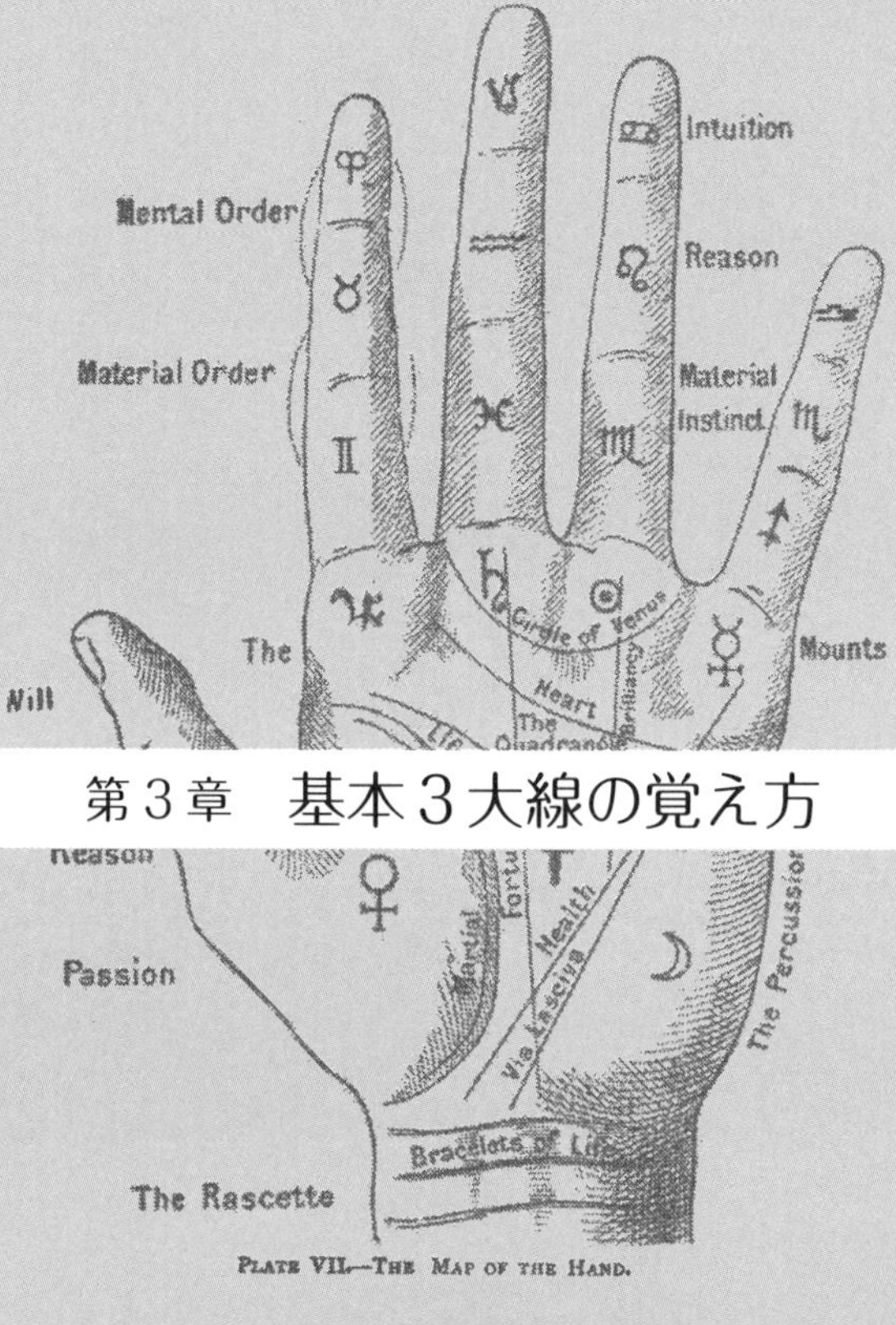

PLATE VII.—THE MAP OF THE HAND.

1 基本3大線とは

手のひらの基本3大線とは、「感情線」「頭脳線」「生命線」を指します。

これらの基本3大線は、母親のお腹に小さな命が宿り3か月が経つころ、胎児の手のひらに現れるといわれています。けれども残念ながら、私は胎児の手のひらを実際に目にしたことはありません。しかし、生まれたばかりの赤ちゃんの手のひらには、確かに、基本3大線が刻まれています。自らが母親となったその日に、我が子の手のひらを確認しましたから、自信を持って事実であるとお伝えします。もちろん、これまでも生まれて間もない赤ちゃんの基本3大線は数えきれないほど見ています。

それでは早速、図2を見てみましょう。

図2に描かれた基本3大線は、あくまでも、手相を覚えるために便宜的に描かれたものです。そこで、自分の基本3大線と描かれた線が異なることがあっても全く気にすることはありません。もし、線の流れが異なることに気づいたのであれば、それはちょっとした発見です。

図2

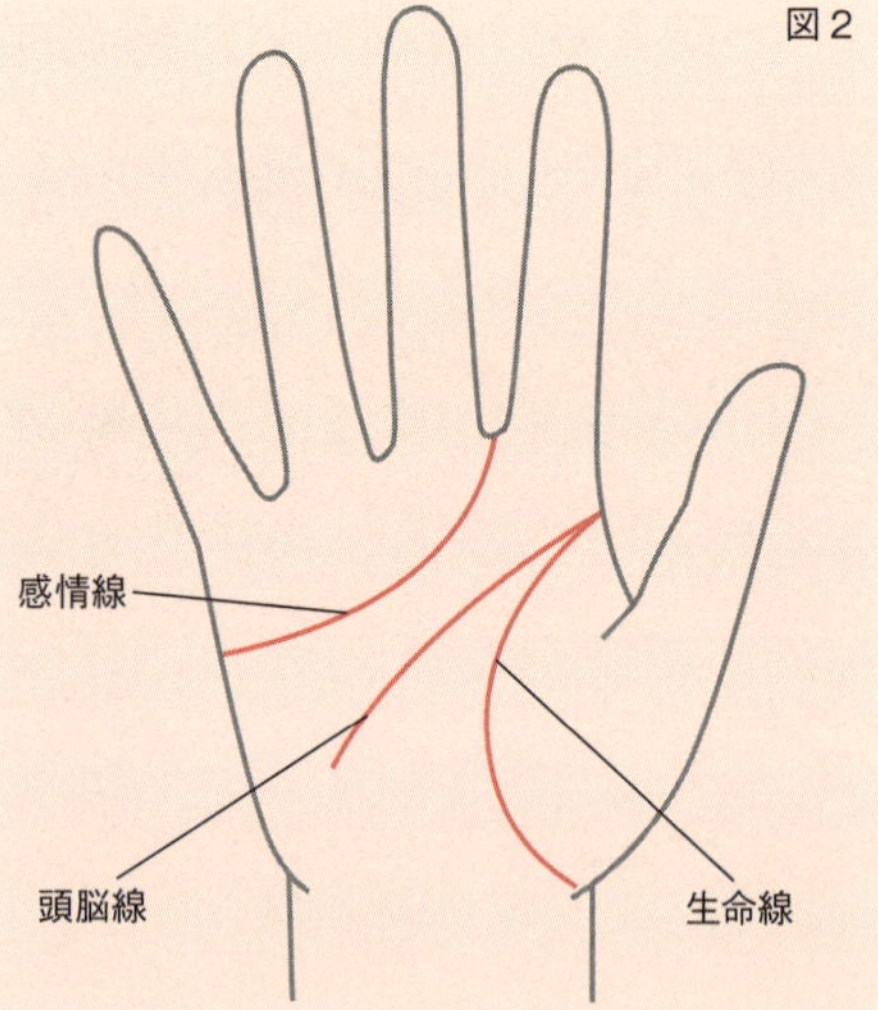

とにかく手のひらには、「感情線」「頭脳線」「生命線」

という基本的な3種類の線があるものなのだと解釈しましょう（※注1）。

手相においては、これらの基本3大線の解釈が最も重要であると私は考えています。なぜかというと、基本3大線は、その人がいったいどのような人間であるかという「人となり」を表しているからです。そこで、手相から「人となり」を読むことができるようになったら、あなたはもう手相の7割は理解できたと思ってよいでしょう。

ルール5　基本3大線

「感情線」「頭脳線」「生命線」は、「人となり」を表す重要なライン。

それでは、いよいよ基本3大線を徹底解剖しましょう！

※注1　人によっては、「感情線」と「頭脳線」がつながった相を持つ人がいます。これを手相上では25人に一人といわれる「マスカケ相」と呼びます。「マスカケ相」の種類もさまざまで、詳細ついては45ページご参照ください。

② 「頭脳線」とは

「頭脳線」とは、人差し指と親指の間から、手のひらを横切る線のことです。

このとき、線の始まりは親指側、終わりは小指側と覚えておきましょう。

「頭脳線」のチェックポイントは、次の三つです。

ルール6 「頭脳線」の判断基準

① 「頭脳線」の終点が、手のひらのどこに位置するか。
② 「頭脳線」は「カーブを描いているか」または「ストレートなのか」。
③ 「頭脳線」の長さは、「長いか」または「短いか」。

まずは、あなたの身近にいる人たちにどのような「頭脳線」が現れているのか、①②③の順に観察してみましょう。すると、あなたと似たような頭脳線から、全く異なる頭脳線まで、さまざまな「頭脳線」の存在に気づくことでしょう。

手相は特にそうなのですが、本を読んで手相のあれこれを単に暗記するだけでは、あまり意味がありません。さまざまな手のひらを「観る」という実践が伴ってこそ、初めて手相を理解することができるのです。

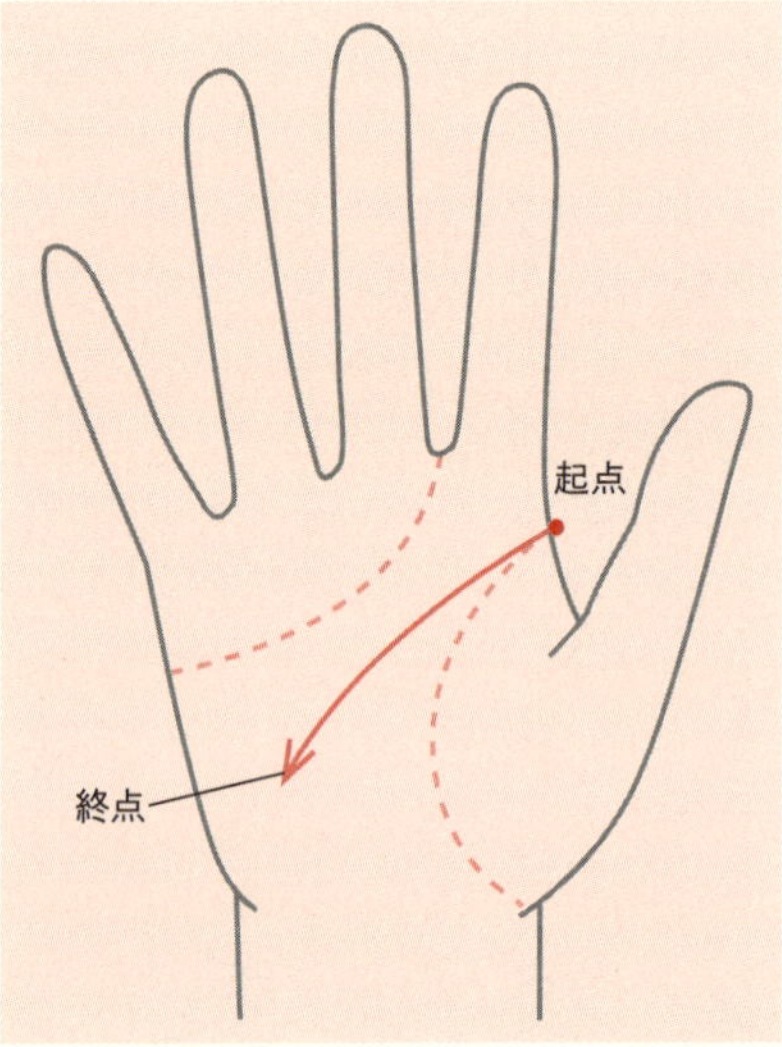

また、線や相を見て、あなたが何を感じたか、ということが後々大きな意味を成してきます。

それでは、さまざまな「頭脳線」があることがわかったところで、「頭脳線」の解釈について考えてみましょう。

ルール7 「頭脳線」の解釈

その人自身の物の考え方、才能の特質、仕事やお金に対する価値観、あらゆる人間関係における人づき合いの在り方を読むことができる。

基本3大線の中でも、特に注目したいのが「頭脳線」です。「頭脳線」には人間社会で生きていくための個の（＝自分）の在り方が見えてきます。その人自身の思考傾向、才能の特質、そして対人関係など、社会の荒波を渡っていく上で必要な能力を読み取ることができるからです。

「頭脳線」は、線が滞りなく流れ、ハッキリと現れている状態が理想とされ、精神的な強さや安定性を意味します。逆に、線が途切れていたり、不鮮明な場合は、心に迷いがあることを表し、ストレスの度合いを示しています。

ルール8 「頭脳線」の基本情報

「頭脳線」がクリアなほど、精神的強さや安定性を表し、逆に、不鮮明な場合、心の迷い、悩み、ストレスの度合いなどを表している。

3 「頭脳線」の基本4タイプ

手相は千差万別、しかも、その人自身が持つ相は世界でたった一つ、つまり、人の数だけ「頭脳線」のタイプもいろいろあるのです。

では、なぜ4タイプに分類するのか？　「頭脳線」の一つひとつを丁寧に見分けることは大切ですが、手相を理解する上で、最初はあえて4タイプに大きくグループ化することで、手のひらの全体像をパッと一目でつかむことができるからです。そこで、後に続く「感情線」や「生命線」も同じようにグループ化して読んでいきます。

それでは、「頭脳線」の基本4タイプの見分け方について説明します。

「頭脳線」4タイプの見分け方

①小指の付け根から、手首に向かって直線を引く。
②直線上の1／2のポイントをマーク。
③1／2のポイントに対して、頭脳線の終点がどこに位置するかを見分ける。
1／2のポイントから見て頭脳線の終点が、上→Ⅰタイプ、ちょうど1／2→Ⅱタイプ、下→Ⅲタイプ
④「感情線」と「頭脳線」がつながったマスカケ相→Ⅳタイプ（43ページ参照）
※頭脳線の先が二つに分かれている場合、双方合わせて複合的に読み取ります。
※頭脳線が複数ある場合も同様、複合的に読み取ります。

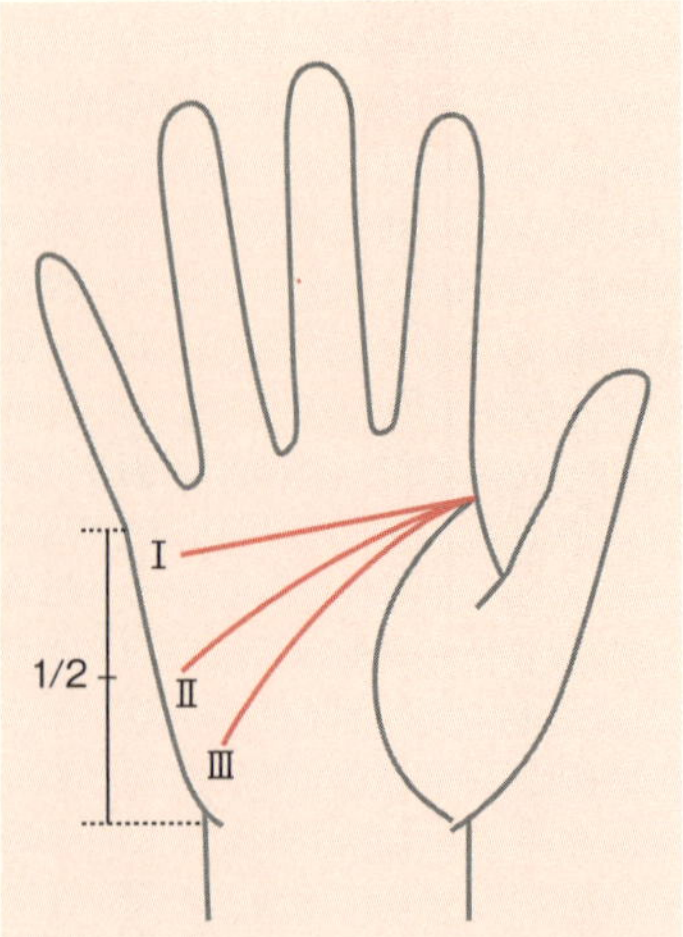

Ⅰタイプの「頭脳線」

小指の付け根から手首に向かって直線を引いたとき、頭脳線の終点が1／2より上にある。

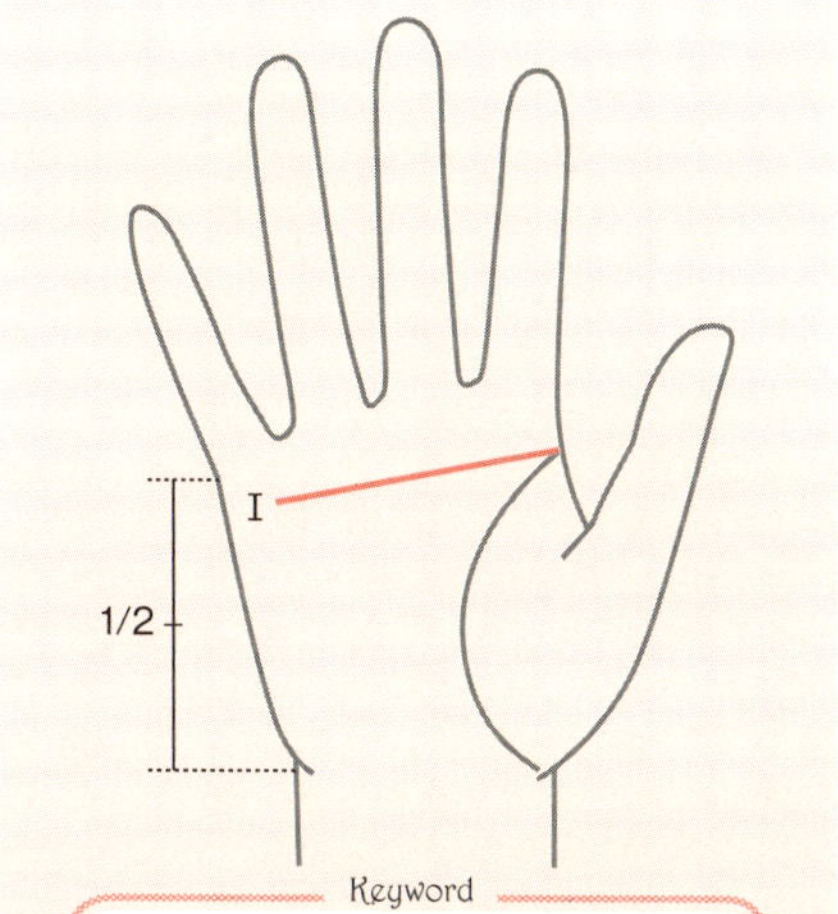

〈思考傾向〉

あらゆる場面において人や物事に対し、冷静な観察眼を持ってその本質を理解しようと努める、現実主義タイプ。頭脳線の終点が1／2のポイントに対してより上であるほど、また、頭脳線そのものがストレートなラインを描いているほど、この傾向は強くなります。

ただ、あくまでも自分の価値観を基準とした、自分軸からぶれない強さを持っていることから、時と場合によっては臨機応変に行動できない弱点もあります。そこで、もっと柔軟な発想ができるよう、自ら常識と思っていることを一度は疑ってみることも必要。

〈仕事面〉

合理性や効率を重視する事務処理能力の高いタイプ。仕事に関するお金の価値観は、自分の能力が正当に評価され、それに見合っただけの報酬を得ることが何よりも大事と考えています。そのため、何かを犠牲にして計画性のない夢を追いかけることよりも、地に足をつけてコツコツと生産し働くことが性に合っています。

職業は例えば、金融関連や、資格を有する税理士や弁護士など、世の中に無くてはならない堅実な業種との相性が良いです。あまり無謀なことはしないタイプゆえ、遊び心を持つことで視野が広がります。

〈対人面〉

どんな状況にあろうとも、心の内側に常に冷静さを秘めているところから、周りからはいざというときに頼れる存在として映っています。ところが、ときにその冷静さがうまく理解されないと、相手に冷たい人という印象を与えかねません。

人間関係の傾向として、ひとたび関係がこじれてしまうと頑固な一面が前に出て、なかなか素直になれないところもあります。Ｉタイプの人にとって心地よい人間関係を継続させるコツは、人や物事をたびたびジャッジしないで、目の前の事実として淡々と受け止めてみることです。

〈愛情面〉

初対面の異性と接するとき、彼あるいは彼女が、自分とつき合うのに値する相手か、それとも単なる友達にすぎないのか、瞬時に白黒はっきりさせるタイプです。相手を単なる友達と判断した場合、Ｉタイプにとってはロマンチックな欠片もないような割り切った男女関係となります。不毛な恋にハマる確率は極めて低いです。

パートナーとなった相手には正直に本音を伝えようとするあまり、どちらかというと辛口になる要素も持っています。強がらずに少し甘え上手になることで、さらに良好な関係を築いていけます。

Ⅱタイプの「頭脳線」

小指の付け根から手首に向かって直線を引いたとき、頭脳線の終点がちょうど１／２にある。

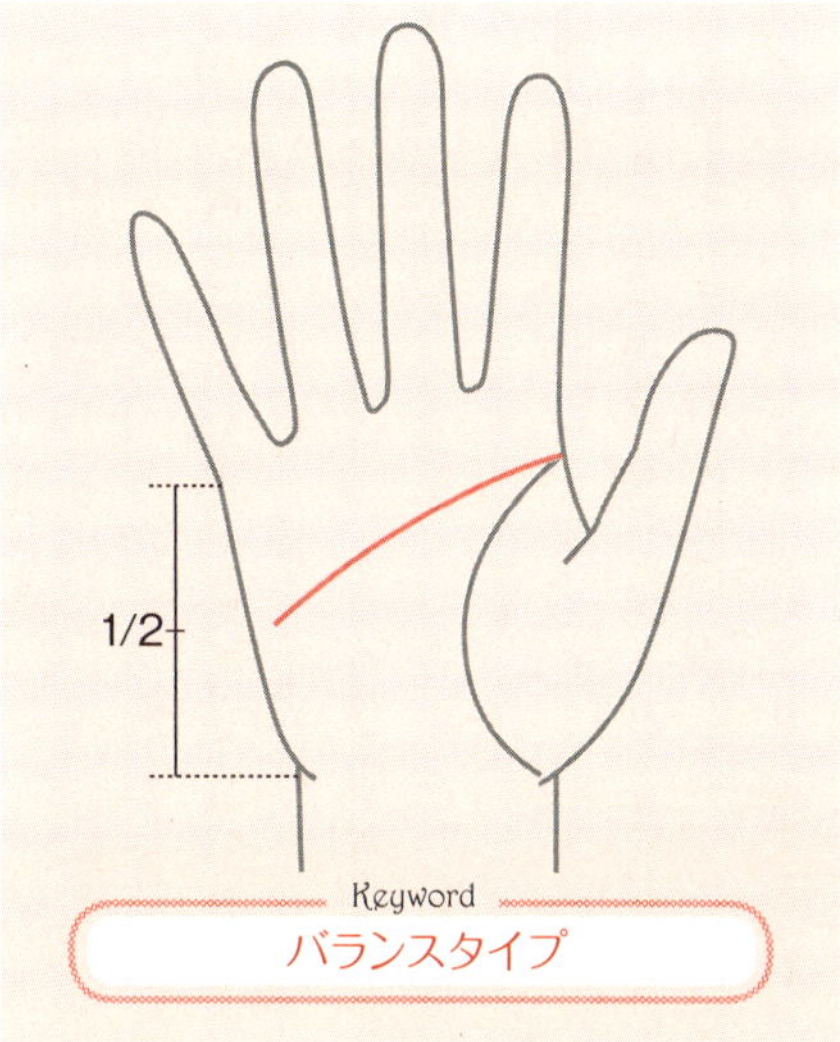

〈思考傾向〉

自分を含めた周囲の状況を、客観的視点からとらえることが得意。また、自分と他人との距離も近すぎず遠すぎず、双方にとって程よい距離感を保つセンスを持っているので、礼儀正しく、かつ、親しみやすい印象があります。

Ⅱタイプは、頭脳線が曲線を描いているとこの傾向が強く、ストレートなラインに近いと、タイプⅠが持つ現実主義的な発想もプラスされます。しかしいずれにせよ、総合的にバランスのとれた思考の持ち主といえるので、本人が全く意識していなくとも自然と調整役を引き受ける傾向があります。

〈仕事面〉

全体の中における「自分」のポジションを意識するタイプ。組織においては、周りとの調和を大切にしながら仕事をすることに喜びを感じます。しかし、それが空回りすると、周囲からは八方美人に見られる要素も潜んでいるので要注意。

一方、組織に属さないフリーランスの道を選んだとしても上手くやっていける素質があります。職業としては、例えば、人を育てる教師、あるいはコーチなどが向いていますが、人並みの体力があり、かつ、努力を惜しまなければ、いかなる職業を選んでも必ずチャンスは巡ってきます。

〈対人面〉

Ⅱタイプの頭脳線の他にどのような相を持っているかにもよりますが、大抵は人当りが良く、いかなるタイプの人とでもそれなりに上手くやっていけます。ところが、自分の立場が危うい状態に陥ったとき、いつもと打って変わって自らの殻の中に閉じこもり、周囲とコンタクトをとることを拒む傾向もあります。

そのようにして自分を守ろうとしても、事態は少しも良くならないどころか人からの信用も失いかねません。いつものように、オープンマインドで人と接することを忘れなければ、どんな状況も乗り越えられます。

〈愛情面〉

客観的な視点から恋愛相手との行く末を見極める傾向があります。例えば、相手が自分の家族や友人と上手くやっていける人柄なのかどうか、あるいは、相手の家族はどのような考えを持つ人たちなのかなど、自分を取り巻く環境を考慮した上で、パートナー選びをします。どちらかというと、俗にいう世間体を気にするタイプともいえるでしょう。

基本的には、良好な関係を築いていくための努力を惜しまない温和さと、相手のものの考え方に寄り添える柔軟な姿勢を持っています。誠実さについてはその他の相によります。

Ⅲタイプの「頭脳線」

小指の付け根から手首に向かって直線を引いたとき、頭脳線の終点が1／2より下にある。

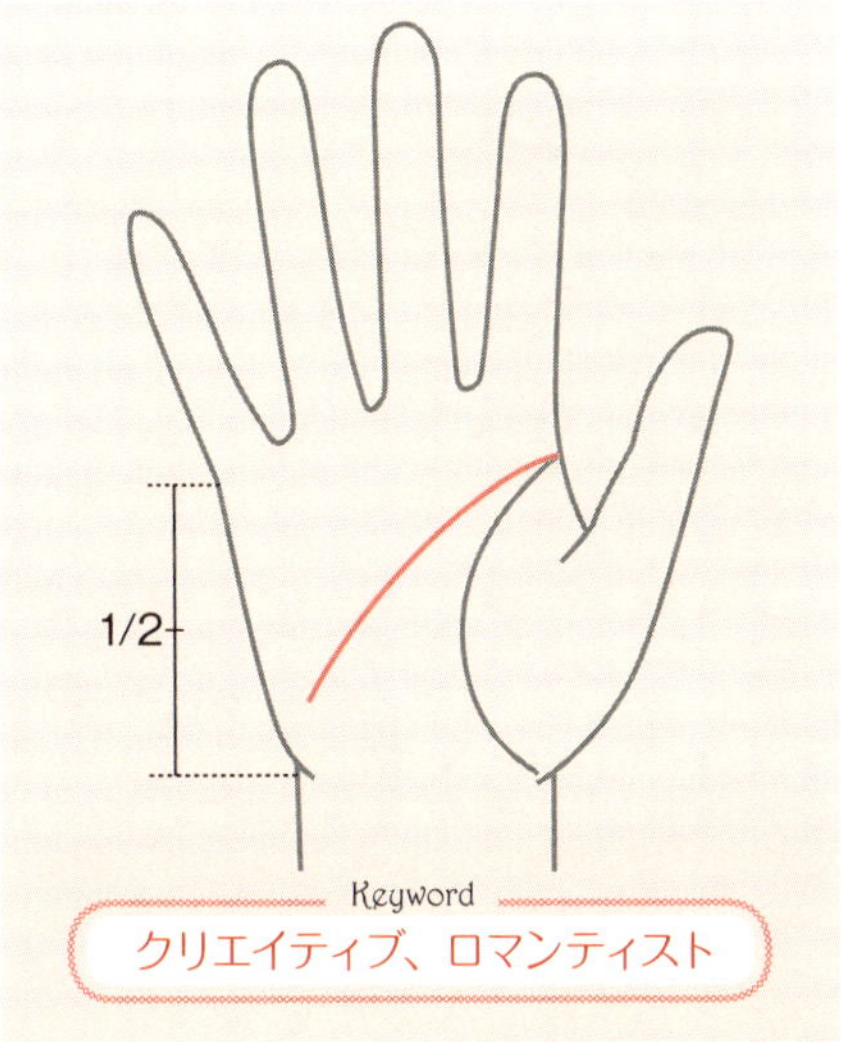
1/2
Keyword
クリエイティブ、ロマンティスト

〈思考傾向〉

どんな状況に置かれても、自らの夢を追いかけて生きていくことを望むタイプ。また、創造力と想像力を兼ね備えているので、目に見えないものの力を信じる思考傾向もあります。そのため、心の底から信じている事柄に関しては実現する可能性が高く、周囲からは運の良い人と見られることも。

頭脳線の終点が1／2のポイントよりも下であればあるほど、これらの傾向は強まりますが、頭脳線が生命線に沿うように極端なカーブを描いている場合、現実と向き合うことを苦手とし、少々浮世離れしたタイプとなります。

〈仕事面〉

お金よりも、自分のやりたい仕事に就いた方が充実感を得られるタイプ。仮に、自分に合う仕事がなかなか見つからず、生活のために仕事選びを妥協せざるを得ない状況に直面したとしても、その環境の中で上手にやっていくだけの順応性を持っています。

また、豊かな発想力を持っているので、自らのアイディアを生かせる職場環境であればやりがいも見出せます。職業は、創造力を生かせる仕事全般（編集者、小説家、漫画家、料理家、華道家、スタイリスト、メイクアップアーティストなど多数）が向いています。

〈対人面〉

基本的には初対面の相手に対して大らかに接するタイプですが、慎重な一面もあります。しかし、親しい関係になると、オープンマインドでソフトなコミュニケーションをとります。頭脳線の流れに滞りがなくクリアであれば、良好な人間関係を築くことができますが、頭脳線の流れに乱れがあると、人間関係においてはやや神経質なところも。

さらに、頭脳線の終点が1／2のポイントより下であればあるほど、情が深く、場合によっては人に対する依存心が強く表れることもあります。周囲への気遣いはほどほどに。

〈愛情面〉

ひとたび恋に落ちると、自らが作り出す幻想の世界にどっぷりと浸かる傾向があります。そのため、人によっては一日中好きな相手のことを考えて過ごし、他のことには全く手がつかなくなる……というようなことも決して珍しくありません。男女共に、情感が豊かで無邪気さを持つタイプといえるでしょう。

やや八方美人な傾向もありますが、自分の気持ちを素直に表現することのできる、愛され上手な人です。しかし、その愛が破局を迎えたときは、失恋の痛手からなかなか立ち直ることのできない弱さもあります。

Ⅳタイプの「頭脳線」

頭脳線と感情線がつながった、マスカケ相。
（詳細は45ページを参照）

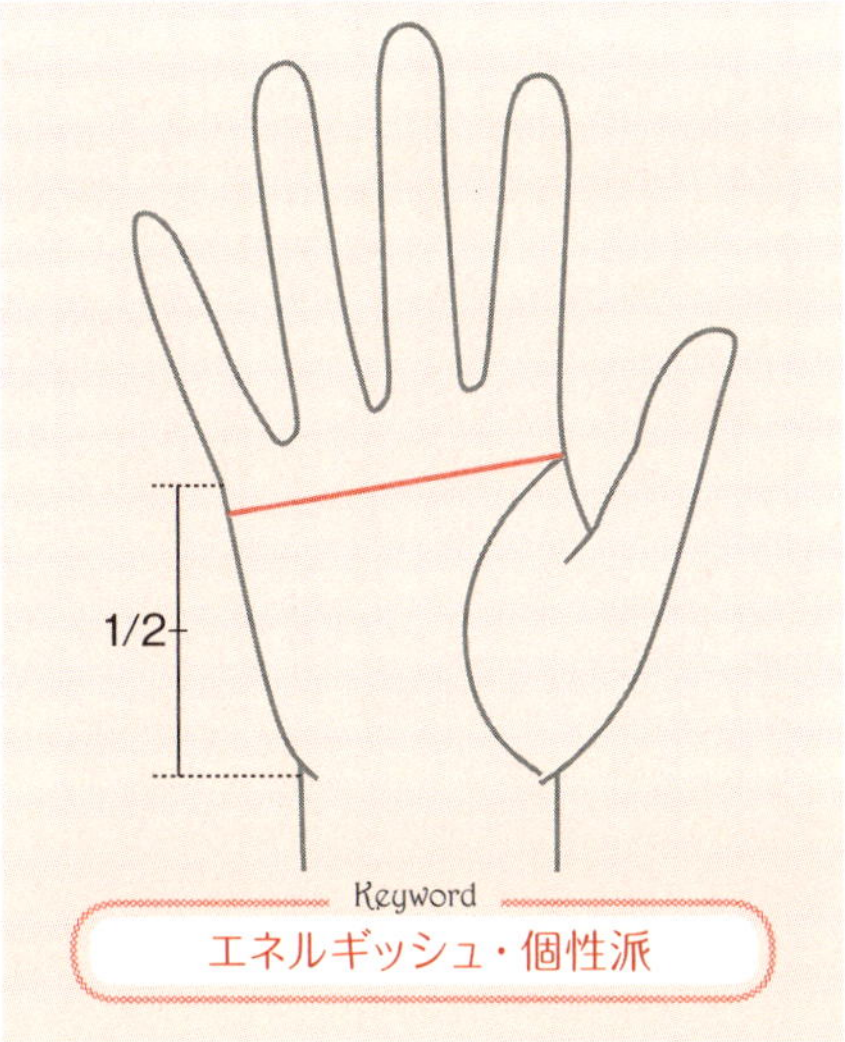

〈思考傾向〉
精神的にエネルギッシュなタイプ。基本的にはどのようなことにも前向きで一生懸命な気質であるものの、ときにそのベクトルの方向が１８０度変わるような思考傾向を持っています。例えば、ある物事に夢中になっていたかと思うと、あるとき、ハタッとその熱が冷めてしまうようなことがたびたび起こります。
しかし、これは意図的なものではなく、ほとんどの物事において本人の無意識のうちに起こり、その結果に周囲は驚きます。片手がマスカケ相の場合よりも両手がマスカケ相の方が、これらの傾向は強く表れます。

〈仕事面〉
他の人が真似できないようなオリジナリティや創造性を持っています。左右の手の一方がマスカケ相の場合より、両手がマスカケ相である方がこの傾向は強くなります。ただし、マスカケ相の人は、自らが天職だと信じる仕事に巡り合わないと、この個性を活かしきることが難しいのです。
そのため、職業に関してはジャンルを選びませんが、どちらかというと、組織に属した環境で仕事をするより、自ら独立した方がその才能を遺憾なく発揮できます。組織を選んだ場合はリーダーシップがとれる環境が適しています。

〈対人面〉

幼少より好奇心が旺盛で、興味を抱いた物事の一つひとつに対して夢中になります。そして、どちらかというと、人とのコミュニケーションよりもそういった自分の世界に熱中する気質から、人間関係においてはやや後回しになる傾向があります。
そのため、周囲からの理解がなかなか得られないといった状況に悩まされることもありますが、逆に、絶対的な応援者の存在に意識を向けることで心の平安を保てます。家族であれ、友人であれ、恋人であれ、自分を理解してくれる人たちへの感謝の気持ちを伝えることが大切。

〈愛情面〉

誰かを愛するとき、全身全霊でその人に愛を注ぎます。その一方で、愛が冷めるときはある日突然に気持ちが離れていきます。この極端な気持ちの変動は、無意識のうちの出来事で、本人すらよくわかっていないのが特徴。しかし、精神的に同じエネルギーを持ち得るパートナーとは長続きします。
ときには激しい喧嘩もあるかと思いますが、互いにエネルギーを上手に発散することができれば、後には残りません。また、互いが良き理解者であることを認識していれば、それぞれの良さを引き出し合うことができます。

④マスカケ相の種類

マスカケ相は、手相上では25人に一人といわれるほど少数派です。しかし、一口にマスカケ相といっても、その種類はさまざまです。

まずは、基本型から覚えましょう。

◆完全なマスカケ相

感情線と頭脳線が１本につながっている相

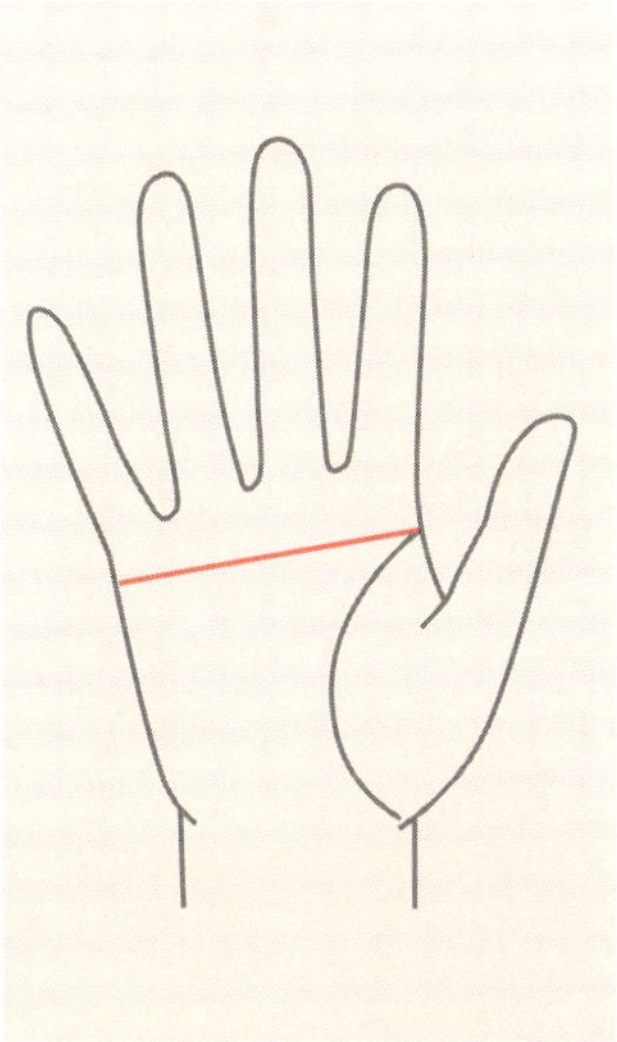

感情線と頭脳線が完全に１本の線としてつながっています。マスカケ相の中でも、精神的な強さや創造性において、それらの個性が際立っています。特に両手が完全なマスカケ相の場合、他の人が真似できないようなオリジナリティを持ち得ます。

◆その他の完全なマスカケ相

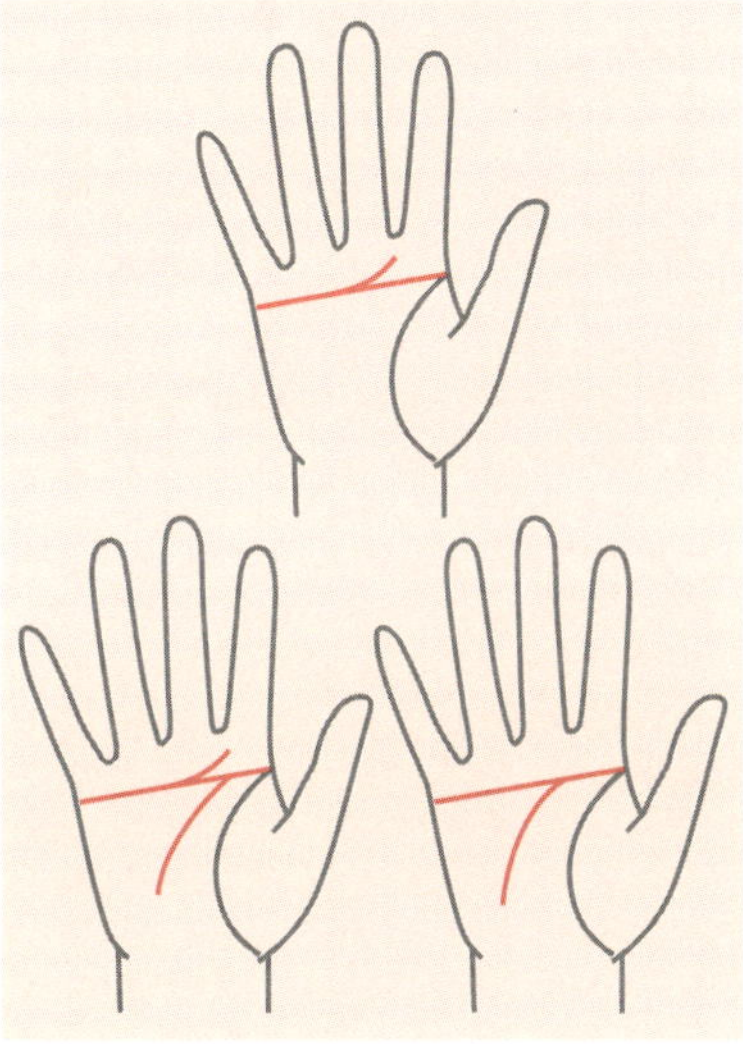

完全なマスカケ相に加えて、さらに感情線や頭脳線が現れている場合があります。これらの相においては、人一倍、豊かな才能や感性を持ち得ます。

◆後天的マスカケ相

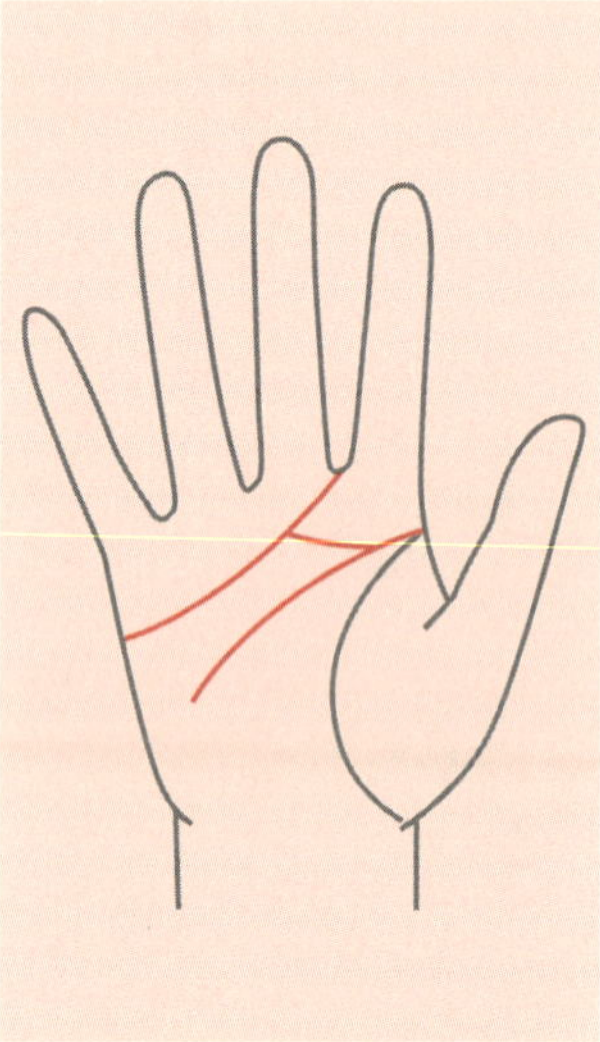

もともと感情線と頭脳線が独立していた相が、年を重ねるにつれてつながってくるケース。これは、精神的にタフになってきたという点に加えて、その人が生まれながらに持つ個性が際立ってきたと考えます。

※例外として、幼少期からこの相を持つケースもありますが、その場合、感情線と頭脳線がつながっている部分が、年齢によって濃くなったり、薄くなったりを繰り返し、最終的にマスカケ相として落ち着きます。

◆その他のマスカケ相

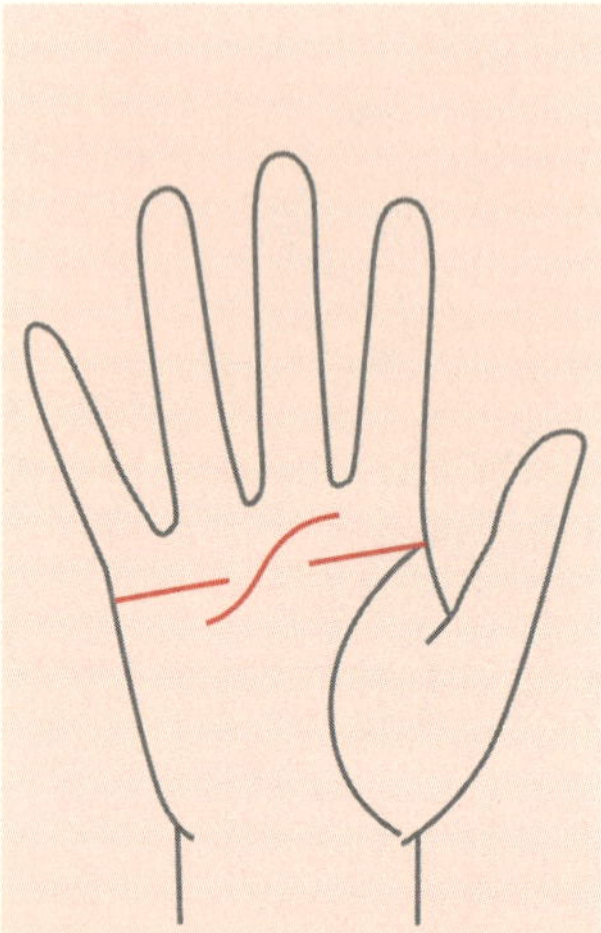

特殊なマスカケ相として、線が途切れ途切れのケースがあります。この場合、完全なマスカケ相に比べて、精神的にはかなり繊細で不安定な一面もありますが、人にはない感性を持ち得ます。

5 「感情線」とは

「感情線」とは、小指側から手のひらを横切って、人差し指の方向へ伸びる線のことです。このとき、線の始まりは小指側、終わりは人差し指の方向と覚えておきましょう。

「感情線」のチェックポイントは、次の三つです。

ルール9　「感情線」の判断基準

①「感情線」の終点はどこまで伸びているか。
②「感情線」は「カーブを描いているか」または「ストレートなのか」。
③「感情線」は「シンプルな線か」または「複数な線か」。

まずは、あなたの身近にいる人たちにどのような「感情線」が現れているのか、①②③の順に観察してみましょう。「頭脳線」のときと比べてどうでしょう。線の長さ、流れ、そして、線そのものの作りを観ることで、やはり、さまざまな「感情線」の存在に気づくことでしょう。中には、これが感情線？　と判断するには難しいものもあるでしょう。しかしこの段階では、とにかくじっくりと観ることが大事なのです。

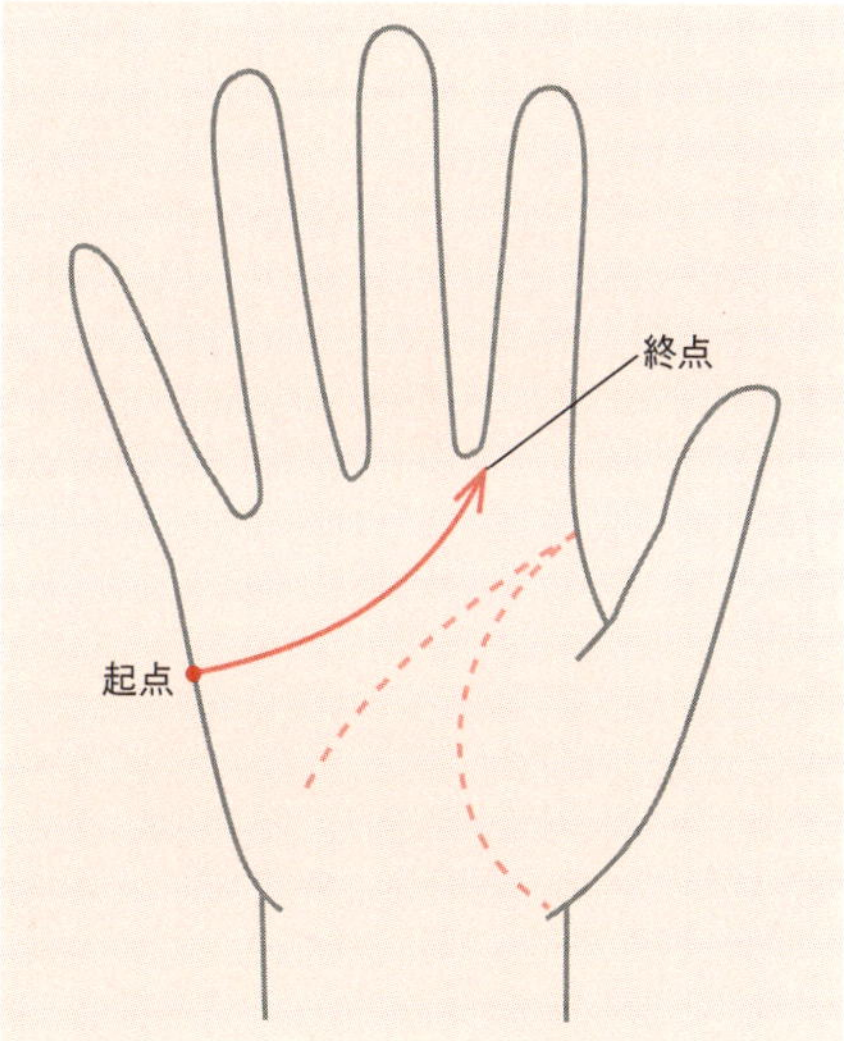

それでは、「感情線」の解釈について考えてみましょう。

ルール10　「感情線」の解釈

気持ちの表し方、恋愛傾向などがわかる。人の心や物事に対する、感性の豊かさも表れている。

「頭脳線」は、人間社会で生きていく上での理性的な思考傾向を表していますが、「感情線」は、もっと本能的な心の動きを表しています。例えば、人から愛されたり、人を愛したりするときに働く心のありようです。あるいは、自分が好んでいる物事や世界に対する情熱の方向性を示しています。

「感情線」は、長さが長いほど人や物事に対して情熱的な傾向を表します。また、線がシンプルであればストレートな感情表現を好み、複雑であれば細やかな感情表現を好みます。さらに、線の流れが、緩やかなカーブを描いていれば穏やかな感情表現の傾向が、まっすぐであればやはりストレートな感情表現の傾向があります。

ルール11　「感情線」の基本情報

「感情線」の長さ、流れ、線の作り（シンプルまたは複雑）によって、感情表現の傾向が異なる。

6 「感情線」の基本4タイプ

「感情線」も「頭脳線」と同様、線の長さ、流れ（カーブまたはストレート）など、いろいろなタイプの「感情線」があるということを踏まえて、4タイプに分類します。ただし、「頭脳線」に比べて「感情線」は、四つのどのタイプに相当するかを判断するのがやや難しいかもしれません。

そこで、「感情線」のタイプを見極めるコツとして、ここでは線の長さのみに注目して考えてみましょう。

それでは、「感情線」の基本4タイプの見分け方について。

「感情線」4タイプの見分け方

「感情線」の終点はどこまで伸びているかに注目。

Aタイプ 終点が、人差し指下の領域（木星丘）まで伸びている。

Bタイプ 終点が、中指と人差し指の間に向かっている。あるいは終点が、中指と人差し指の間の付け根に付いている。

Cタイプ 終点が、中指下の領域（土星丘）まで伸びている。

Dタイプ 感情線と頭脳線がつながったマスカケ相（43ページ参照。）

※感情線の先が分かれている場合、複合的に解釈します。

※感情線が2本以上ある場合も同様に、複合的に解釈します。

※丘の解説は93ページを参照。マスカケ相については45ページを参照。

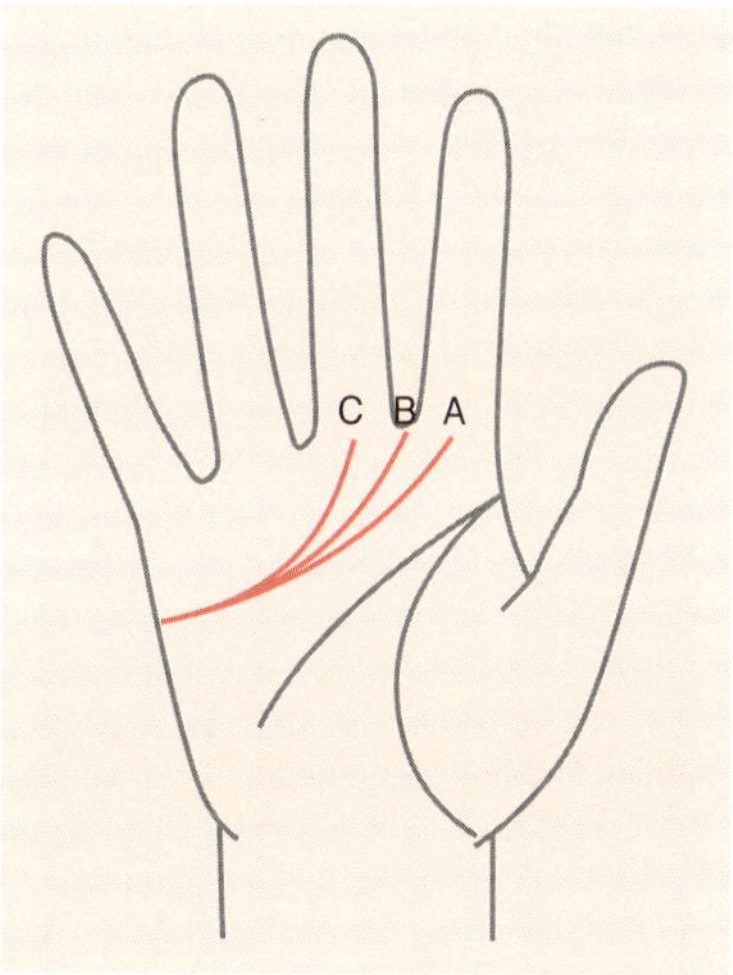

Aタイプの「感情線」

終点が、人差し指下の領域（木星丘）まで伸びている。

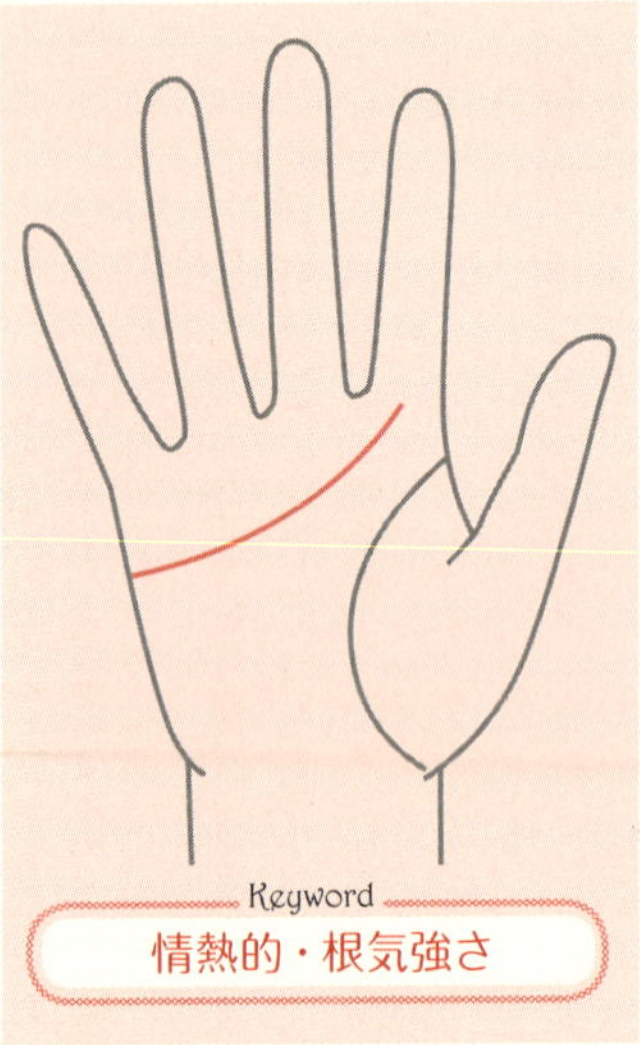

〈感情傾向〉

興味を抱いた人や物事に対して、長い時間をかけてじっくりと情熱を注ぎこみます。ゆえに、ひとたび自分の世界に取り込んだ事柄に関して、すぐに飽きることなくその喜びや楽しさを深く味わうタイプです。しかし同時に、哀しみや怒りを消化するにも長い時間がかかるので、執着心が強いタイプともいえます。

本人は全く意識をしていませんが、このようにして心のバランスをとっているのです。感情エネルギーの注ぎ口を上手にコントロールできるようになると、情熱的で根気強い個性が素晴らしい強みとなります。

〈恋愛傾向〉

感情傾向からわかるように、恋愛の始まりも終わりも長期戦です。どのような頭脳線かにもよりますが、両想い、片想いに関わらず、恋愛感情をゆっくりと育てていきます。また、恋愛相手に対しては一途な想いを注ぎ、結婚へ至る努力をします。

しかし、仮に相手から別れを告げられた場合、気持ちが空回りして立ち直るのに人一倍時間がかかります。負の感情を手放すためには、体内にこもったエネルギーを発散させることが大事です。上体が前かがみになっていたら、空を見上げて胸骨を開きましょう。

Bタイプの「感情線」

終点が、中指と人差し指の間に向かっている。あるいは付いている。

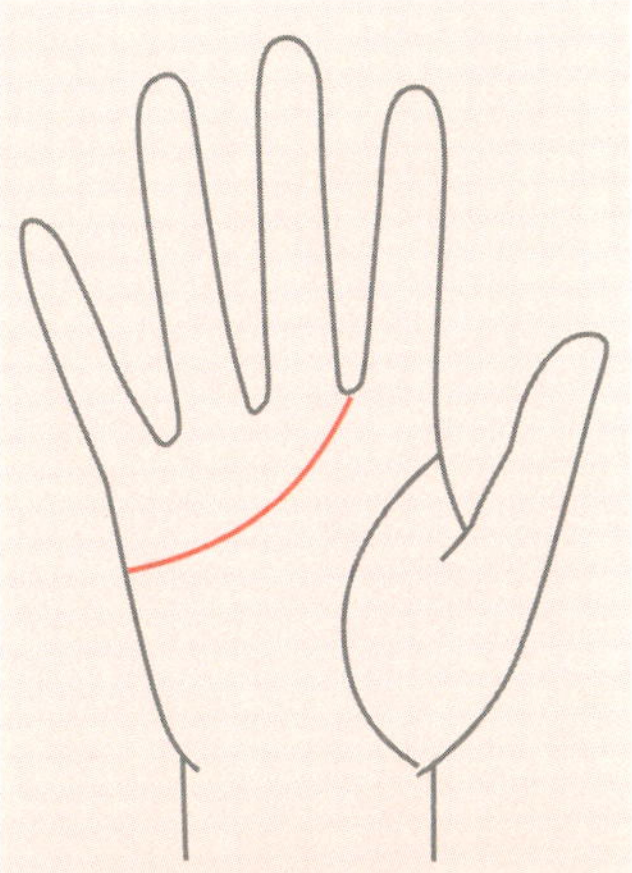

〈感情傾向〉

感情線の終点が、中指と人差し指の間の付け根に近いほど、人や物事に対して真面目で、かつ、理想が高い傾向にあります。そのため、自分や他人に対して厳しい面を持っています。わりと周囲の目を気にする傾向もあるので、平常心を保とうとします。

なお、感情線の長さはBタイプの図と同じでも、終点が中指と人差し指の間から１㎝ほど離れている場合はAタイプの気質に近く、終点が２㎝ほど離れている場合はCタイプの気質に近いと考えます。感情線の先が二つに分かれている場合は複合的に理解します。

〈恋愛傾向〉

感情線の終点が、中指と人差し指の間にぴったりと付いていると、より誠実で潔癖な愛を求める傾向にあります。そして、恋愛相手に自分の理想のパートナー像を投影して、点数をつけていきます。そのため、つき合いが長くなるほど、パートナーに対して辛口になるところも。さらに、結婚線（１１７ページ参照）の終わりが上を向いていたら、晩婚か、結婚を選ばない可能性もあります。なお、感情線の終点が、中指と人差し指の間に付いていなければ、この傾向は緩和されます。

Cタイプの「感情線」

終点が、中指下の領域（土星丘）まで伸びている。

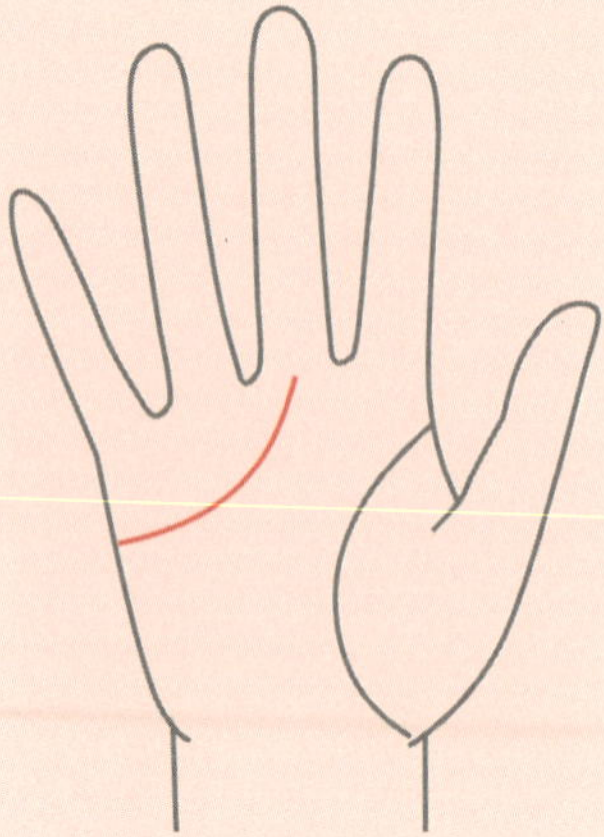

Keyword
好奇心旺盛・新しいもの好き

〈感情傾向〉

人や物事との出会いを大いに楽しみます。特に、自ら興味を持った事柄に関しては、出会いの瞬間から積極的な感情のエネルギーを発します。そのため、周りの人たちを引きつける魅力を持ちます。ただ、それらの好奇心が満たされると、興味の対象が他へと移り変わっていく性質も否めません。いつでも、目の前の新しいものに心動かされるのです。そこで、ときに周囲からは飽きっぽいタイプだと見られがちですが、決して飽きっぽいわけでなく、豊かな人間関係を築き上げて楽しいことを見つけるのが得意なのです。

〈恋愛傾向〉

好意を抱いた相手に対し自然体で自分自身をアピールします。どちらかというと、恋のかけひきは抜きで、あるいは、かけひきは最初のうちだけで、自分の想いを無邪気に表現する傾向にあります。その結果、相手の気持ちに脈がなければ、引き際も案外さらりとしています。

両想いに至った場合は相手のことを十分に理解しようと努めますが、どのような人なのか納得し、その想いが満たされると、再び他の異性に目が向き始めます。これは意図的に行っているわけではなく、本人の気質がそうさせているにすぎないのです。

Dタイプの「感情線」

頭脳線と感情線がつながった、マスカケ相。
（詳細は43ページを参照）

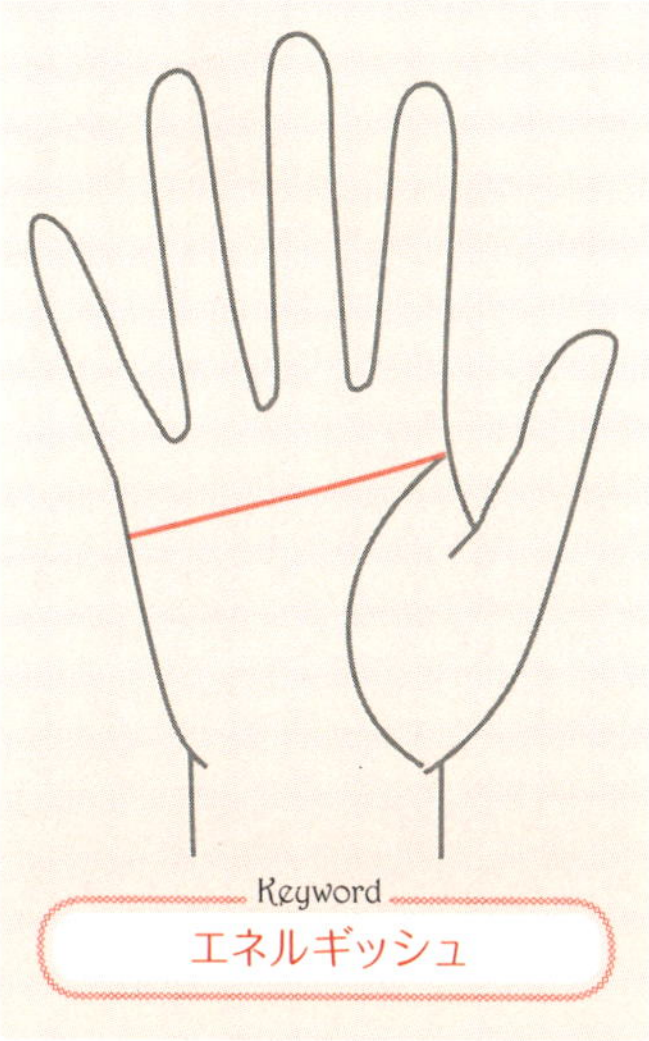

※〈思考傾向〉および〈恋愛傾向〉は、43ページの「頭脳線」と同じです。

7 「生命線」とは

「生命線」とは、人差し指と親指の間から手首に向かう線です。このとき、線の始まりは人差し指と親指の間、終わりは手首方向と覚えておきましょう。

「生命線」のチェックポイントは、次の三つです。

ルール12 「生命線」の判断基準

① 「生命線」の長さは、「長いか」または「短いか」。
② 「生命線」の終点は、どこへ向かっているか。
③ 「生命線」のカーブは、「大きいカーブか」または「小さいカーブか」。

まずは、あなたの身近にいる人たちにどのような「生命線」が現れているのか、①②③の順に観察してみましょう。「頭脳線」や「感情線」のときと比べてどうでしょう。線の長さ、終点の位置、そして、カーブの大きさを観ることで、「生命線」もまた、人それぞれだということに気づくことでしょう。

もし、驚くほど短い生命線であったとしても、短命だと嘆くことはありません。その理由は、日々変わっていく手相から決して寿命を読むことができないから

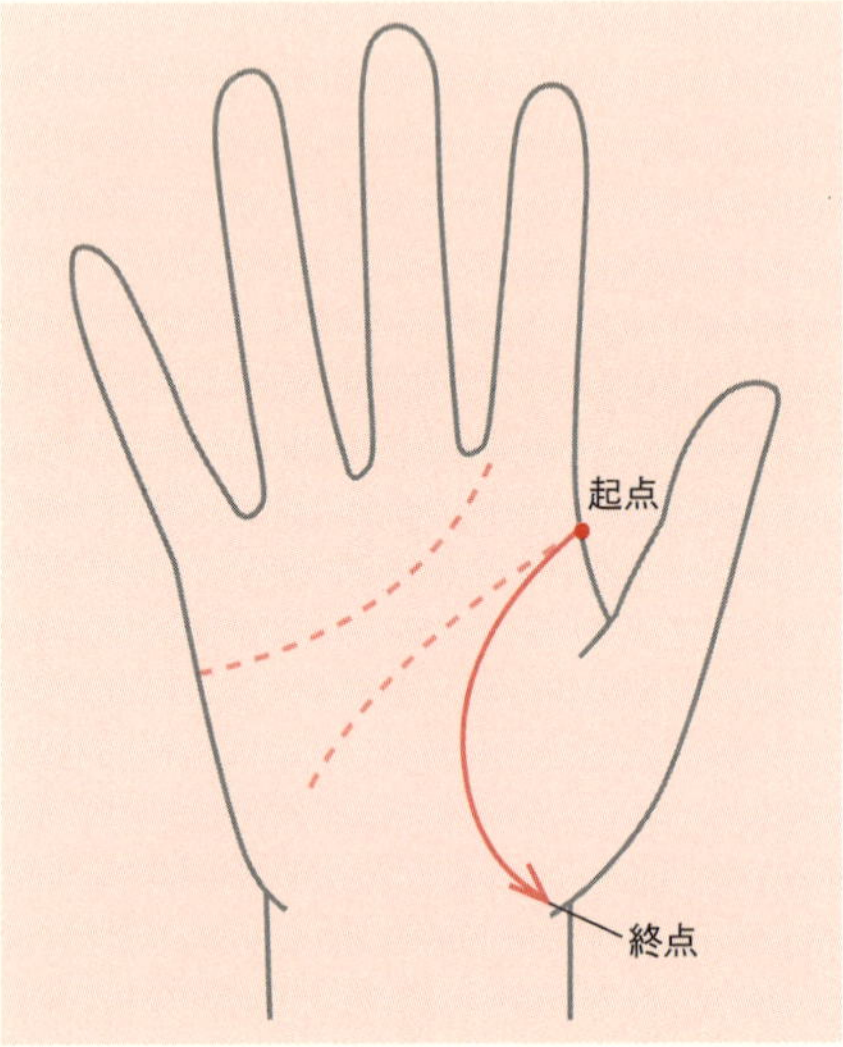

です。また、仮に短い生命線が気になったとしても、運命線が中指に向かって伸びていれば未来は明るいと考えます。それでは、「生命線」の解釈について考えてみましょう。

ルール13　「生命線」の解釈

体力の有無、健康状態、基本的な人生志向が現れている。また、家族との関係性についてもわかる。

これまで、「頭脳線」が思考傾向を、「感情線」が感情傾向を表してきたのに対して、「生命線」は、体全体の傾向、つまり、体力の有無や体質を表しています。そして、生まれながらに持つ体質というものは、その人の気質にも大いに影響していると考えられます。

例えば、AさんとBさんが同じタイプの「頭脳線」や「感情線」を持っていたとしても、「生命線」が全く違えば、考えたことや感じたことを行動に移すときに個性の違いが出てくるのです。仮に、二人が同時に同様のトラブルに直面したとしましょう。すると、問題対処にかかる活動時間や、気持ちの立て直しの際にその違いが現れるのです。

ちなみに手相上、理想的な「生命線」とされているのは、「生命線」のカーブが大きく、長く、滞りのない美しい線であることです。

それでは、基本情報をまとめておきましょう。

ルール14　「生命線」の基本情報

「生命線」の長さ、終点の位置、カーブの大きさによって、体力の有無や体質、生き方が異なる。

8 「生命線」の基本2タイプ

「頭脳線」と「感情線」は、4タイプに分けて解説しましたが、生命線は基本2タイプに分類します。もちろん「生命線」にも、長さ、終点の位置、カーブの具合によってさまざまですが、2タイプに分類することで、(「頭脳線」×「感情線」)+「生命線」として、基本3大線を総合的に読むとき、手のひらの情報を瞬時に受け取ることができるのです。

「生命線」のタイプを見極めるコツとして、ここでは、主に終点の位置に注目して考えてみましょう。

それでは、「生命線」の基本2タイプの見分け方について説明します。

「生命線」2タイプの見分け方

「生命線」の終点は、どこへ向かって伸びているかに注目。

Aタイプ　終点が、親指側の手首に向かって、カーブを描いている。

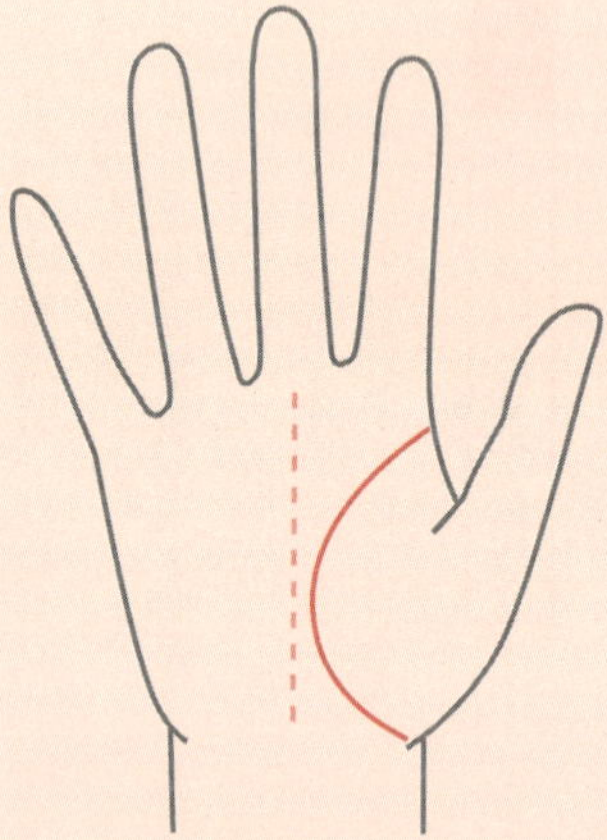

Aタイプ

Bタイプ

終点が、小指側の手首に向かって、斜めに伸びている。

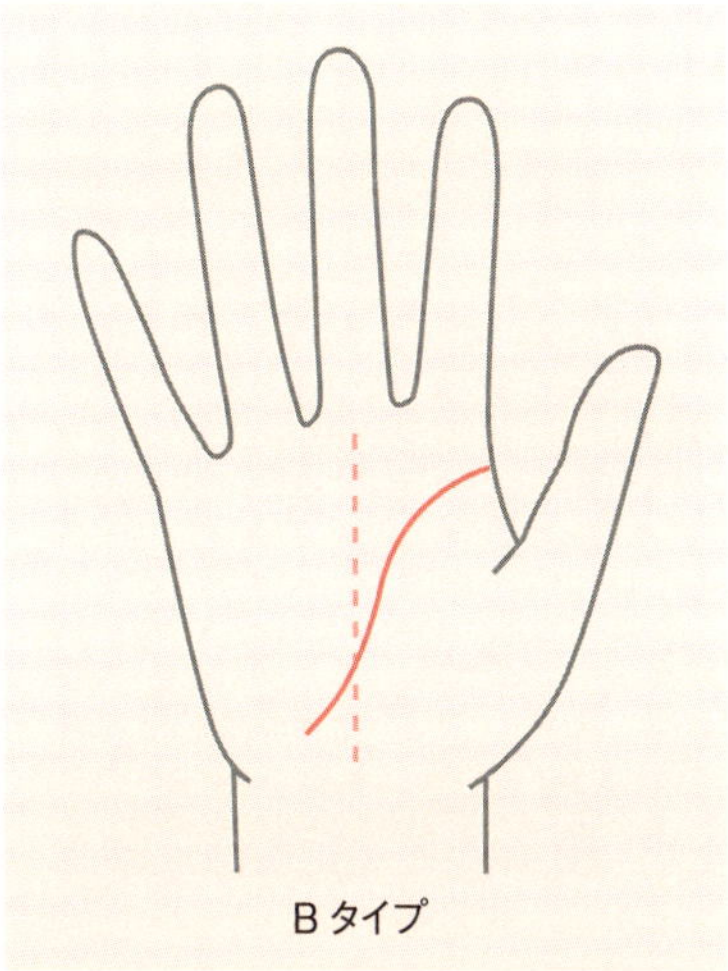

〈A・Bの見分けが難しい場合〉

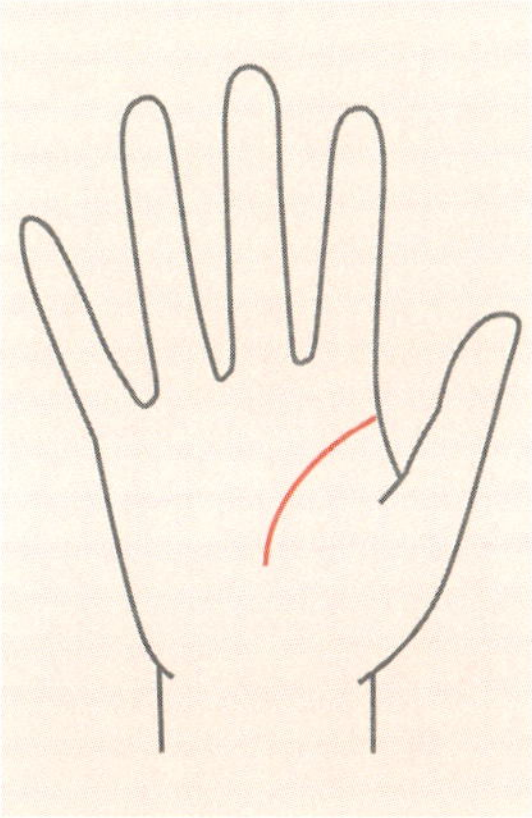

※生命線の終点が、極端に短く手のひら中央付近に向かっている場合、Bタイプよりとして判断。

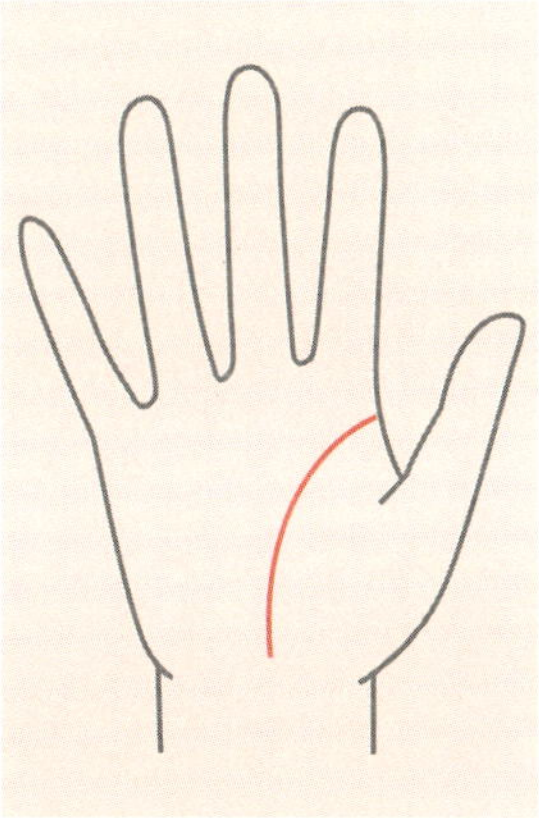

※生命線の終点が、手首中央に向かって伸びている場合、AとBを合わせたタイプとして、総合的に判断。

Aタイプの「生命線」

生命線の終点が、親指側の手首に向かってカーブを描いている。

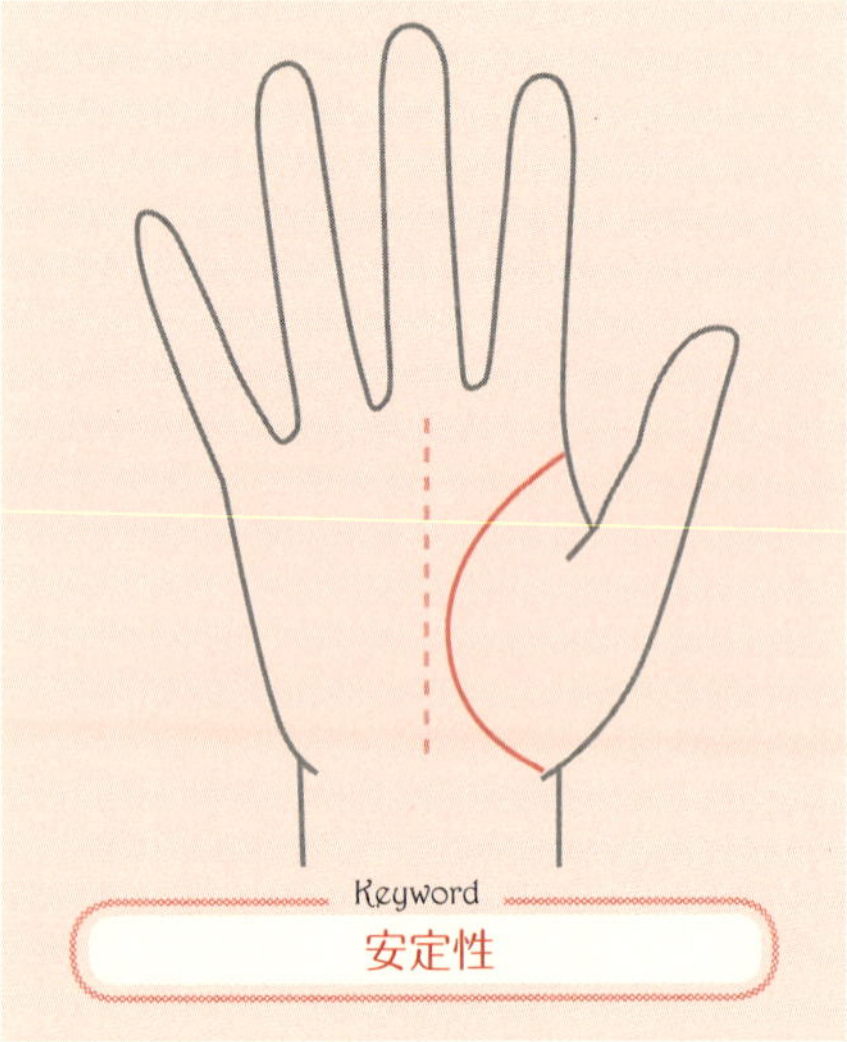

〈基本傾向〉

健康度　カーブが大きく、生命線の流れに滞りがなく美しいほど、体力に恵まれています。しかし例外として、カーブが極端に浅い場合、体力はあまりないと考えます（図3）。また、カーブが大きいものの、生命線が途中で一旦途切れ、再び現れている場合、体力はほどほどに恵まれていると考えます（図4）。また、終点が手首中央の場合も同様、ほどほどの体力です（図5）。

人生志向　終点が手首に向かって大きくカーブを描いているほど、人生において安定を求めて生きるタイプです。そのため、大きな冒険は好まず、確実に進むことのできる道を選択する傾向があります。カーブが極端に浅い場合、家族への依存心が強く、精神的自立に時間を要する傾向があります（図3）。終点が、手首中央の場合は、人生において安定と変化の両方を求める傾向があります（図5）。

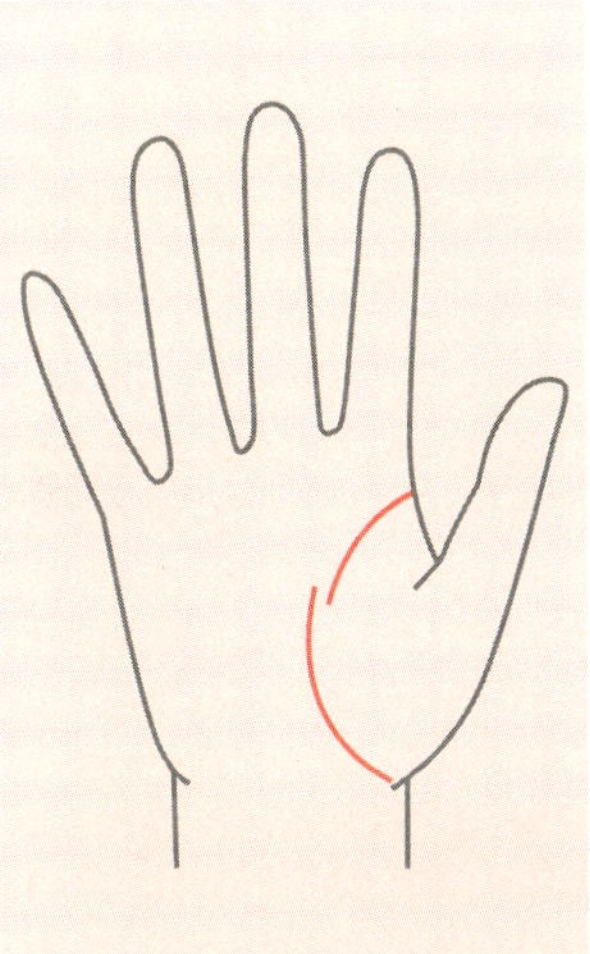

図４

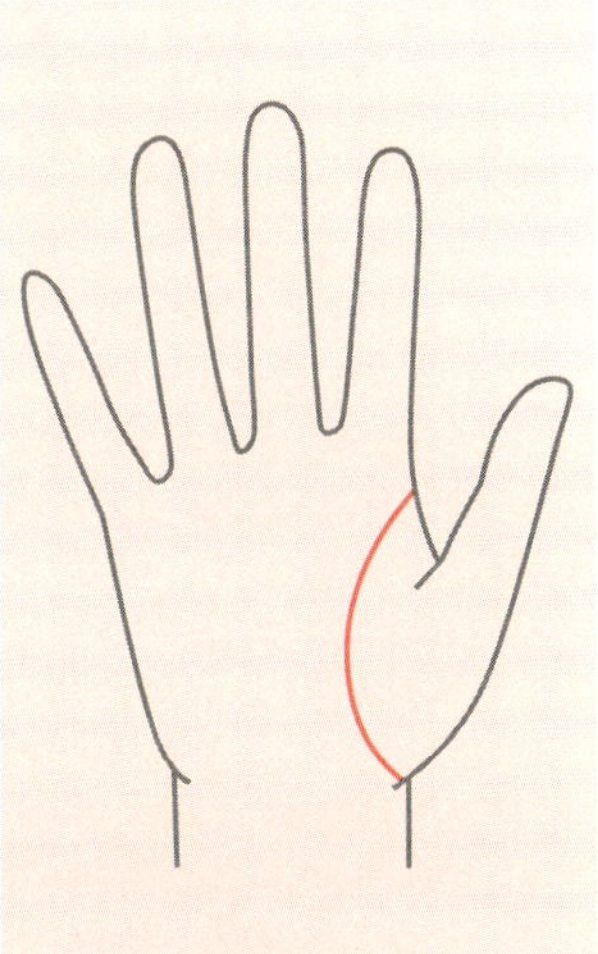

図３

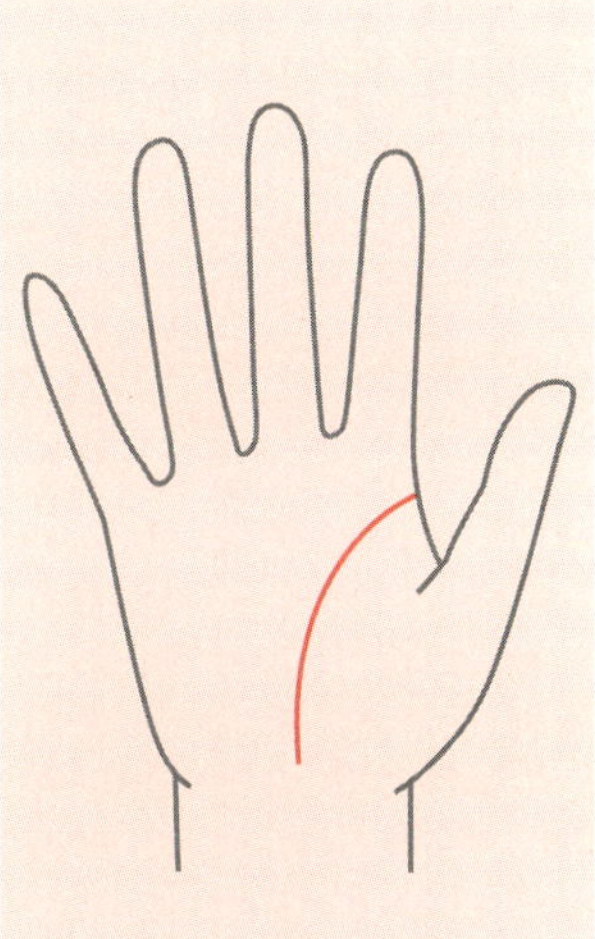

図５

Bタイプの「生命線」

生命線の終点が、小指側の手首に向かって斜めに伸びている。

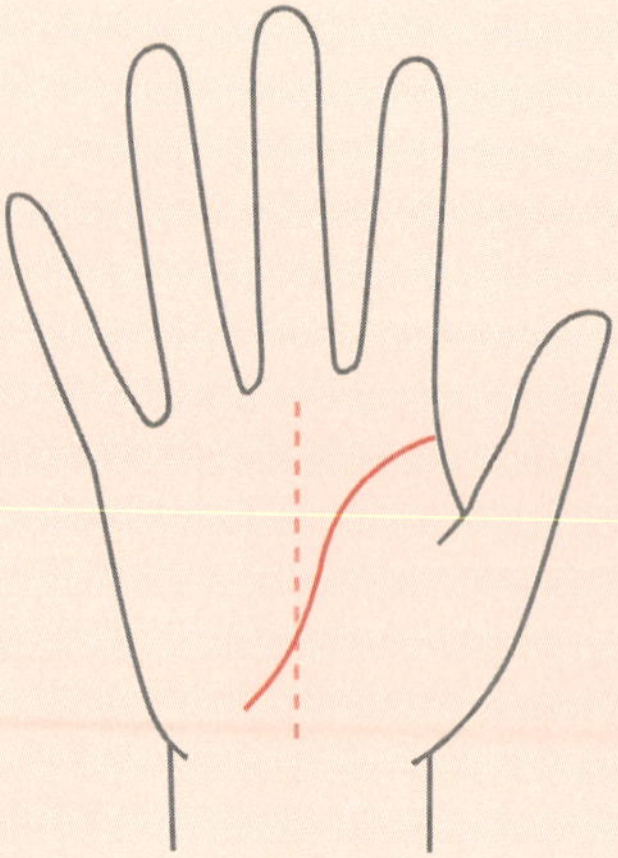

Keyword

変化・刺激

〈基本傾向〉

健康度　終点が小指側の手首に向かって斜めに伸びているほど、基本的な体力はあまりないと考えます。また、生命線の終点が複雑に絡み合い、親指側に向かっているのか、小指側に斜めに伸びているのか判断がつかない場合も同様に、体力はあまりないと考えます（図6）。生命線が極端に短く、終点が手のひら中央の場合も体力はあまりある方ではないので、健康面に十分に気を遣う必要があります（図7）。

人生志向　終点が小指側の手首に向かって斜めに伸びているほど、人生において変化や刺激を求める傾向が強いです。終点が複雑に絡み合い、親指側に向かっているのか、小指側に斜めに伸びているのか判断がつかない場合、安定している時期もありますが、基本的にはやはり変化の多い人生となります（図6）。生命線が極端に短く、終点が手のひら中央の場合、終点の年齢が訪れたときに人生の転機を迎えます（図7）。

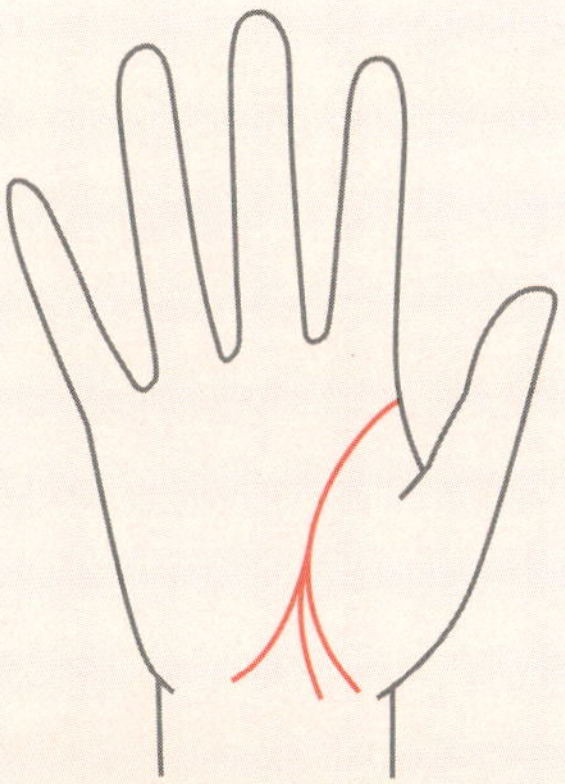

図６

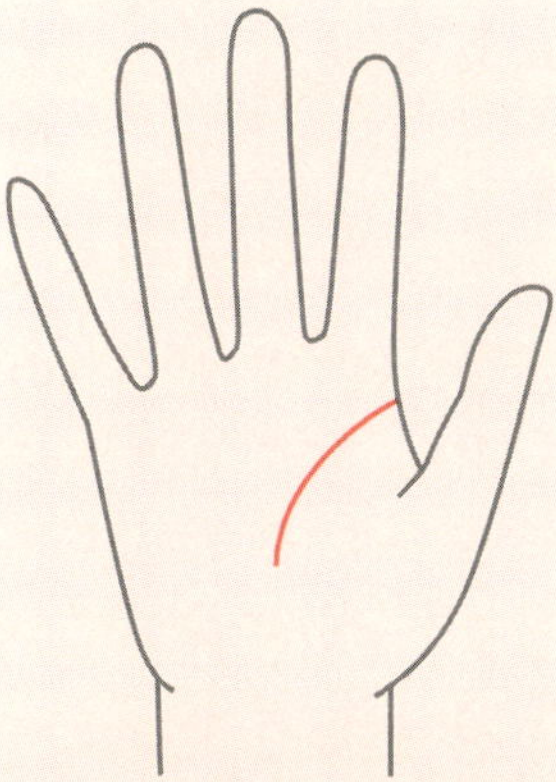

図７

ルール15

基本３大線を観るときの基本ルール

◆手のひらをパッと観たときの第一印象を大切にする。
◆各線が「長い」または「短い」のか、「複雑」か「シンプル」なのかを見分ける。
◆感情線・頭脳線・生命線のうち、どの線がハッキリ現れているのかを観る。
◆判断に迷ったら、細部にこだわらず、大きくとらえる。
◆手のひら全体の特徴をとらえる。

基本3大線についての考察

本書では、感情線・頭脳線・生命線の各線において、基本タイプのみを紹介するところに留めていますが、それには理由があります。どんなことを学ぶ上でも同じことがいえますが、手相の読み方も、基本が最も大事だと考えているからです。

人の数だけさまざまな基本3大線はありますが、それでもある程度は、基本タイプを丁寧に理解しておけば読むことができるのです。もし、初めて観る相に出会ったら、「この相はいったい何を語っているのだろう」と一度は考えて欲しいのです。その後に調べて得た知識は、何よりも大きな経験となります。そのような経験の積み重ねで、手相は読めるようになるのです。

私個人の話ですが、手相に興味を持ち始めた当初「手相本に書いてあることは、果たして本当なのだろうか」と疑問を抱くことからのスタートでした。その方法がベストかどうかはわかりませんが、真実を確かめるために、周りに少しでも手相に興味のある人がいたら、積極的に見せてもらったのです。すると、自分の中でこんがらがっていた糸が少しずつ解けていきました。

手相を知るには、多くの人の手のひらを読むということが一番の近道だと思います。

Column.
2

瞑想と手のひら

近ごろ静かなブームを巻き起こし、注目され始めている瞑想。既にアメリカでは、大企業が就業前の瞑想タイムを取り入れているという話を耳にします。日本でもその影響を受けてか、最近のニュース番組で瞑想の効果について取り上げていました。

では改めて、瞑想とは何でしょう？　日本では古くから僧侶たちの修行の一つとして行われてきましたが、瞑想をすることにより心の平安が訪れるといいます。今日ではこの状態を「マインドフルネス」と表現し、「今この瞬間に集中する」という瞑想法が親しまれているようです。

アメリカの科学者たちは、神経科学の分野から瞑想の効用を解明しました。それによると、瞑想によって脳の一部領域の大きさが変化し、有益な心理的作用が得られるということがわかったのです。少し難しい話に聞こえますが、例えば、瞑想を日課にしている人とそうでない人とを比べた場合、瞑想を日課としている人の方が、さまざまな問題に対して冷静に対処できたり、仕事の成績がアップしたり……というような結果が明らかになったというわけです。

そこで、今日から瞑想を！　と思い立った人のために、マインドフルネス瞑想を簡単に紹介しましょう。

1　楽な格好で座る
2　目を閉じて5～10分、自分の呼吸に集中する
3　その後、自らの思考・感情・感覚を見つめる

Column.2

これだけです。

あれ？　マインドフルネス瞑想って、何かに似ていると思いませんか。

実は、手のひらを読むときの感覚と非常に近い感覚だと思うのです。まず、自らの手のひらをジッと見つめて、そこに描かれている風景はどんなだろうと素直な気持ちで集中します。しばらくすると、次から次へと思考や感情、あるいは感覚が流れてくるのです。この流れを見つめ続けます。すると何が起きるでしょう。ある種の「気づき」が訪れるのです。

「気づき」は英語ではアウェアネス（Awareness）であり、「気づくこと」「意識」などと訳されますが、「自覚する」ことでもあるのです。

このように手のひらから気づきを得るには、日常的に手のひらを観る機会をつくるとよいでしょう。朝起きて、鏡に映した自分の顔を見るように、手のひらも見ればいいのです。

その日によって肌の調子や顔色が違うように、手のひらも艶やかだったりそうでなかったりします。こうした様子に気づくようになってくると、いつの間にか瞑想的な感覚で手のひらを観ることができるようになるのです。

朝起きて、顔を見るついでに、手のひらも。

第４章 「感情線」×「頭脳線」の基本気質10パターン

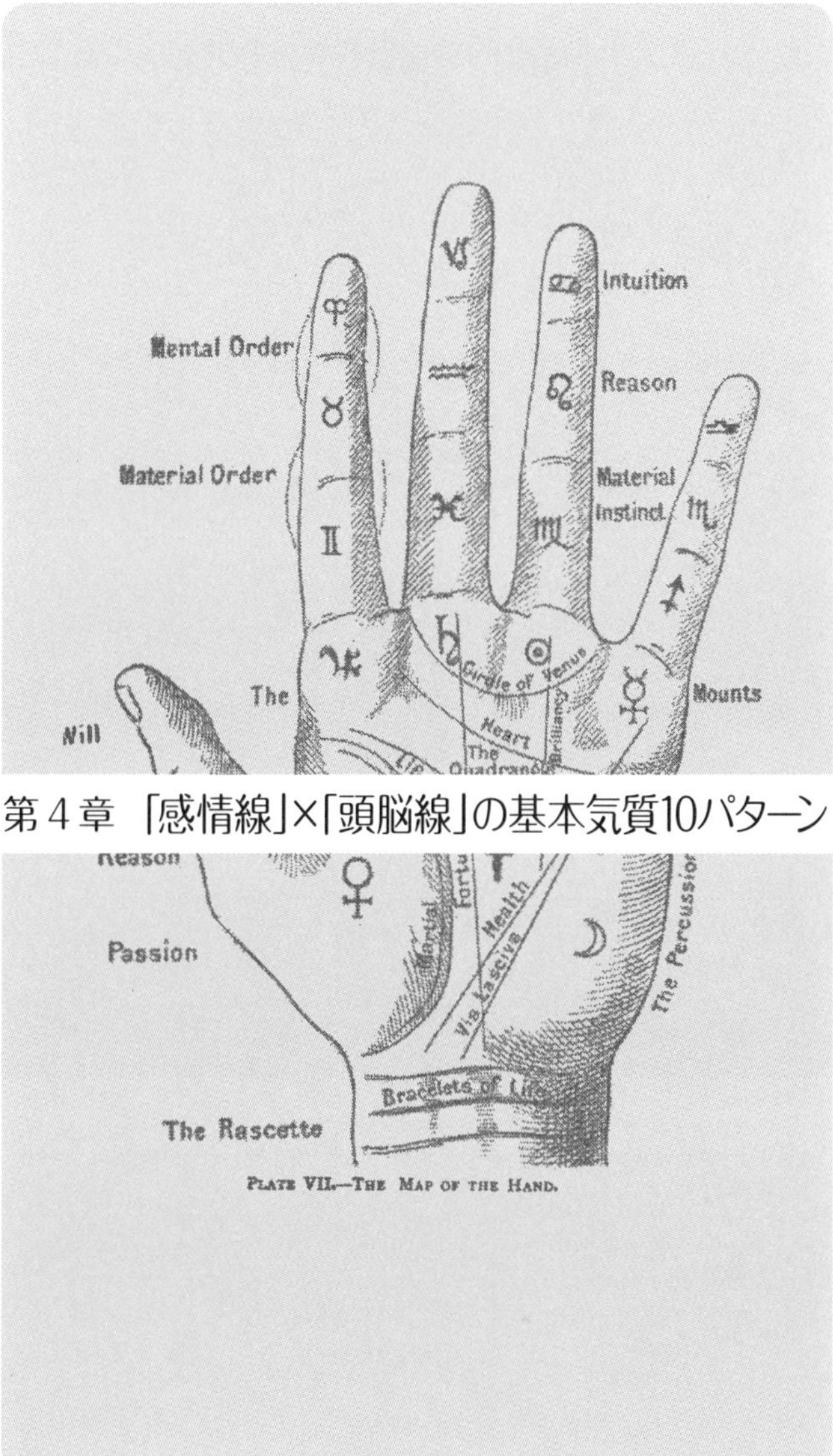

PLATE VII.—THE MAP OF THE HAND.

「感情線」×「頭脳線」の相関図

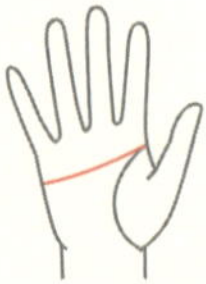 タイプ D	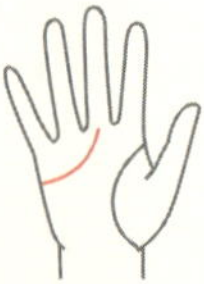 タイプ C	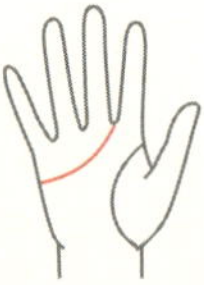 タイプ B	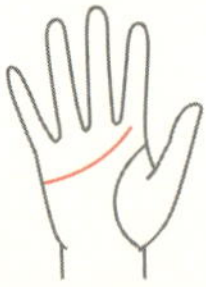 タイプ A	
D- I	C- I Pattern 7	B- I Pattern 4	A- I Pattern 1	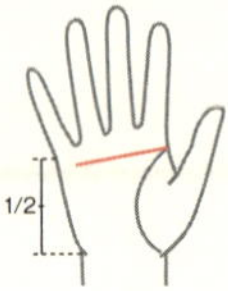 タイプ I
D- II	C- II Pattern 8	B- II Pattern 5	A- II Pattern 2	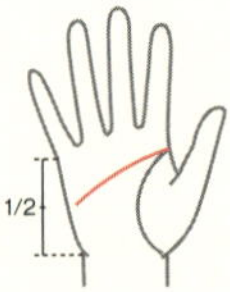 タイプ II
D- III	C- III Pattern 9	B- III Pattern 6	A- III Pattern 3	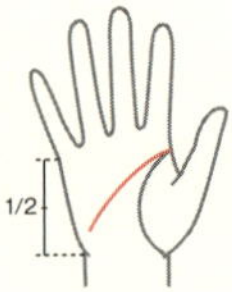 タイプ III
Pattern 10	C- IV	B- IV	A- IV	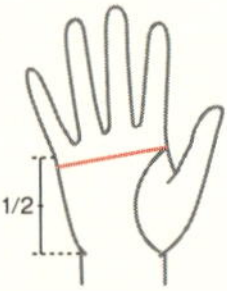 マスカケ相

「感情線」と「頭脳線」の各4タイプを理解したら、今度は、「感情線」×「頭脳線」の組み合わせで、人となり(＝気質)を総合的に読んでいくことができます。

ここでは、その組み合わせを基本気質10パターンと呼ぶことにします。

では「感情線」と「頭脳線」の各4タイプを、再び思い出してみましょう。このときとても大切なのは、それぞれに「ポジティブ（P）」と「ネガティブ（N）」の両面をキーワードでとらえておくことです。

「感情線」

Aタイプ

終点が、人差し指下の領域（木星丘）まで伸びている。

キーワード：情熱的・根気強さ（P）↔固執しやすい（N）

Bタイプ

終点が、中指と人差し指の間に向かっている。あるいは、付いている。

キーワード：誠実・完璧（P）↔妥協できない・頑固（N）

Cタイプ

終点が、中指下の領域（土星丘）まで伸びている。

キーワード：好奇心旺盛・新しいもの好き（P）↔すぐ飛びつく・移り気（N）

Dタイプ

感情線と頭脳線がつながったマスカケ相。

キーワード：エネルギッシュ・個性派（P）↔マイペース（N）

「頭脳線」

小指の付け根から手首に向かって直線を引いたとき

Ⅰタイプ

頭脳線の終点が、1／2より上。

キーワード：現実主義タイプ（P）↔ステレオタイプ（N）

Ⅱタイプ

頭脳線の終点が、ちょうど1／2。

キーワード：バランスタイプ（P）↔どっちつかず（N）

Ⅲタイプ

頭脳線の終点が、1／2より下。

キーワード：クリエイティブ・ロマンティスト（P）↔影響を受けやすい（N）

Ⅳタイプ

頭脳線と感情線がつながった、マスカケ相。

キーワード：エネルギッシュ・個性派（P）↔人を巻き込みやすい（N）

基本気質10パターンについてつけ加えておきたいことがあります。

これらは「感情線」（＝本能）と「頭脳線」（＝理性）から成る、部分気質であるということを頭に入れておきましょう。

この気質に、さらに「生命線」（＝生命エネルギー）や「運命線」（＝基本的な生き方）が表す気質が加わることで、手のひらのタイプは細分化されていくのです。

ここではキーワードとして、10の気質における、強み・欲求・弱み・恐れを上げておきました。手のひらを読む際の参考にしてください。

なお、イラストは右手（＝社会における生き方が現れる手相）を用いていますが、左手で読む場合は、左手（＝持って生まれた資質が現れる手相）の意味を踏まえた上で判断します。

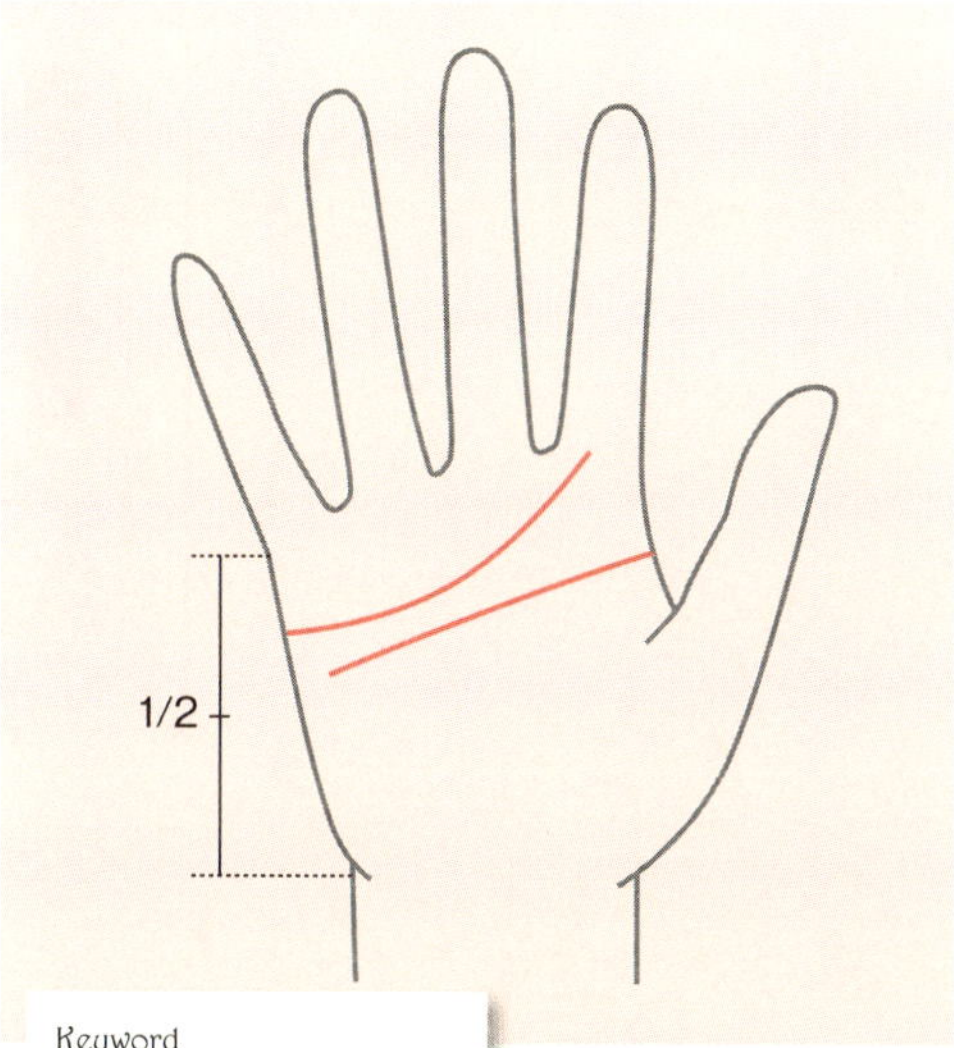

基本気質パターン1

感情線A×頭脳線I

Keyword

強み：行動力・粘り強さ

欲求：達成感

弱み：執着心

恐れ：中途半端な状態

実際的な行動力と、何事に対しても前向きな粘り強さを持っています。それらがプラスに働いているときは、現実と向き合い確かな道を歩いていく安定感があります。また、自己肯定感も高まります。しかし、物事が思うように進まず自信を失っているとき、過去の出来事にこだわったり、あるいは、現状を打破するために焦って結論を出そうとする場面もあります。ロマンティックな事柄に関しては照れくさく、少し苦手な一面が。

基本気質パターン2

感情線A×頭脳線Ⅱ

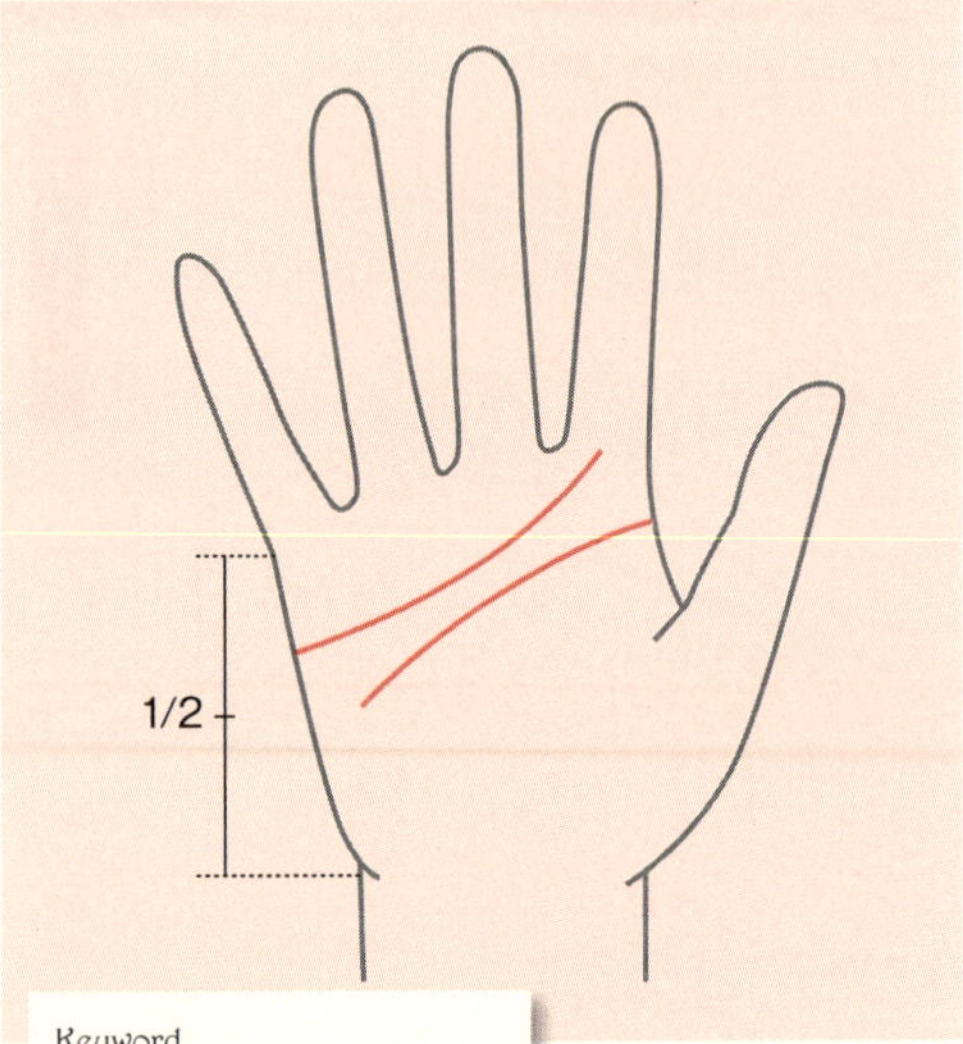

Keyword

強み：信頼関係

欲求：常に自分らしくあること

弱み：調整力が働かない状態

恐れ：平常心を失うこと

人や物事とじっくりと時間をかけて向き合い、信頼関係を築いていきます。それらがプラスに働いているときは、穏やかで温かく、前向きにコツコツと努力を積み重ねていきます。ところが、家族や仕事のことなどで心配事を抱えたとき、なんとか状況をコントロールしようと無理をしがちです。また、どんなときも平常心であろうと頑張る気持ちがかえって混乱を招いてしまうのです。目に見えない何かと戦うことをやめて深呼吸を。

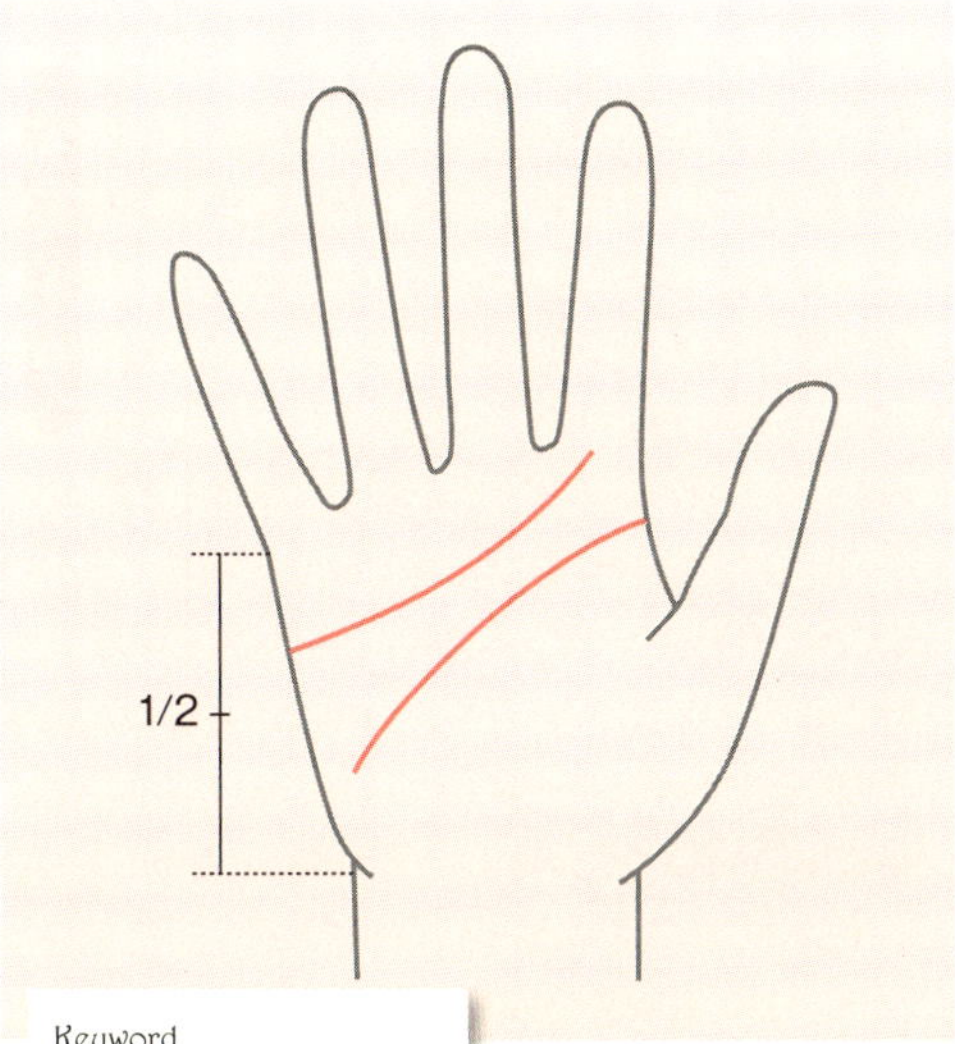

基本気質パターン３

感情線Ａ×頭脳線Ⅲ

Keyword
強み：純真さ・情熱
欲求：夢を追い求めること
弱み：現実と向き合うこと
恐れ：夢を失うこと

少年や少女のように夢を追いかけるのが大好きなロマンティスト。それらがプラスに働いているときは、純真なエネルギーを発して周囲にも活力を与えてくれます。ところが、夢が思うように叶わないとき、現実から目を背けて、周りの意見には耳も貸さず、自分の世界に浸る傾向があります。しかも走り出したら最後、本人以外に暴走スイッチを切る人はいません。スイッチをオフにする勇気と冷静さが運の良し悪しを左右します。

基本気質パターン4

感情線B×頭脳線I

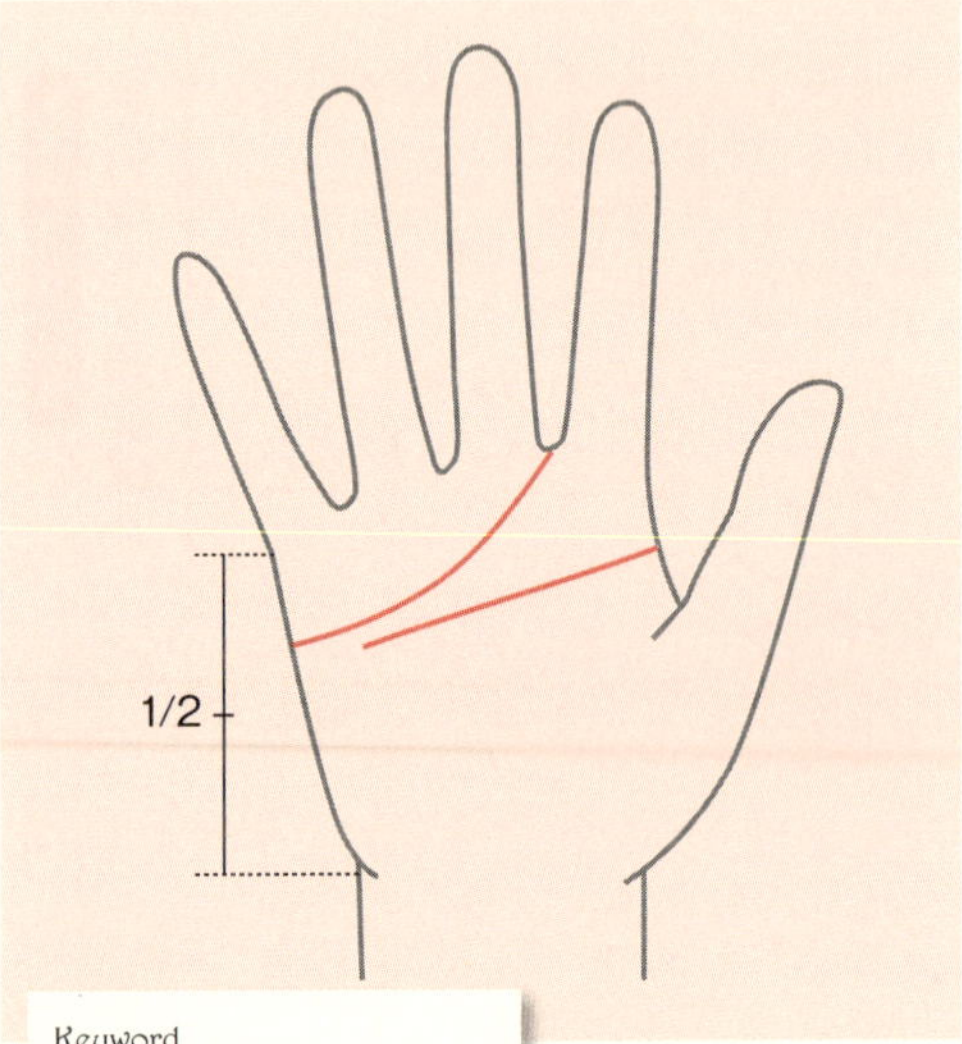

Keyword

強み：統率力

欲求：理想を現実化すること

弱み：人の意見に耳を傾ける

恐れ：考えを否定されること

自分の意見を持ち、「イエス」か「ノー」をはっきりと伝えようとする誠実派。また、とても常識的な人。それらがプラスに働いているときは、リーダーとして、周囲を統率していく力を発揮します。ところが、周囲に自分の考えが受け入れられないとき、他人の意見に耳を傾けることが苦手な面があります。自らが正しいと思っていることを再び見直して、臨機応変に対応できるようになったとき、真の実力者としての存在感が輝き始めます。

基本気質パターン5

感情線B×頭脳線Ⅱ

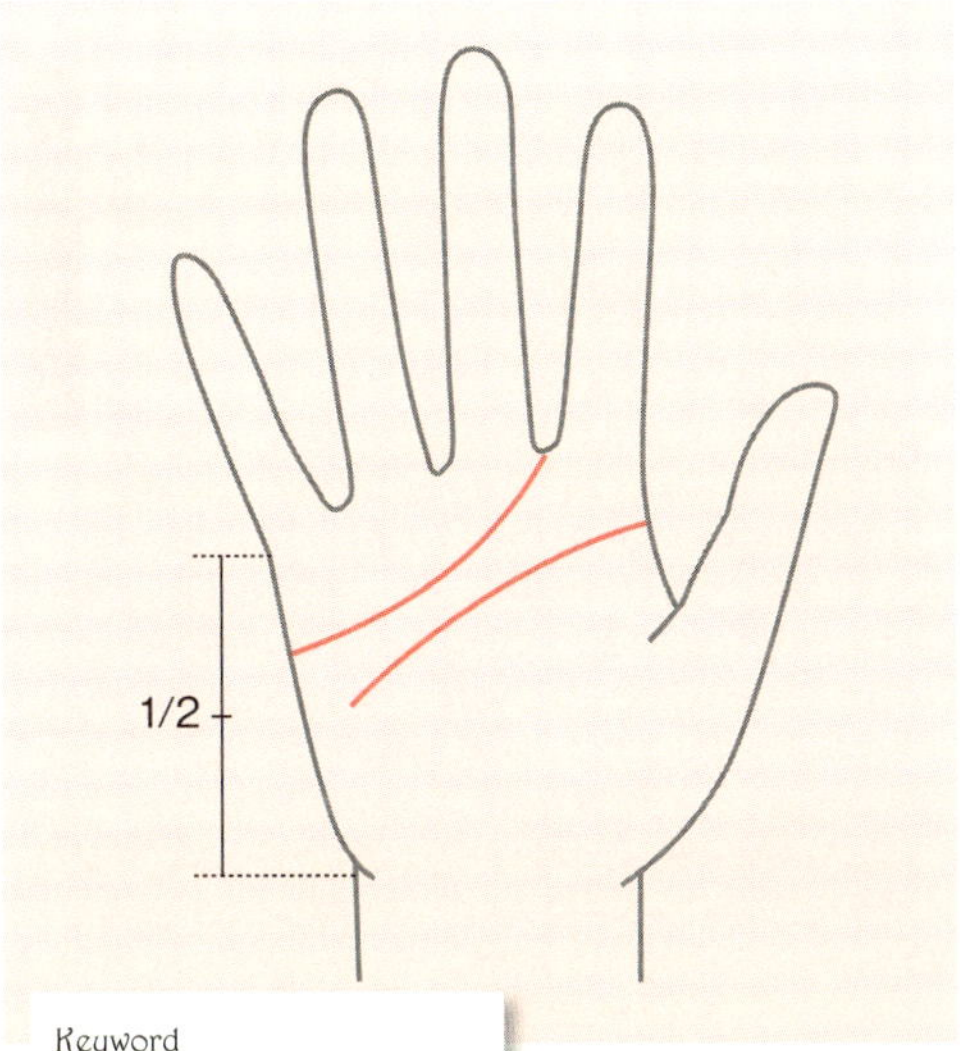

Keyword
強み：堅実・確実
欲求：人から認められたい
弱み：時間に囚われること
恐れ：完璧にこなせないこと

どのような環境においても、物事をきちんとこなしていこうとする堅実で真面目な人。それがプラスに働いているときは、日々が充実して生き生きとし、周囲との調和を保ちます。ところが、忙しさに追われ自らが築いてきた生活が崩れ始めると、これまで一生懸命に続けてきたことがどうでもよくなる瞬間がありま す。これは、物事を完璧にこなせないという一種の罪悪感からきています。世の中に完璧な人間など存在しないのです。

基本気質パターン6

感情線B×頭脳線Ⅲ

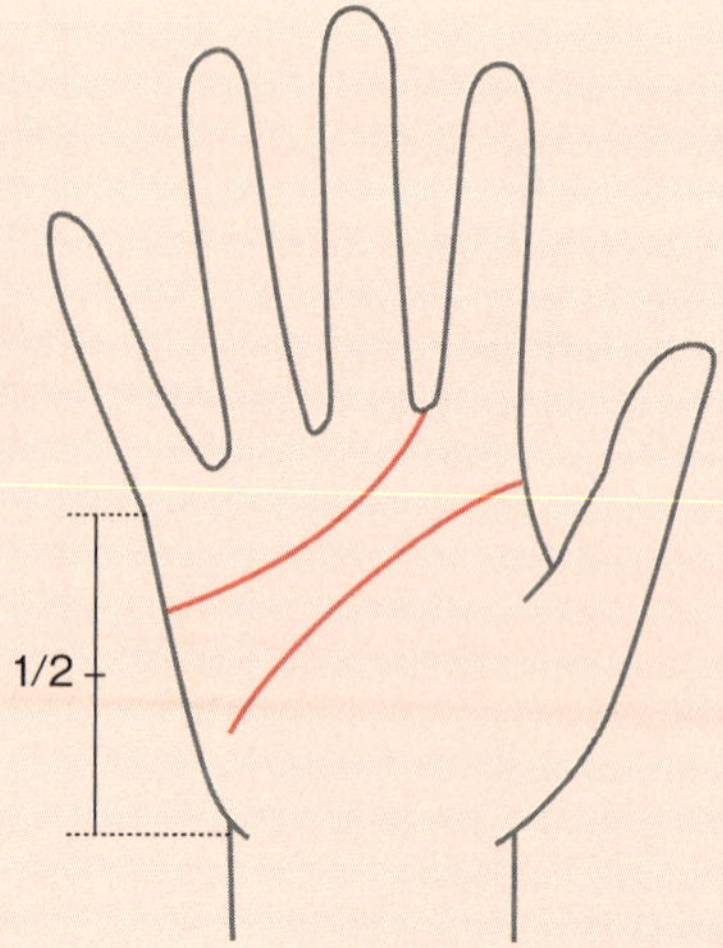

Keyword

強み：愛する力

欲求：人の力となりたい

弱み：寂しがり屋

恐れ：必要とされない

大人に対しても、子どもに対しても誠実な愛を持って接する人。その誠実さの中に人をほっとさせるような温かさもあります。それらがプラスに働いているときは、困っている人の心に寄り添って力となります。ところが、ときに相手の気持ちを真摯《しんし》に受けとめようとするあまり、自分自身が疲れ果てることがあります。すると、知らず知らずのうちに蓄積した負のエネルギーで体を壊すことも。必要以上の手助けは吉ではありません。

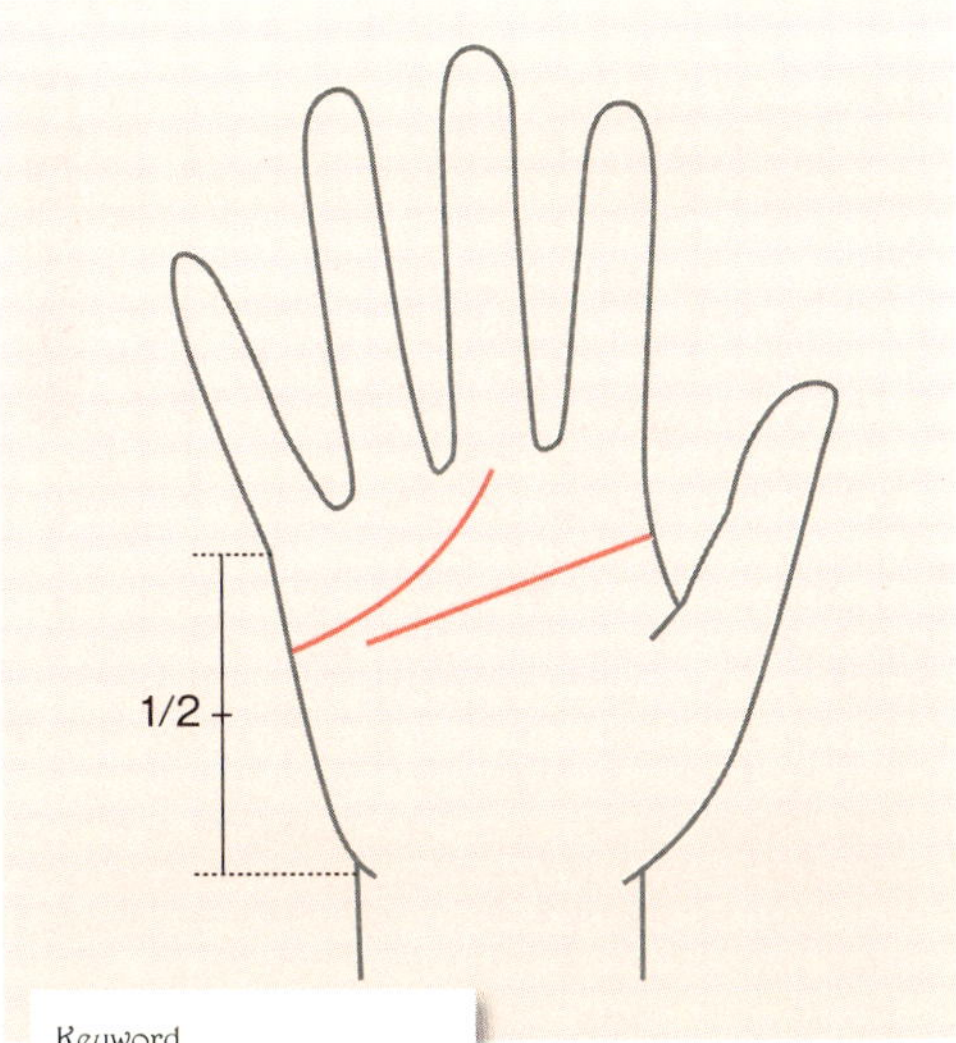

基本気質パターン7

感情線C×頭脳線I

Keyword

強み：我が道を進む

欲求：独立すること

弱み：素直になれない

恐れ：人に頼ること

人に左右されることなく、自分が思い描いた道を歩いて行こうとするフレキシブルな人。また、独立心が旺盛で、まずは自分でやってみようとする努力を怠りません。それらがプラスに働いているときは、快活な人柄から周囲を盛り上げていきます。しかし、人に任せることはあまり好まないタイプなので、ときに勝手な人だと誤解を受けることも。あれもこれも一人で頑張らずに、たまには人に甘えた方が上手くいく場合もあります。

基本気質パターン8
感情線C×頭脳線Ⅱ

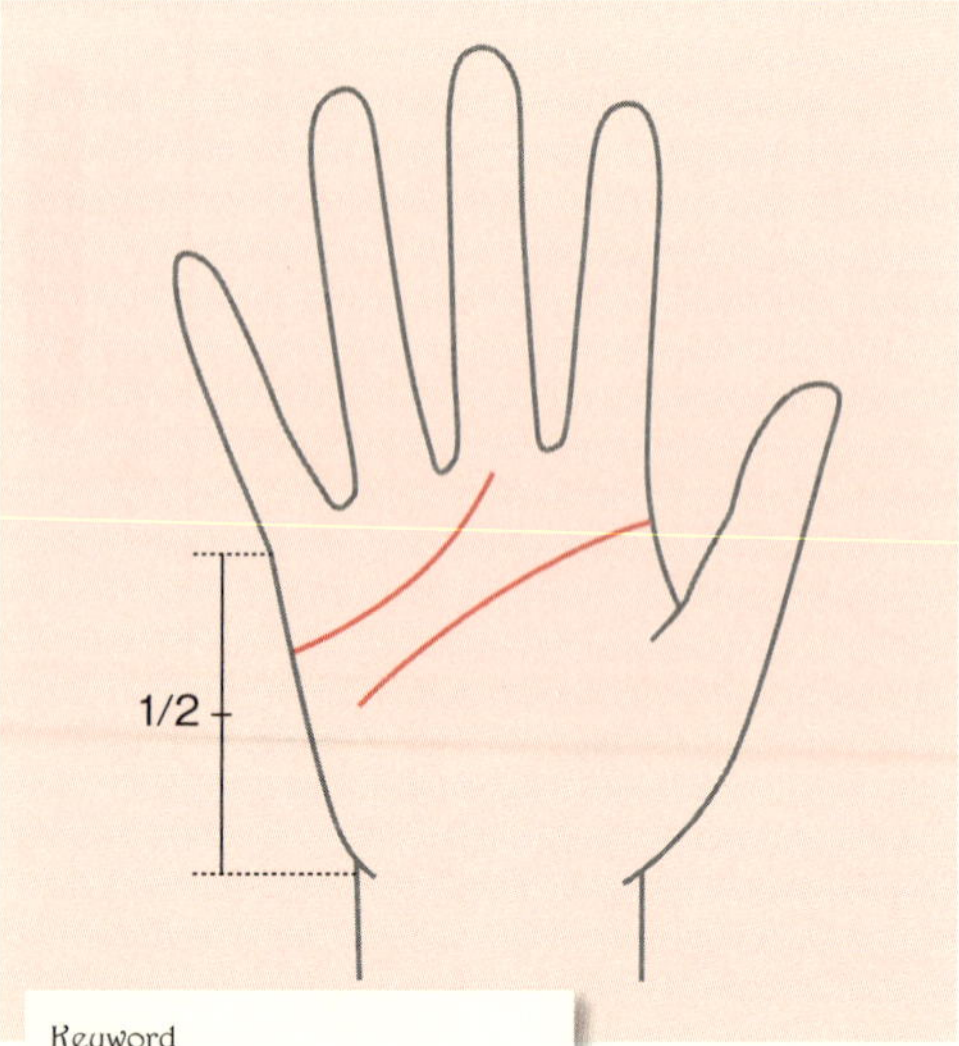

Keyword

強み：細かいことにこだわらない

欲求：人生を楽しみたい

弱み：人間関係にヒビが入ること

恐れ：気分の落ち込み

サービス精神が旺盛で朗らかな人柄なので、周囲の人はいつの間にか笑顔になります。また、細部にこだわらず、物事をバランス良く考える客観性を持っています。それらがプラスに働いているときは、フットワークが軽く活動的です。ところが、人間関係にヒビが入ると、途端に電池が切れて元気がなくなります。しかし、新たな人や物事との出会いが訪れると、再び目の前のことに夢中になります。意外と切り替えの早いタイプ。

基本気質パターン9

感情線C×頭脳線Ⅲ

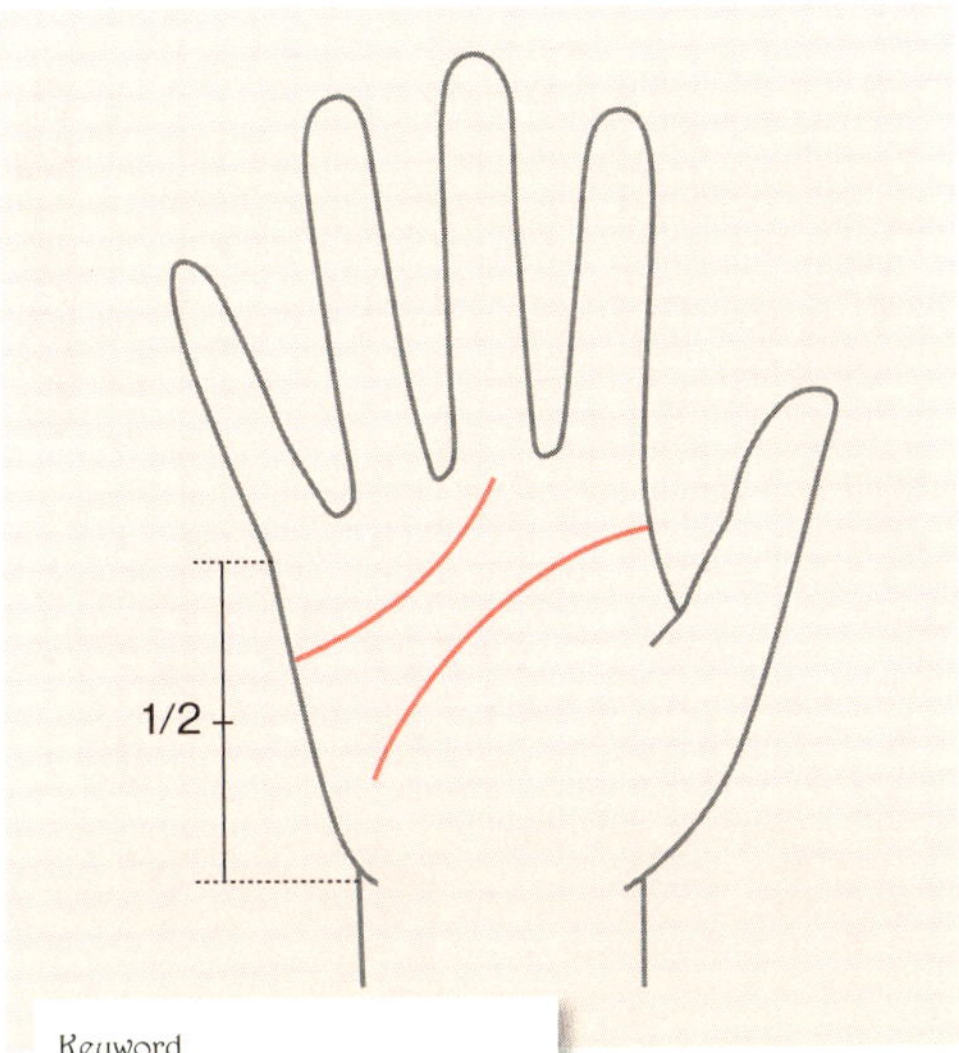

Keyword

強み：好奇心旺盛・天真爛漫

欲求：刺激を求めていたい

弱み：節制

恐れ：世の中の常識に従うこと

新しいことに敏感な、好奇心旺盛なタイプです。また、裏表のない人柄で、無邪気な子どものように喜怒哀楽を表現します。それらがプラスに働いているときは、誰からも愛されるムードメーカー的存在。ところが、好奇心が度を超えると、リスクを冒してでも未知の世界へ足を踏み入れる傾向も。世の中の常識に反してでも自分の生き方を貫く大胆さがあります。それらは良さでもあるのですが、ときには節制を心がけることも大事。

基本気質パターン10

感情線＋頭脳線＝マスカケ相Ⅳ

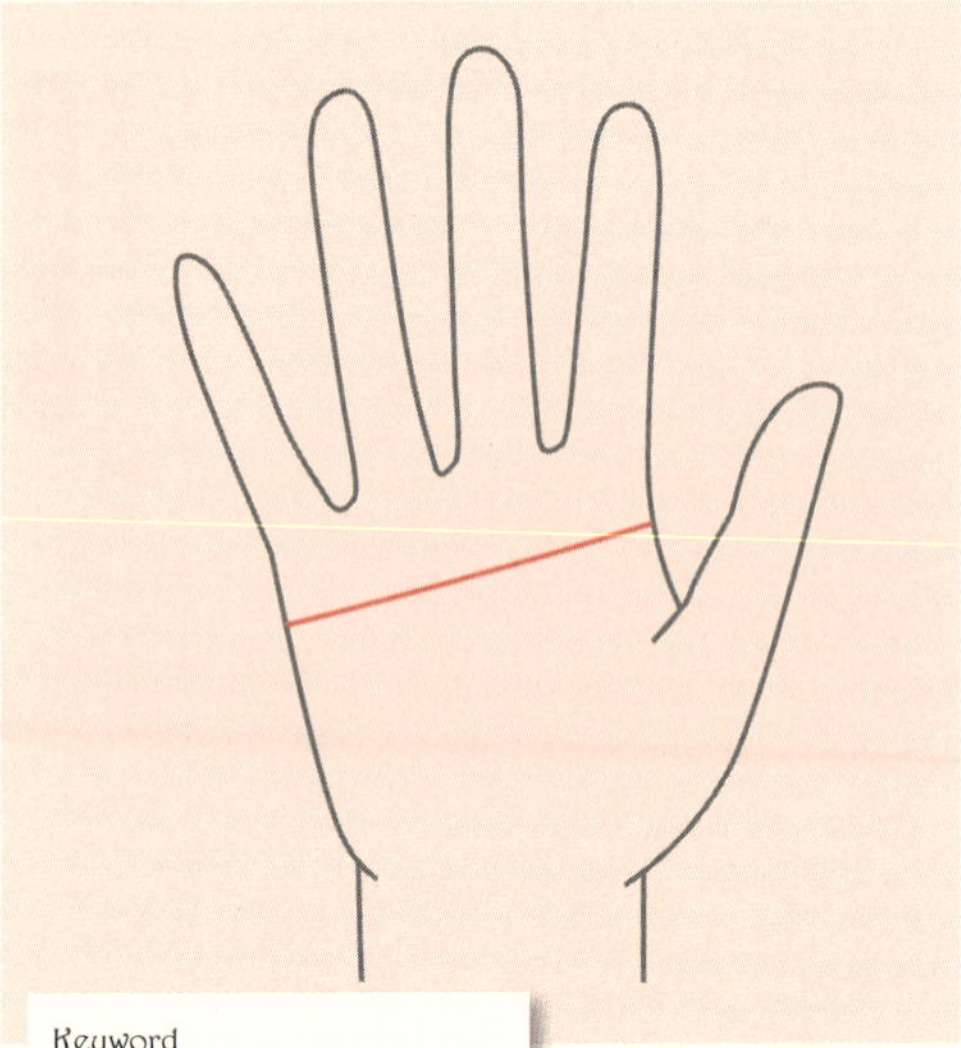

Keyword

強み：タフな精神力

欲求：主導権を握りたい

弱み：自制すること

恐れ：束縛されること

本人は意識していなくとも、周囲からは精神的にタフな人だと思われています。また、世間から一目置かれるような輝く才能を持ち得ます。それらがプラスに働いているときは、人生怖いものなし！ です。ところが、ときに周りが理解できないような極端な行動に走ることがあり、これまで親しかった人たちが離れていくこともあります。どのような状況下でも自らの感情や行動をコントロールできる術を持つとカリスマ的な存在に。

第５章　「運命線」とは

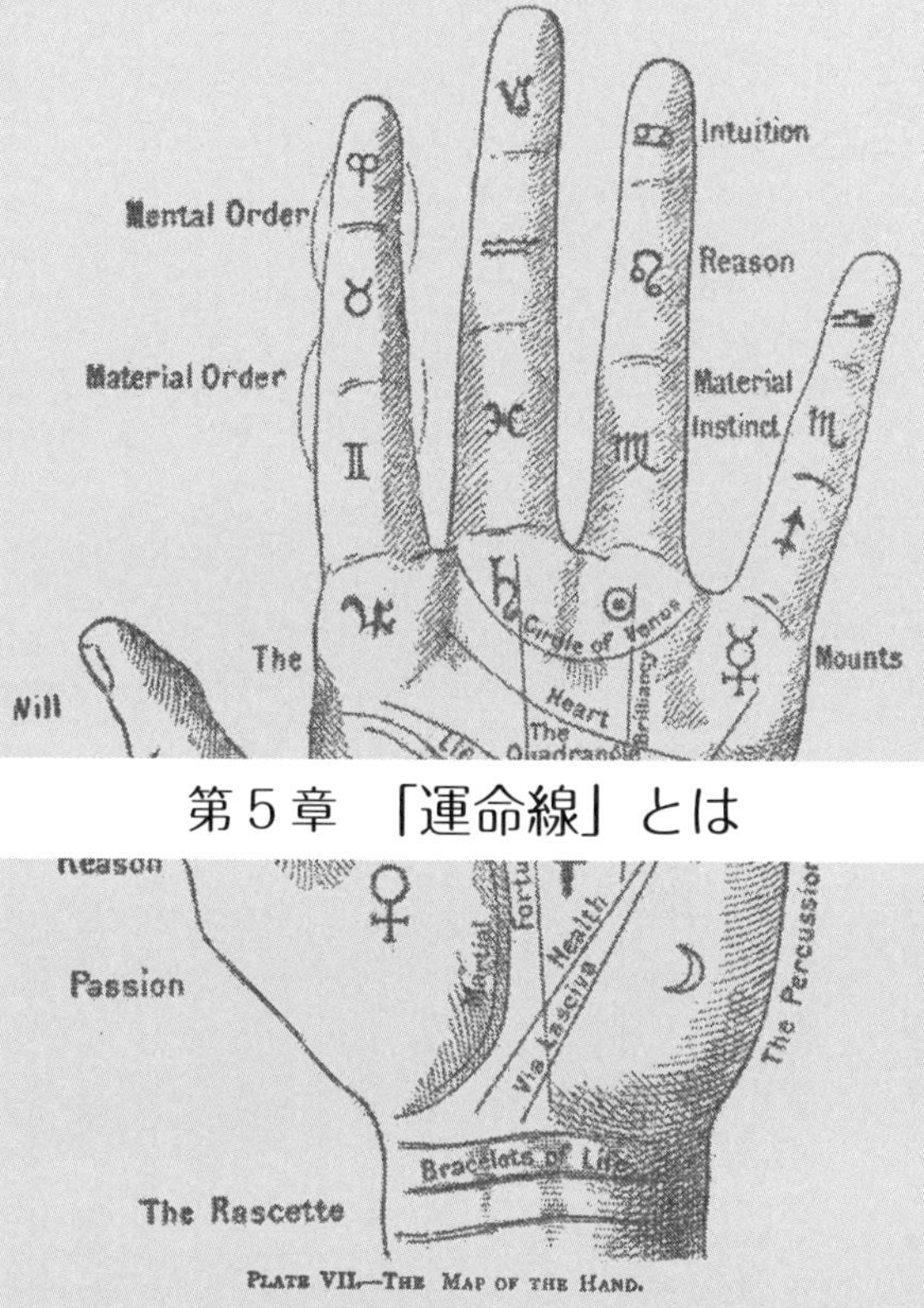

PLATE VII.—THE MAP OF THE HAND.

「運命線」

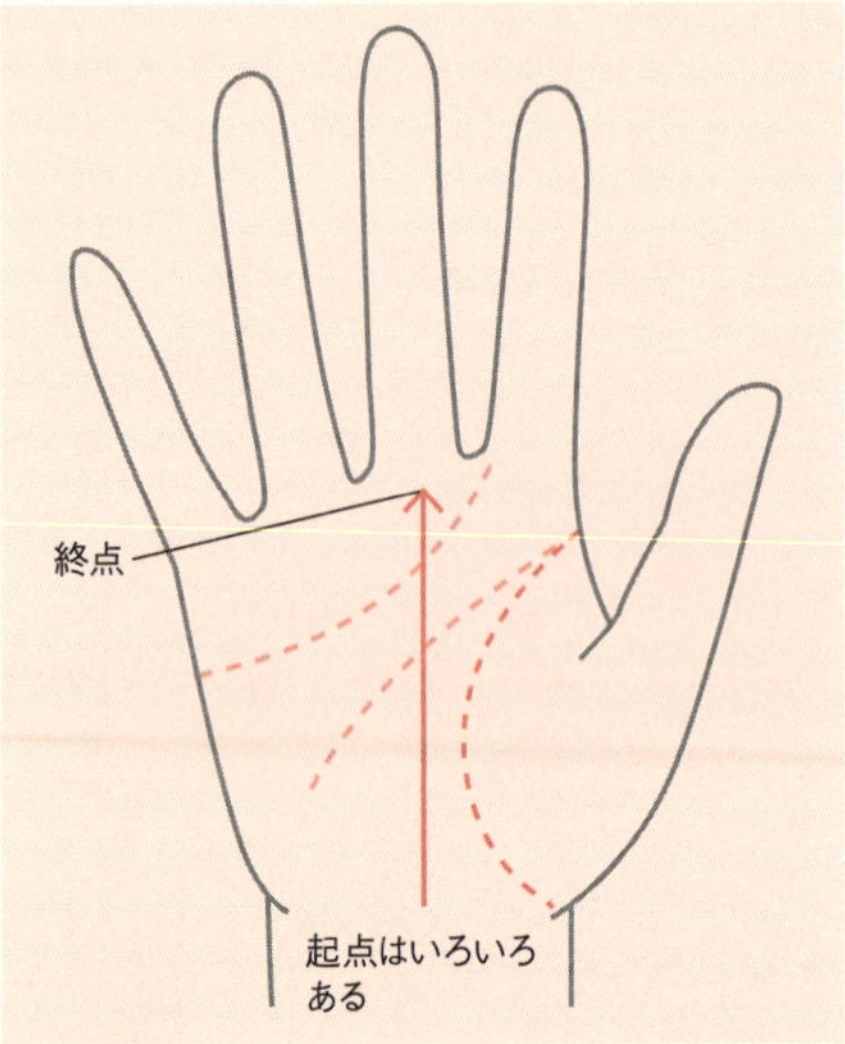

「感情線」×「頭脳線」の基本気質10パターンの次は、いよいよ「運命線」です。基本気質を最大限に活かすことで、「運命線」はどんどん成長していきます。

「運命線」の場合、「感情線」や「頭脳線」とは異なり、その起点はさまざまです。しかし、「運命線」のほとんどは中指下の領域（土星丘）に向かって伸びていきます（※稀に、人差し指下に向かって伸びる運命線もあります）。

そこで

「運命線」の始まりはいろいろ、終わりは中指の下

と覚えておきましょう。

「運命線」のチェックポイントは、次の三つです。

ルール16　「運命線」の判断基準

① 「運命線」の起点は、どこからスタートしているか。
② 「運命線」はハッキリと現れているか、ぼんやりとしているか。
③ 「運命線」は何本現れているか。

まずは、あなたの身近にいる人たちにどのような「運命線」が現れているのか、①②③の順に観察してみましょう。基本3大線（「感情線」「頭脳線」「生命線」）を観るときと比べて、「運命線」を見つけることは難しいかもしれません。それは、「運命線」の起点がさまざまなところからスタートしているからです。しかし、焦らずにじっくりと探してください。最初のうちは、「頭脳線」や「生命線」と、「運命線」とを間違えることもあるかもしれません。しかし、間違えても構わないのです。その経験が次のステップへとつながるからです。

「運命線」の場合、手首付近から中指に向かって、1本の美しい運命線を描いている人もいれば、手のひら中央あたりから、短い運命線が複数現れている人もいます。いろいろな運命線の数だけ、いくつもの人生があるということです。

それでは、「運命線」の解釈について考えてみましょう。

ルール17 「運命線」の解釈

その人の基本的な生き方、そして、現在・過去・未来の可能性といった人生そのものを表している。

手相運命論（25ページ）で詳しく書きましたが、「運命線」から人生のタイムラインを読むことができます。その人がこれまで歩いてきた道筋（＝過去）、そして、今の状況（＝現在）、現状を踏まえた上でのこれから（＝未来の可能性）がわかります。

運命線が濃くハッキリと現れている時期は、人生を切り開いていく力を持ち、ぼんやりとしている時期は、人生を模索している期間としてとらえます。また、起点の位置、運命線の本数によって、その人の人生の在り方が見えてきます。

ルール18 「運命線」の基本情報

「運命線」がクリアなほど、人生を切り開いていく力を持つ。運命線の起点の位置や、本数によって、その人の基本的な生き方がわかる。

1 「運命線」の基本4タイプ

「運命線」にもいろいろな流れがありますが、起点の位置によって大きく4タイプに分けることができます。この基本4タイプさえ覚えてしまえば、たとえ「運命線」が複数現れていても、4タイプのいずれかの組み合わせで、運の流れを総合的に把握することができます。

それでは、「運命線」の基本4タイプの見分け方について。

「運命線」4タイプの見分け方

運命線の起点が、どこからスタートしているかをチェック。

Aタイプ 手首中央付近から、中指に向かっている。

Bタイプ 小指側の手首上から、中指に向かっている

Cタイプ 生命線の内側を起点として、中指に向かっている。

Dタイプ 生命線上を起点として、中指に向かっている。

※運命線が複数本現れていたら、4タイプのいずれかを組み合わせて総合的に判断。

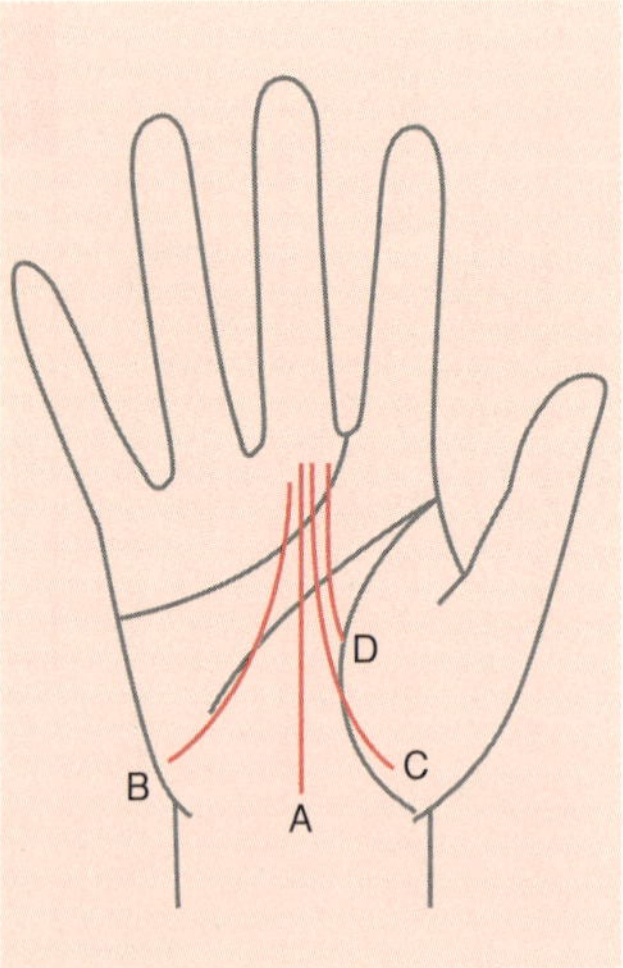

Aタイプの「運命線」

手首中央付近から、中指に向かっている。

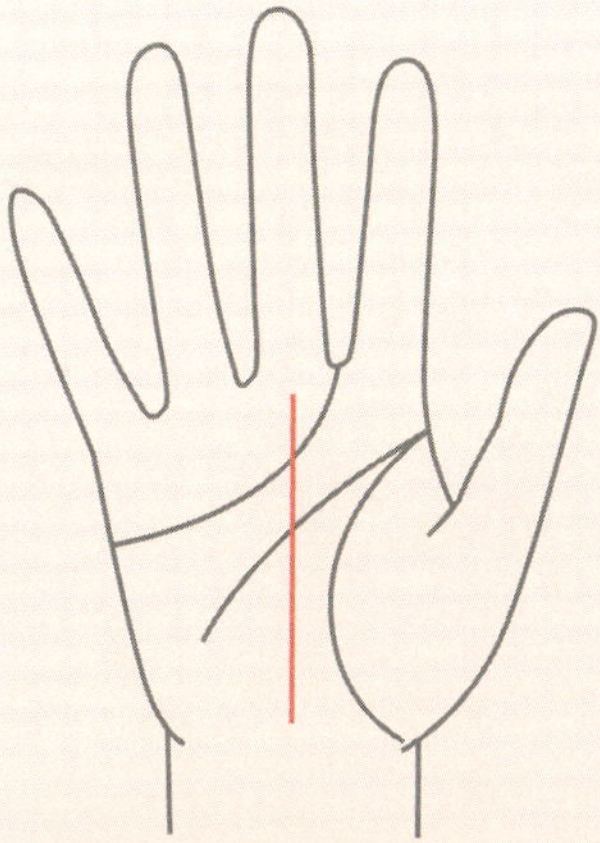

Keyword
我が道を邁進、自力本願タイプ

〈基本的な生き方〉

ポジティブ面　子どものころから、自分の意志により進むべき道（＝人生の方向性）を選択し、手に入れたいものがあれば自らの力でつかんでいく「自力本願」タイプ。運命線に途切れがなく、濃くハッキリと現れているほど、人生を切り開く強運の持ち主といえます。逆に途切れていたり、ぼんやりとしている場合は、目標に到達するまで一筋縄ではいかないものの、堅固な意志によって才能が開花し成功を手にすることができます。

ネガティブ面　幼いころから好き嫌いがはっきりとしているため、周囲からは頑固な一面があると映ります。自らの意志と実力とで開花する自力本願タイプなので、長いこと誰かのサポートを待っているようでは、人生のドライバーにはなれません。車を走らせるには、自らエンジンをかけてハンドルを握らなければ動き出すことはないのです。人生の主人公は「私」である！

　ということを心得て行動すれば運命の輪は勢いよく回ります。

Bタイプの「運命線」

小指側の手首上から、中指に向かっている。

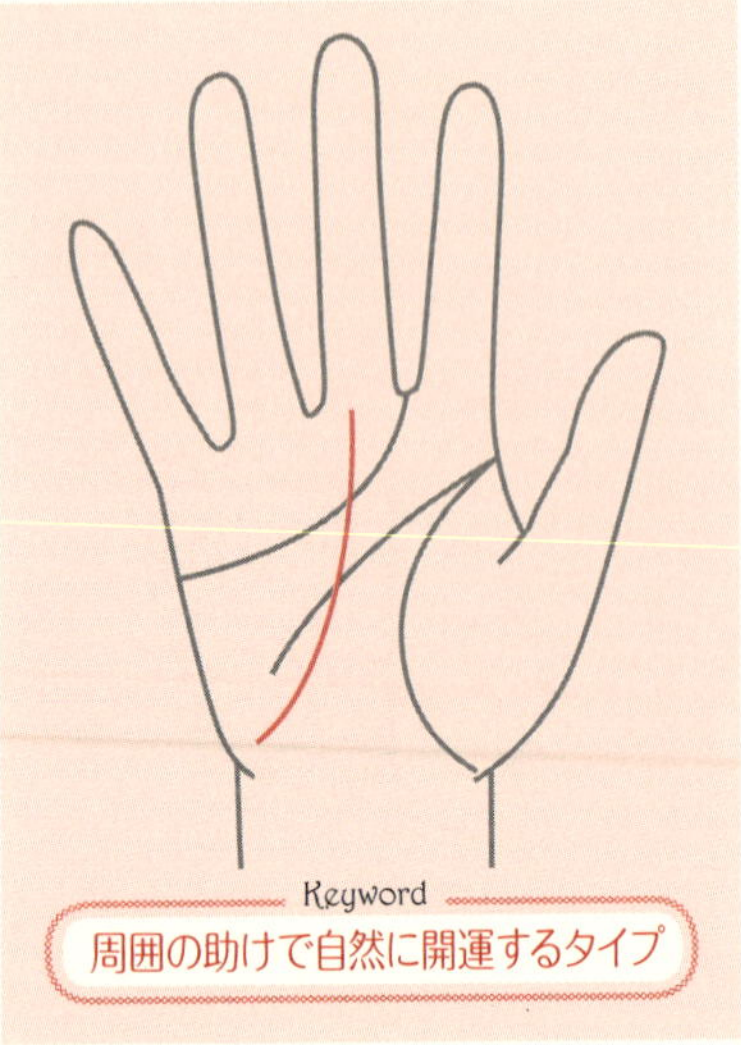
Keyword
周囲の助けで自然に開運するタイプ

〈基本的な生き方〉

ポジティブ面　周囲からのサポート運に恵まれていて、川の流れに身を任せるように自然と運の流れに乗っていくタイプ。しかし、決して他力本願ということではなく、あくまでも本人の努力があってこそ実を結ぶということを忘れてはなりません。そして、素直な気持ちで周囲の人たちの助けに感謝することで、その運はますます開けます。運命線の起点が手首に近いほど、若いうちから多くの人に愛されサポート運に恵まれます。

ネガティブ面　周囲からのサポート運がずっと続けば幸せですが、Bタイプの運命線が途中で終わり、新たな運命線が現れていることがあります。多い例として、ある年齢からAタイプの自力本願運が現れているケースが挙げられます。このように新しい運命線が現れている時期を人生の転機ととらえて、気持ちの切り替えを上手に行うことが大事です。過去の生き方にこだわっていると時間だけが過ぎていき、新しいチャンスを逃します。

Cタイプの「運命線」

生命線の内側を起点として、中指に向かっている。

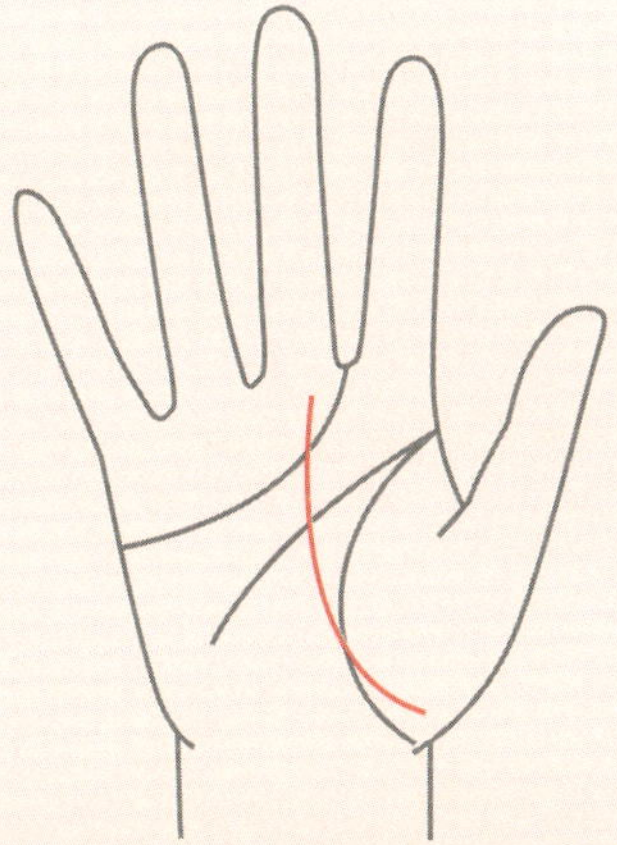

Keyword

身内のサポートで開運するタイプ

〈基本的な生き方〉

ポジティブ面　身内から精神的・物質的なサポートを受けられる相。それらのサポートに甘んじずに、しっかるべき目標を持って生きることで若いうちから成功を収める可能性が高いといえます。運命線の起点が、生命線の終わりに近いところからスタートしているほど、幼いころから成育環境に恵まれます。そこで、身内と良好な環境を保つことが開運の鍵となります。自らの運勢を受け入れることこそが幸せへの第一歩と考えましょう。

ネガティブ面　身内との縁が大変強いために、ときには自分の生き方よりも身内のことを優先しなくてはならない場合もあります。例えば、望んでもいないのに家業を継がなければならないといった状況が挙げられます。しかし、面倒な立場から逃げ出そうとしてもなかなか思う通りになりません。それよりも運の流れを受け入れることで、最終的には開運へと導かれます。身内との縁の強さを幸と思うか不幸と思うかは本人次第です。

Dタイプの「運命線」

生命線上を起点として、中指に向かっている。

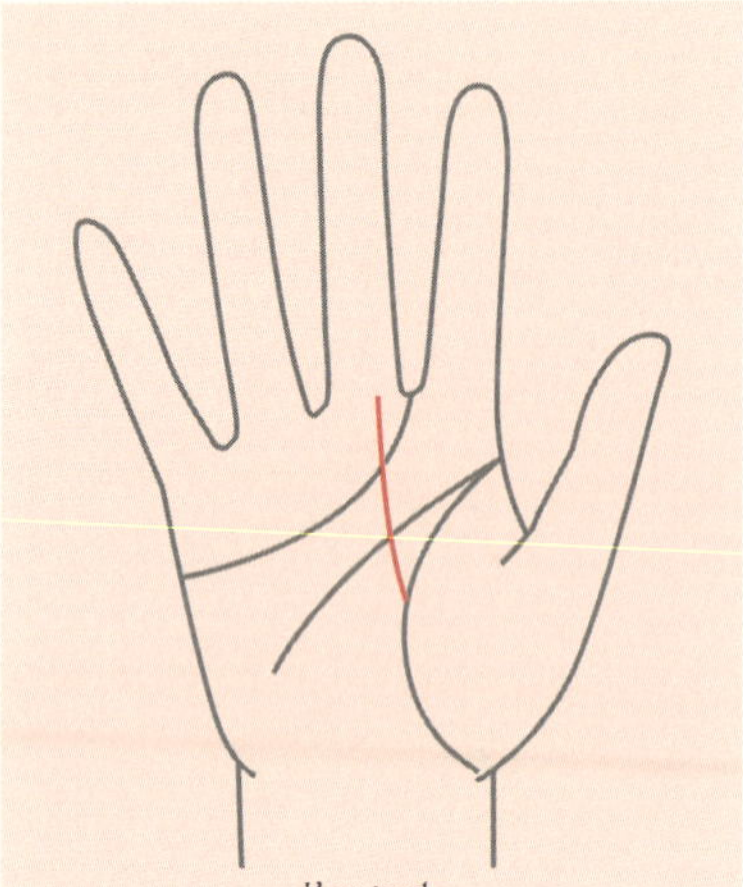
Keyword
個性を武器に開運するタイプ

〈基本的な生き方〉

ポジティブ面　独立心が旺盛で、その人にしかない個性や才能を活かして成功する相。この運命線を持つ人の多くは、他にも何本かの運命線が現れていることがあります。これは、今までの仕事や経験を通して手に入れた才能やオリジナリティを、新たな場で活かすことができるチャンスを持っているということです。あるいは、ある年齢から自分の生き方に目覚める！　という意味も。運命線が長くて濃いほど、成功率も高くなります。

ネガティブ面　人生が開花する時期には個人差がありますが、運命線が生命線上の終わりに近いところからスタートしているほど、若くして成功を収める可能性が。しかし、大抵は生命線の中央付近、もしくは中央より上のあたりから運命線が立ち上がっていることが多く、その場合、早くとも30代後半からの開運となります。焦らなくとも信念を持って努力を重ねることが成功への近道です。石の上にも三年の精神で諦めないこと。

2 「運命線」についての考察

本書では、運命線の基本タイプしか書いていませんが、基本3大線と同じように、まずは、運命線の基本的な読み方を丁寧に覚えてほしいと思います。運命線の基本がきちんと理解できていれば、大抵の運命線は読めます。なぜかというと、どのような運命線が現れていても、基本タイプの組み合わせで解釈することができるからです。

運命線を読む際に重要なことは、どんなにささいな変化も見逃さないことです。例えば、図8を見てください。

図8

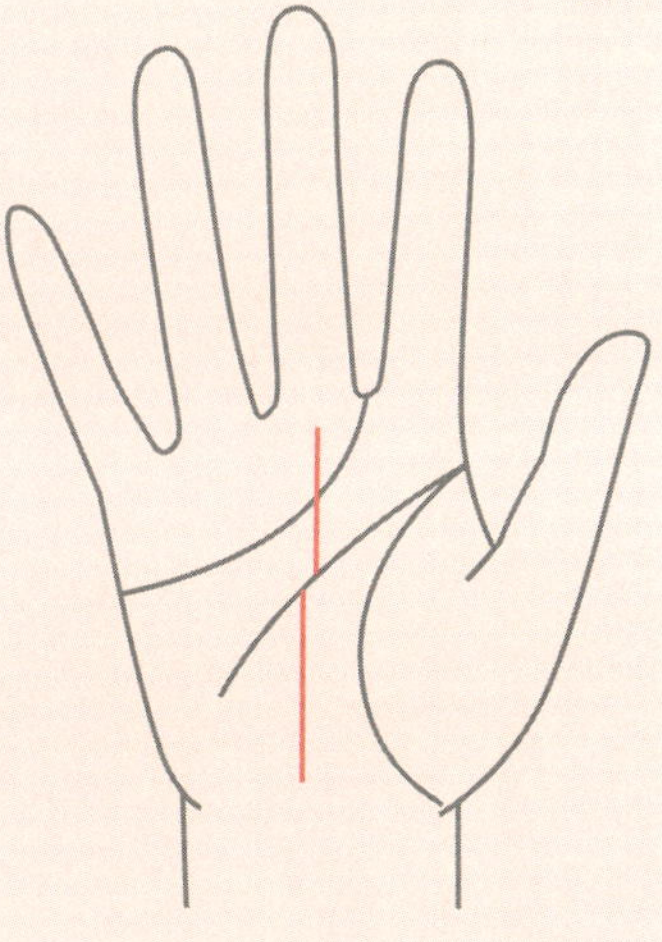

一見すると、1本の長い運命線が現れているようですが、よくよく見ると、手首上から頭脳線までの運命線と、頭脳線から中指までの運命線とに分かれています。これは、運命線上の35歳（運命線と頭脳線の交点）から、新しい人生の流れが始まることを意味しているのです。

次に、図9を見てください。

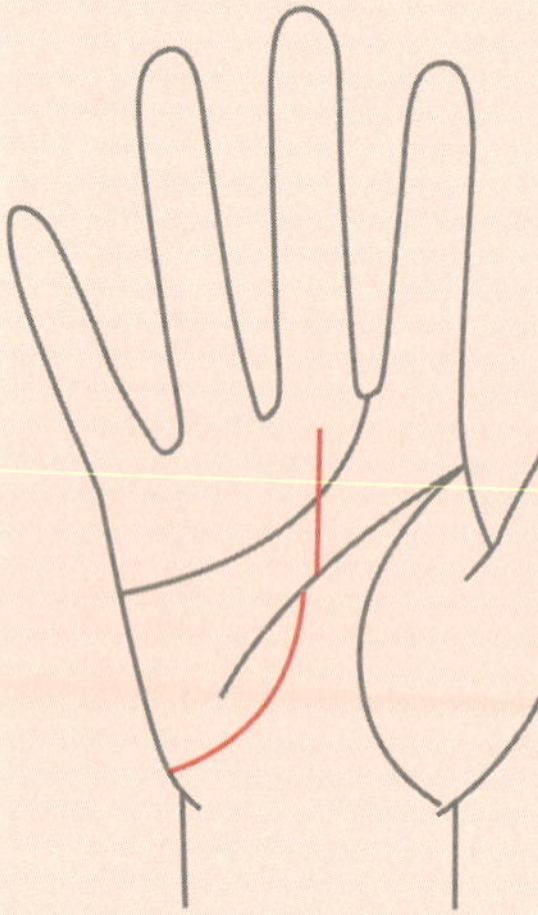
図9

一見すると、小指側の手首上から中指に向かうBタイプの運命線に見えますが、この場合は、手首上から頭脳線まではBタイプの運命線、頭脳線から中指に向かうまっすぐな流れはAタイプの運命線として読みます。つまり、35歳を境に、周囲のサポートに恵まれた運勢から、自力本願的な生き方に変わるということを暗示しています。

このように、どんなに小さな変化でも、そこには大きなメッセージが表れていることがあるので、運命線の流れを正確に読み取ることが重要なのです。

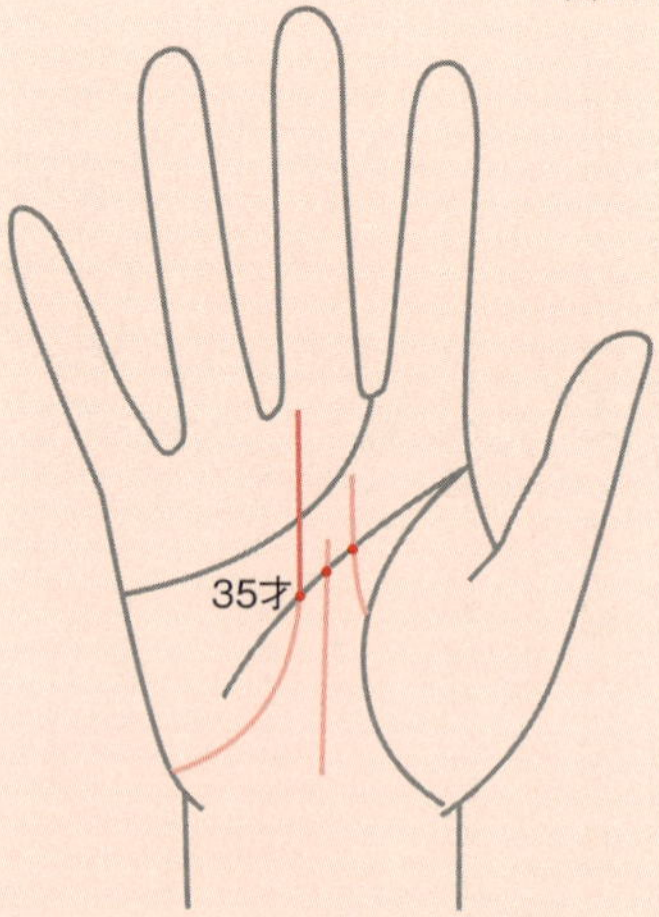

図10

最後に、図10のように複数の運命線が現れている場合は、どれがメインの運命線であるかを読み取る力が必要です。

例えば、図10が現在35歳の女性の手のひらだとしましょう。メインの運命線を読み取るコツは、まず、運命線上の35歳を読んだとき、最も長くハッキリと刻まれた運命線を見つけることです。仮に、３本とも同じ長さや濃さの運命線が現れているとしたら、この女性には、目の前に三つの道が用意されているということです。その場合、三つの道を同時に生きることも可能であるし、あるいは、あえて一つの道に全力を注いで生きることもできると解釈するわけです。

運命線はまさに、その人の人生そのものですから、たくさんの運命線（＝人生）と出会うことによって、手相の学びを深めることができるのです。

Column.
3

先天的な資質が現れる左手、なぜ変わる？

右手は、社会における生き方が現れる、後天的な手相。つまり、社会的経験を通して、その結果、右手の相が変化することを意味しています。左手は、生まれ持った資質が現れる、先天的な手相。それなのに、なぜ右手と同様に変化するのでしょう？

そもそも先天的なのだから、手相は変わらないのでは？　このように考える人もいるでしょう。これまで、手相講座の初級クラスでは、必ずこの問いを投げかけてきました。読者の皆さんも、ぜひ一度、ご自身で考えてみてください。

人は誰しも、自分のことは自分が一番よくわかっているようでいて、実は、自分のことだからこそ、よくわからない、気づかないということも多々あります。

あるとき、コーチング（※）を学んだ人から「私の強み（＝長所）を五つ伝えて欲しい」といわれたことがあります。私は彼女の素晴らしいと思う点を五つ伝えました。彼女は笑顔で「どうもありがとう」というと、今度は私の強みについても同じように五つ伝えてくれました。人から褒められるということはやはり、嬉しいものです。しかし私は照れくささから「でも、裏を返すとこんなダメなところもあるの」とせっかく伝えてくれた強みを否定してしまったのです。その瞬間ハッとしました。褒めてくれたことに対して、素直にありがとうといえなかった自分自身に気がついたのです。

このように、他人との会話の中で思わずハッとして、自分自身のことについて気づくという経験は、少なからずあるのではないかと思います。

閑話休題。

例えば、ある手相家があなたの左手を見て「まだぼんやりとしていますが、芸術十字が現れていますね。これは、色のセンスを持っているということですよ」と伝えたとします。あなたはこれまで自分の色のセンスなど全く意識したことがなかったのに、この一言で、ふと思い立ち小さいころに憧れていた絵画教室に通い始めたとします。すると、どのような変化が起こると思いますか。左手にぼんやりとしか現れていなかった芸術十字が、ある日、濃くハッキリと現れていることに気づきます。

これは、これまで自分が全く意識してこなかった先天的な資質を人から伝えられたこと、さらに、それがきっかけで具体的な行動を起こしたことが、手のひらに変化をもたらしたのです。自分自身の社会的な顔(=右手の要素)ではなく、内面(=左手の要素)に深くアクセスした結果、左手に変化をもたらしたといえるでしょう。

こうして、先天的な資質が現れる左手も、右手同様に変化していくのです。


(※コーチング：人材開発の技法の一つ。対話によって、相手の目標達成を図る技術)

第６章　手のひらの宇宙

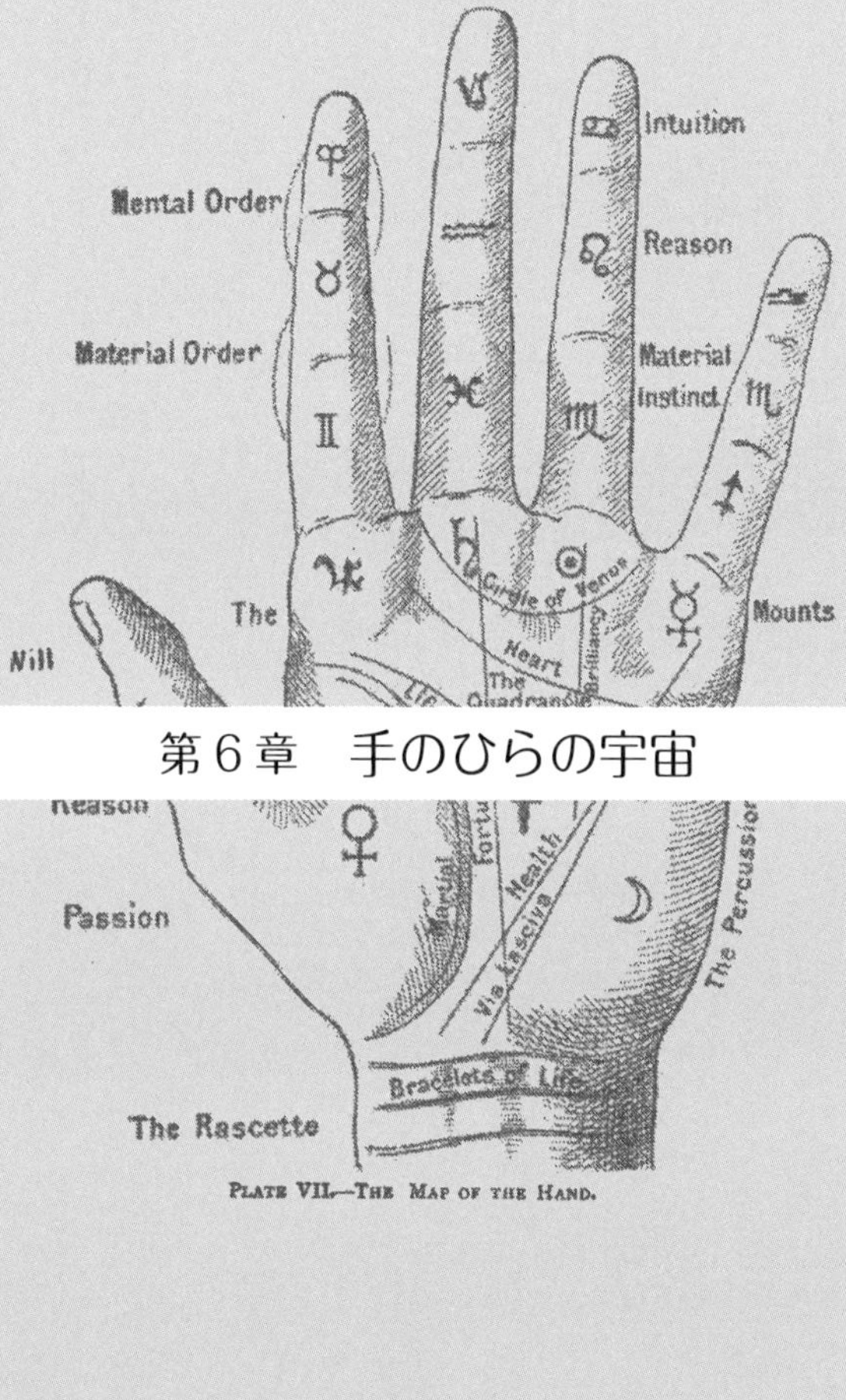

PLATE VII.—THE MAP OF THE HAND.

1 丘と平原の解釈

手のひらを軽く丸めてみましょう。すると、ふっくらと肉づきがよい部分と、逆に、肉づきの薄い平らな部分とが、わかるかと思います。手相上では、この様子を一つの風景に例えて、「丘」や「平原」と呼んでいるのです。

では、手のひらに広がる風景をイメージして、もう一度見てください。今度はどうでしょう。高い丘、低い丘、あるいは平原が見えてきたのではないでしょうか。身近な人たちの「丘」や「平原」も観察してみましょう。

手のひらの風景もまた、一人ひとり違うのです。

「○○丘」は、「○○きゅう」と読みます。手のひらには全部で九つの丘があり、それぞれの「丘」が広がる領域には、その領域が表す（支配する）意味があります。これらは西洋占星術における惑星（太陽・月・水星・金星・地球・火星・木星・土星）が表す意味に由来しています。

それでは、丘の名称およびキーワードを確認しておきましょう。

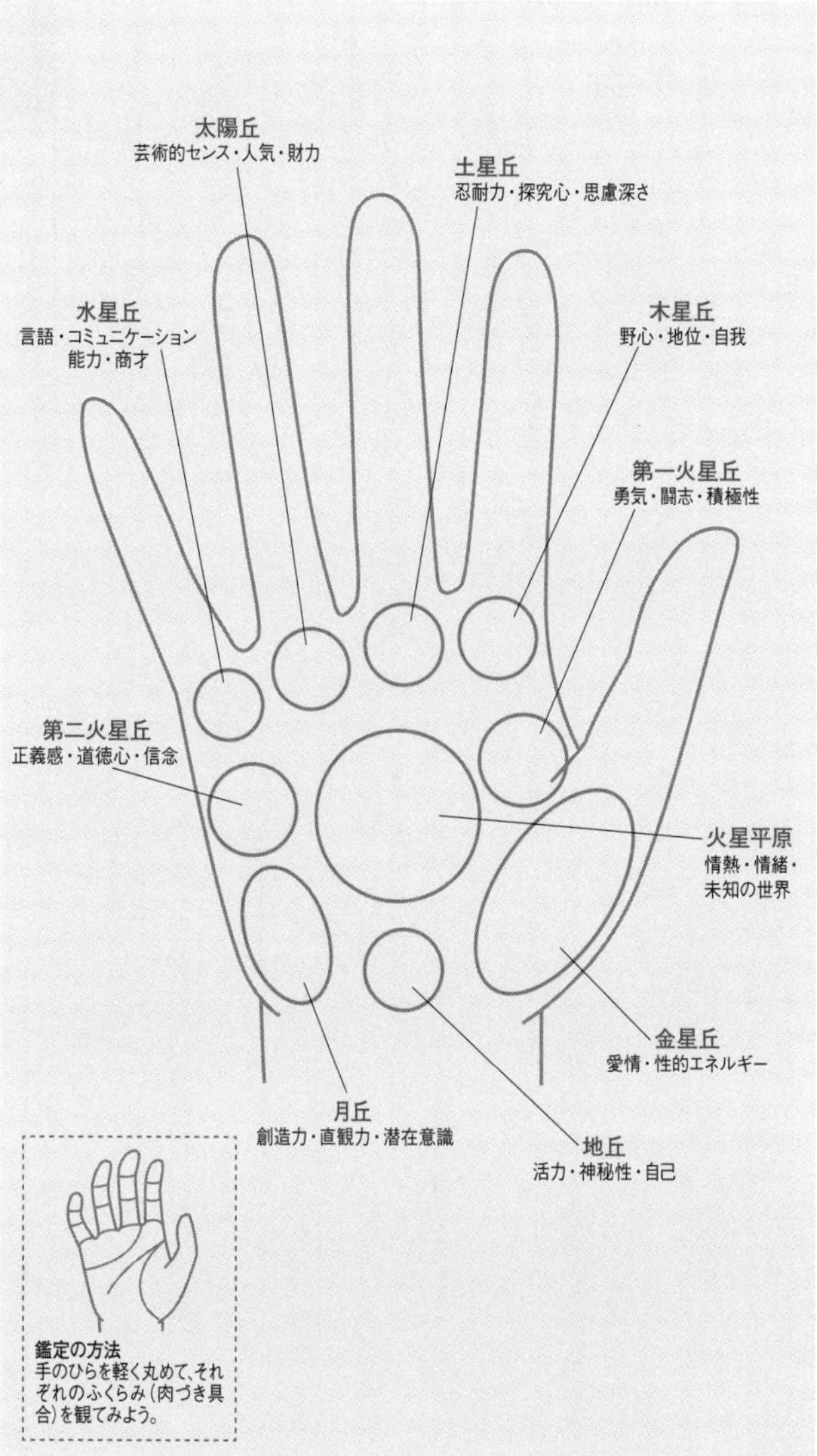
太陽丘
芸術的センス・人気・財力
土星丘
忍耐力・探究心・思慮深さ
水星丘
言語・コミュニケーション
能力・商才
木星丘
野心・地位・自我
第一火星丘
勇気・闘志・積極性
第二火星丘
正義感・道徳心・信念
火星平原
情熱・情緒・
未知の世界
金星丘
愛情・性的エネルギー
月丘
創造力・直観力・潜在意識
地丘
活力・神秘性・自己
鑑定の方法
手のひらを軽く丸めて、それ
ぞれのふくらみ（肉づき具
合）を観てみよう。

ルール19 「丘」の基本情報①

それぞれの「丘」には、その領域が表す意味があります。

◆木星丘《もくせいきゅう》：The Mount of Jupiter
キーワード：希望の丘⇓野心・地位・自我

◆土星丘《どせいきゅう》：The Mount of Saturn
キーワード：探究心の丘⇓忍耐力・探究心・思慮深さ

◆太陽丘《たいようきゅう》：The Mount of Apollo
キーワード：喜びの丘⇓芸術的センス・人気・財力

◆水星丘《すいせいきゅう》：The Mount of Mercury
キーワード：コミュニケーションの丘⇓言語・コミュニケーション能力・商才

◆第一火星丘《だいいちかせいきゅう》：The Mount of Lower Mars
キーワード：勇気の丘⇓勇気・闘志・積極性

◆第二火星丘《だいにかせいきゅう》：The Mount of Upper Mars
キーワード：信念の丘⇓正義感・道徳心・信念

◆金星丘《きんせいきゅう》：The Mount of Venus
キーワード：愛情の丘⇓愛情・性的エネルギー

◆月丘《げっきゅう》：The Mount of Luna
キーワード：創造の丘⇓創造力・直観力・潜在意識

◆地丘《ちきゅう》：The Mount of Earth
キーワード：ルーツの丘⇓活力・神秘性・自己

「丘」の表す意味を覚えることは、とても重要です。でも最初からすべてを暗記しようと思わずに、まずは、丘の名称とキーワードを覚えてみましょう。キーワードを覚えたら、キーワードからイメージを広げていきましょう。

「丘」の意味を覚えることがなぜ重要なのかというと、手のひらに現れる主要線や複線は、すべて「丘」の表す意味とリンクしているからです。そこで、「丘」の表す意味さえ理解してしまえば、たくさんの複線の意味をいちいち覚えなくとも、それらを読むことができるようになるのです。

ルール20　「丘」の基本情報②

手のひらに現れる線のすべては、「丘」の表す意味とリンクしている。

次に、「丘」の読み方について詳しく説明しましょう。なお、ここでは高い丘＝肉づきがよい丘、低い丘＝肉づきが薄い丘、としています。「丘」の高低を見分けるのは難しいかもしれませんが、他人の手のひらとの比較ではなく、あくまでも、個人の手のひらの中で、高い丘と低い丘を見分けていきます。

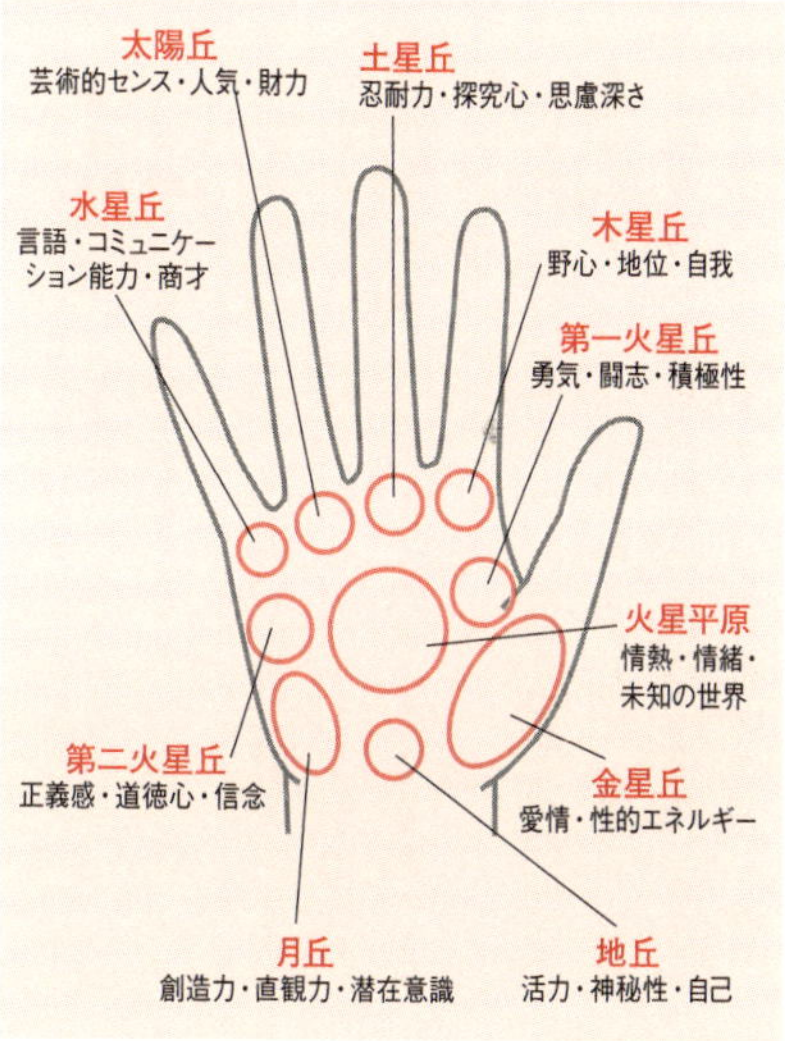
太陽丘
芸術的センス・人気・財力
土星丘
忍耐力・探究心・思慮深さ
水星丘
言語・コミュニケーション能力・商才
木星丘
野心・地位・自我
第一火星丘
勇気・闘志・積極性
火星平原
情熱・情緒・未知の世界
第二火星丘
正義感・道徳心・信念
金星丘
愛情・性的エネルギー
月丘
創造力・直観力・潜在意識
地丘
活力・神秘性・自己

◆木星丘 The Mount of Jupiter

野心・地位・自我

Jupiter（ジュピター）は、ローマの神々の主神であり宇宙を支配する力を持ちます。木星丘は、Jupiterを象徴する正義・掟・権力などを表しています。

高い丘　希望を持って目的に向かう人に現れます。また、現在の自分の在り方にも満足しています。人を統率する能力があるので、年齢が重なるにつれて社会的地位も高くなります。

低い丘　世間一般における、野心や地位などにあまり興味がないか、そうでなければ、現在の自分の在り方を模索している状態を表しています。人から支配されやすい傾向もあります。

◆土星丘 The Mount of Saturn

忍耐力・探究心・思慮深さ

Saturn（サターン）は農耕の神。賢く、思慮分別を司ります。しかし、サターンが追放の身にあることから、土星丘は孤独や憂鬱も表しています。

高い丘　責任感が強く、孤独を愛する傾向が。運命線がハッキリと現れていれば、独自の世界観を持ち芸術方面での活躍も期待できます。丘が発達しすぎていると憂鬱傾向にあります。

低い丘　土星丘のみ他の丘と異なり、低い丘（＝肉づきが薄い）はポジティブな意味を表します。この場合、常識的な人であることを表し、哲学的思考を持っていることを意味します。

◆太陽丘 The Mount of Apollo
芸術的センス・人気・財力

Apollo（アポロ）は、芸術・音楽・詩歌、医術、弓矢の神。太陽丘は、知的で美しいアポロが光明の神とも呼ばれ、太陽のような名声を司ることに由来しています。

高い丘　情緒が豊かで、喜びを持って生きている人に表れます。芸術的センスを持っているので、太陽のような名声や金銭運にも恵まれます。発達しすぎていると、みえっぱりな面が。

低い丘　感情を外へはあまり出さず、また、芸術方面への関心も低い傾向を表しています。毎日を生き生きと楽しく過ごすよう心がけると、低い丘はやがてふっくらとしてきます。

◆水星丘 The Mount of Mercury
言語・コミュニケーション能力・商才

Mercury（マーキュリー）は、商業の守護神。水星丘は、マーキュリーが旅・貿易・交通・言葉などを司り、あらゆる文化の源を作ったという神話に由来しています。

高い丘　コミュニケーション能力が高く、温かい人柄で包容力があります。右手の水星丘が発達していれば、社会的な成功を手に。発達しすぎていると、おしゃべりな気質といえます。

低い丘　他者への関心が低いことを意味します。人との会話が苦手なので、バーチャルな世界で生きる傾向も否めません。他者を理解しようとする努力を怠らなければ丘は発達します。

◆第一火星丘 (※1) The Mount of Lower Mars

勇気・闘志・積極性

Mars（マーズ）は戦闘の神。第一火星丘は、外側に向かうエネルギーを意味します。

高い丘 社会全体、他者に向けてのエネルギーが高いことを意味します。勇気を持ち、行動力や実行力があります。逆に丘が発達しすぎていると、他者に対して攻撃的で冷たい傾向が。

低い丘 気が小さく、行動力や実行力がありません。いざというときに、大きなチャンスを逃す傾向があります。英語表記の Lower ～は、第一火星丘が頭脳線の下に位置することを示しています。

◆第二火星丘 (※1) The Mount of Upper Mars

正義感・道徳心・信念

Mars（マーズ）は戦闘の神。第二火星丘は、内側に向かうエネルギーを意味します。

高い丘 自分の内側に向かうエネルギーが高いことを意味します。揺るぎない信念に基づく意志の強さを表しています。丘が発達しすぎていると、攻撃的になりやすい傾向が。

低い丘 正義感や道徳心が低いことを表しています。逆境に立ち向かう前に、逃げ腰になる傾向があります。英語表記の Upper ～は、第二火星丘が頭脳線の上に位置することを示しています。

※1 第一火星丘、第二火星丘という名称は、日本で用いられている名称ですが、英語表記では、他に Mars Positive、Mars Negative という名称もあります。

◆金星丘 The Mount of Venus

愛情・性的エネルギー

Venus（ヴィーナス）は、愛・美・豊穣の神。金星丘は、人間が欲する富や快楽なども含めて、奥深い生命エネルギーを司るヴィーナスに由来しています。

高い丘　生きることへのバイタリティやスタミナの高さを表しています。健康で活力があり、子孫を繁栄させるパワーがあります。丘がふっくらとしたピンク色であるほど愛情豊か。

低い丘　バイタリティやスタミナが乏しく、特に女性の場合、冷え性体質の傾向があります。また、丘の血行が悪く白々としているか蒼いのは、愛情不足が原因の一つともいえます。

◆月丘 The Mount of Luna

創造力・直観力・潜在意識

Luna（ルナ）は、月の女神。ルナ独自の神話はありませんが、西洋占星術では、月は生来の本質を意味しています。月丘が表す意味とはやや異なります。

高い丘　想像や潜在意識を形として表現する力に長けています。また、感受性が豊かで直観に優れています。丘が発達しすぎている場合、オカルト的な能力を有するといわれています。

低い丘　想像力が乏しく、イメージしたことを表現することが苦手です。ゆえに、男女ともに恋愛に関しては奥手なケースも珍しくありません。恋をすると、丘にハリが出てきます。

◆地丘（※2） The Mount of Earth

活力・神秘性・自己

Earth（アース）は、文字通り地球を意味します。神話の中に惑星としての地球は出てきませんが、大地として表現されています。地丘は人生の土台を表しています。

高い丘　地丘は、金星丘や月丘とほぼ同じ高さの場合、高い丘として考えます。高い丘は、家族や祖先からの恵みを表し、人生を築く上での礎がしっかりしていることを意味します。

低い丘　低い丘は、金星丘や月丘に挟まれて深くくぼんで見える場合を示します。家族や先祖からの恵みが乏しいことを意味します。また、自分自身に自信が持てないことを表しています。

◆火星平原 The Plain of Mars

情熱・情緒・未知の世界

火星平原は、第一火星丘と第二火星丘に挟まれた、手のひら中央に位置します。各丘に囲まれているため自然とくぼみが生じます。くぼみの深さによって個性が異なります。

浅いくぼみ　他人への関心が低く、一つのことに固執する傾向があります。

深いくぼみ　他者を助ける包容力があります。深すぎる場合、憂鬱傾向があります。

平均的なくぼみ　感情面でのバランスが取れていて、人生に対し積極的です。

※2　金星丘と月丘に挟まれた部分（＝地丘）を、西洋では海王星丘／Mount of Neptune と考える少数派もいます。潜在意識と顕在意識を結ぶ領域として扱っています。解釈はほぼ同じで、自己意識や神秘性を表しています。

2 「丘」についての考察

考察1 「丘」のコンビネーション

手のひらを軽く丸めたとき、隣り合わせに並ぶ二つの「丘」がつながり、一つの高い丘のように見えることがあります。あるいは、隣り合わせに並ぶ「丘」ではなくとも、同じ高さの丘が見られることもあります。

このような場合、丘のコンビネーション（＝組み合わせ）で理解します。では、比較的多く見られる丘のコンビネーションについて、例を挙げてみましょう。

太陽丘×水星丘のコンビネーションを持つ人には、どんな特性があると思いますか。

二つの丘が表す意味からイメージしてみましょう。

太陽丘が表す芸術的センス・人気・財力×水星丘が表す言語・コミュニケーションの能力・商才ですから、例えば、「素晴らしい（＝人気のある）話し手」という人柄がイメージできます。さらに遊び心を加えて、どんな仕事をしている人かと想像してみると、お笑い芸人やコピーライター、小説家、ニュースキャスターなど、言葉を扱うことに優れている職業が浮かんできます。しかも、一つにつながった高い丘ですから、自らの才能を活かした成功者のイメージです。

このようにして、丘のコンビネーションは二つの丘が表す意味を統合させて考えます。

考察2 「丘」の重要性

既に説明したように、丘の表す意味は、各線の理解を深めるためにもとても重要です。ところが、西洋の手相家の中には、手相を読む際に丘の高低については それほど気にかけない人もいるようです。

しかし私は、丘が伝えるメッセージに注目しています。手相観としての経験からですが、多くの人は年を重ねて心豊かな人生を送るようになると、若いころよりも丘が発達してきます。

また、病気などが原因で体力を失った人は、健康だったころよりも丘が痩せています。このような事実から、丘の発達の具合を考慮して手のひらを読むことは、やはり大切だと思います。

考察3 「丘」と体格の関係

「丘」の高さは、果たして身長や体重に関係しているのでしょうか。

かつて、ある相撲部屋の力士たちの手のひらを観たことがあります。力士は体を大きくするために体重を増やす努力をしていますが、体の大きさと「丘」の高さとは、全く比例していませんでした。

また、一流の野球選手たちの手のひらを観たときも同様でした。このことから、体格の大小が必ずしも「丘」の発達に影響を与えているとは考えられません。

第7章　複線とサイン

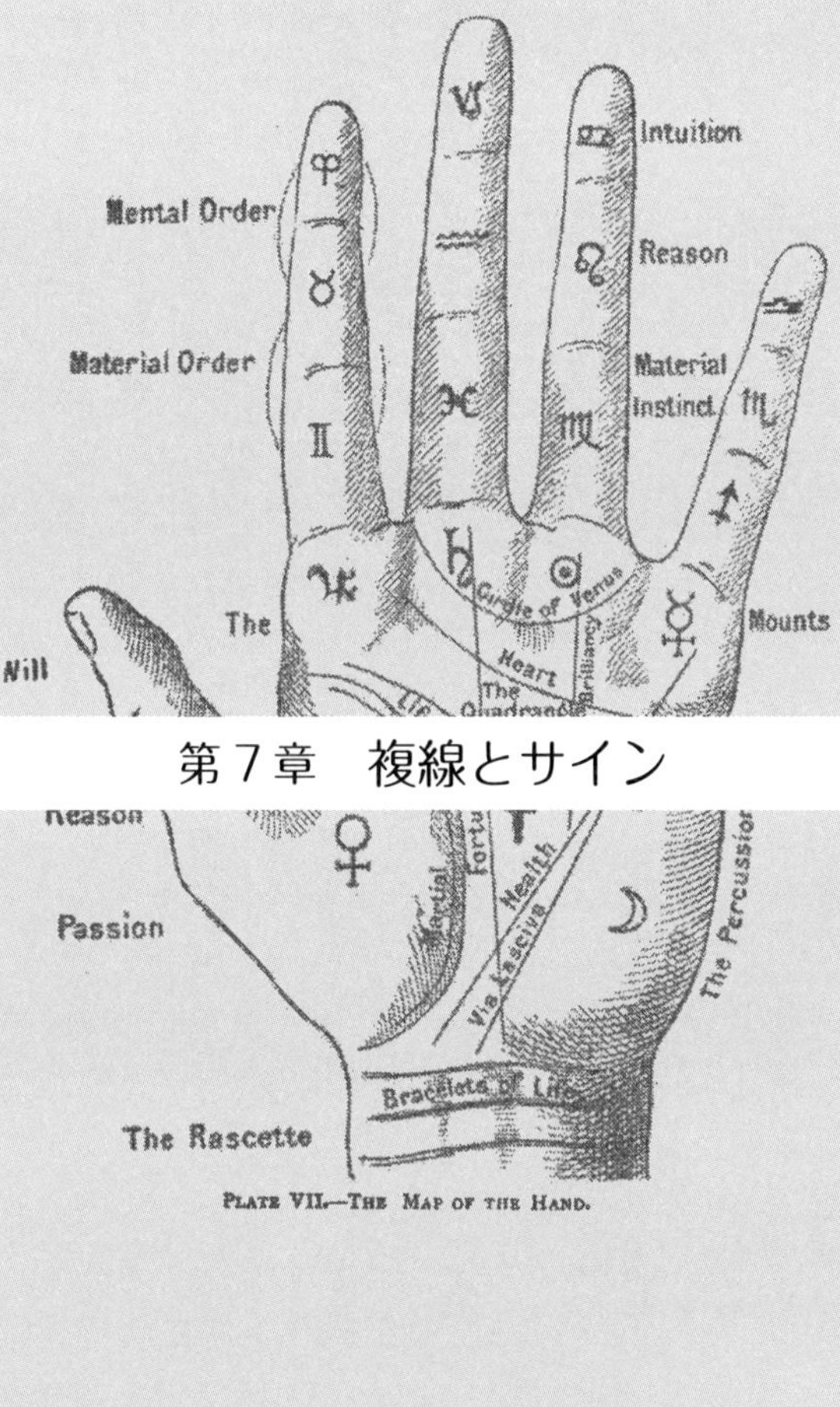

PLATE VII.—THE MAP OF THE HAND.

1 複線①

「複線」とは、基本4大線（感情線・頭脳線・生命線・運命線）、サインを除く、その他の線を示します。基本4大線は、ほぼすべての人に現れている線ですが、複線やサインは必ずしもすべての人に現れているとはかぎりません。しかし、それらの有無だけで一喜一憂するのはあまり意味がありません。

　複線やサインは、基本4大線と合わせて総合的に読むことが大切であり、それにより意味が強まったり弱まったりします。

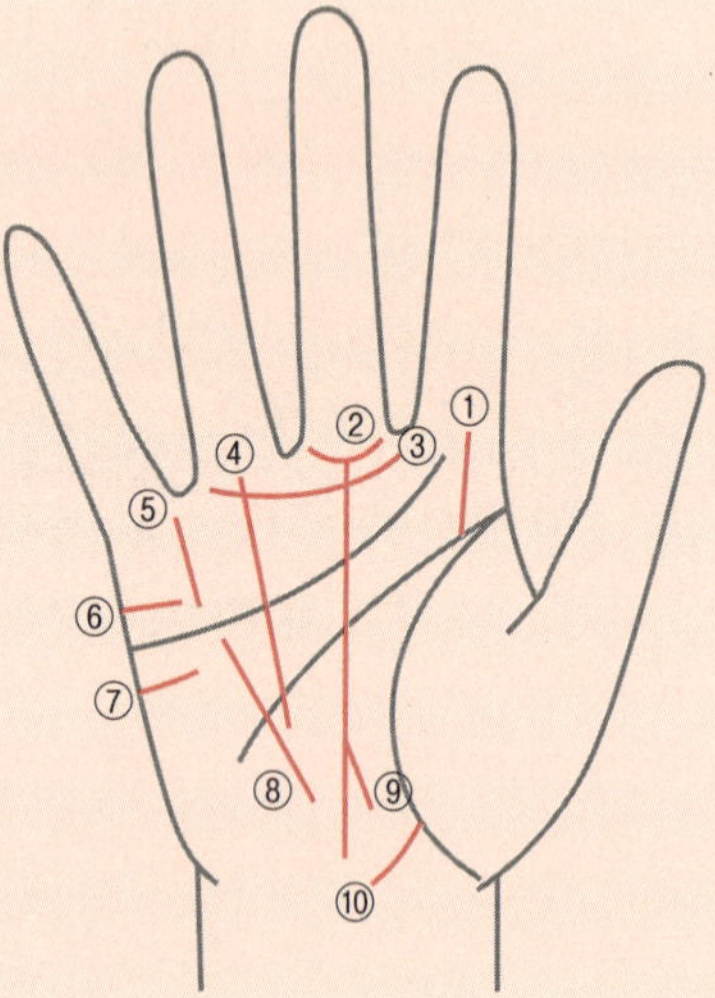

①向上線（＝努力線）
②土星環
③金星環
④太陽線（＝人気線）
⑤金運線
⑥結婚線
⑦反抗線
⑧健康線
⑨影響線
⑩旅行線

ルール21 「向上線（＝努力線）」の基本情報

生命線を起点として、木星丘に向かって伸びる線。目標や夢に向かって努力する人に現れる。線が長く濃くハッキリと伸びているほど、この意味は強まる。

「向上線」と間違いやすい複線に、「指導線」があります。

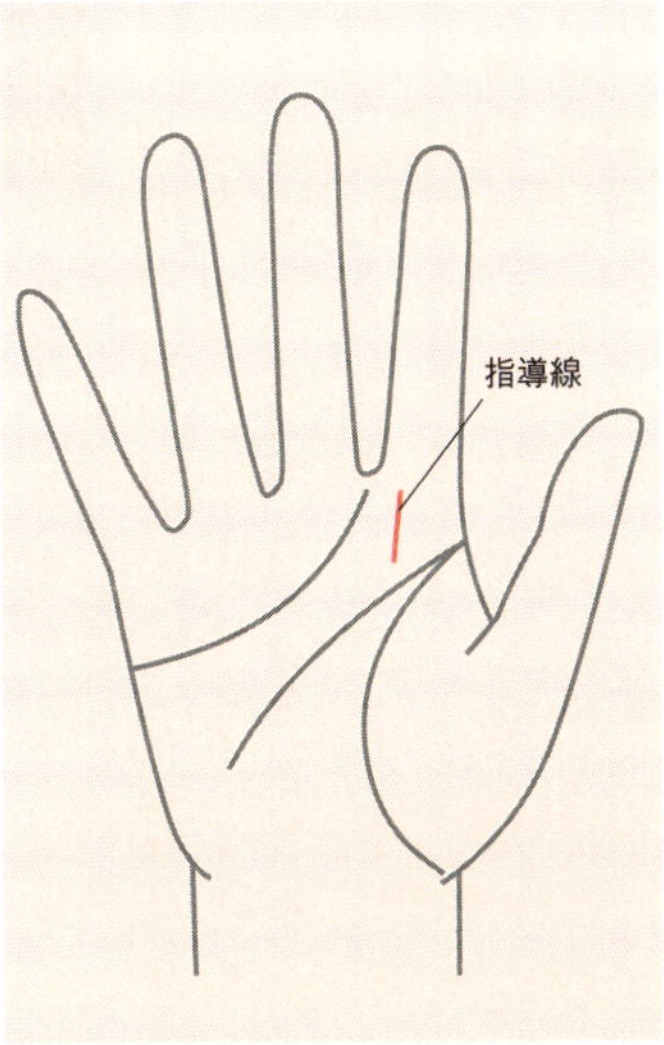

「指導線」は生命線を起点とせずに、木星丘に独立して現れる縦線のことです。リーダーとしての資質を持つ人に現れ、自分がこれまで培ってきたものを人々に伝えていく役割を暗示しています。

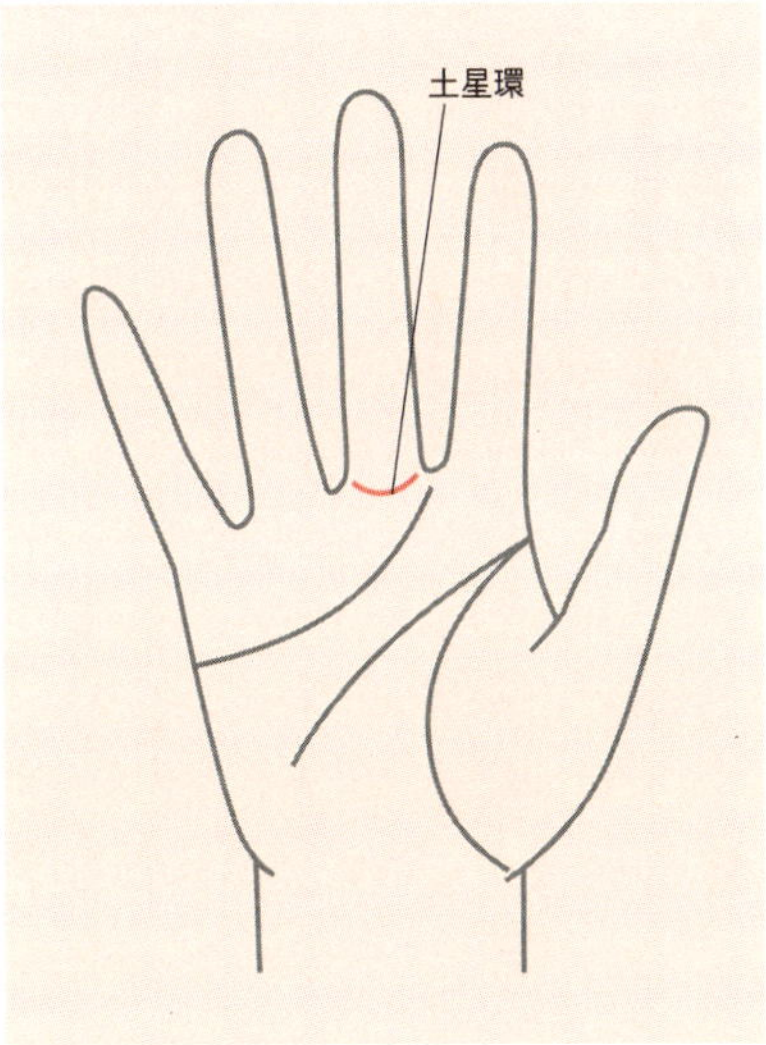

ルール22 「土星環」の基本情報

土星丘に現れる弧。独立心が旺盛で、物事を探求する学者肌の気質。しかし、よく発達した土星丘に土星環が現れている場合、自己愛が強い傾向がある。

西洋占星術において土星が表す意味は、古くは、試練を暗示する星として解釈されています。そのため、西洋占星術に由来している手相上の土星丘や土星環も、未だに凶運として解釈しているケースがみられます。

しかし、現代の西洋占星術が土星の解釈をポジティブにとらえているように、現代人の手のひらに現れる土星環も運命線がしっかりと現れていれば、その特性はポジティブにとらえます。

ルール23 「金星環」の基本情報

中指から薬指にかけて現れる弧。事物を感じとる力、人の心を読む力、世の中の情報をキャッチする力など、幅広い意味での感性、神秘的魅力を表す。途切れのない美しい弧が理想的。

金星環にもさまざまなタイプがあります。長くて美しい弧を描いている金星環もあれば（図11）、途切れ途切れの金星環（図12）もあります。

前者と後者を比較した場合、後者の方がより繊細な気質を表します。また、本数によっても感性の方向性が異なります。

3本以上（図13）現れているとかなり繊細なタイプといえます。

図 11

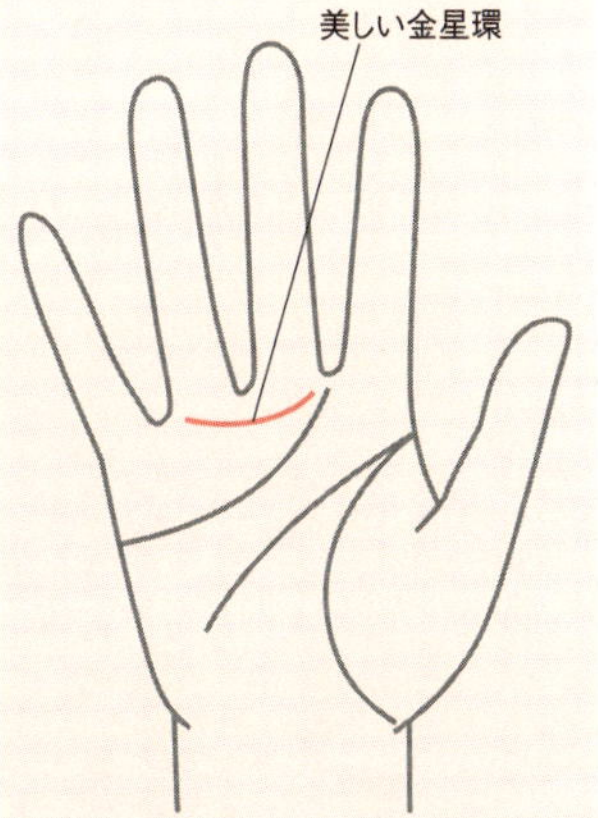

図 12

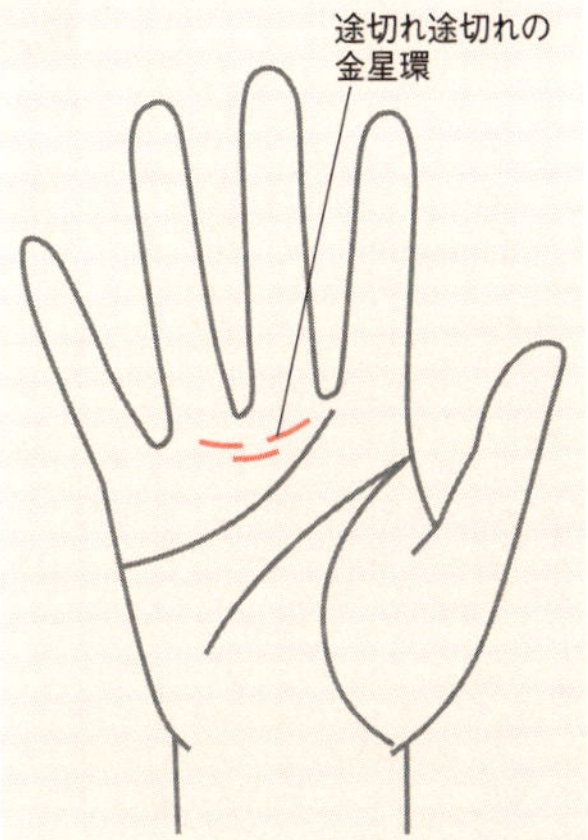

図 13

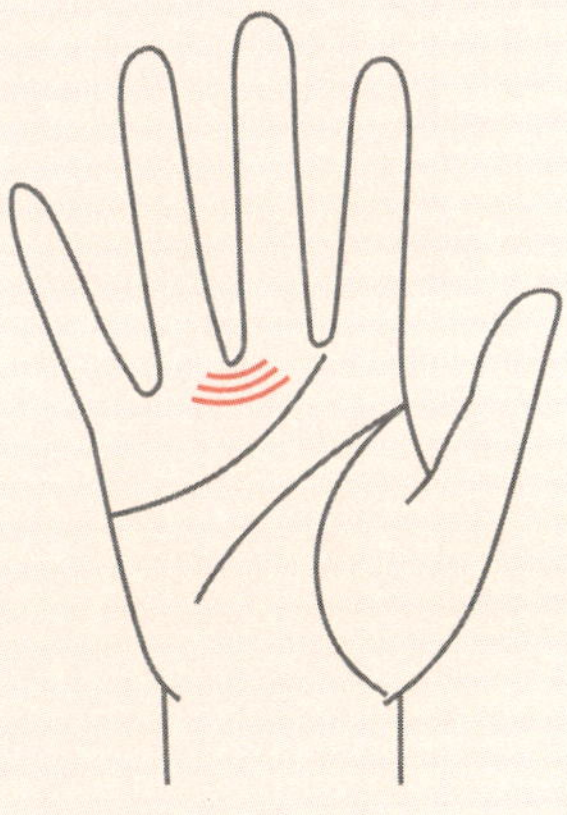

金星環の本数のよる愛情表現の違い

●0本　素朴なタイプ。ストレートな愛情表現を好みます。

●1～2本　自然に豊かな愛情表現をします。

●3本以上　繊細な愛情表現をします。

●途切れ途切れ　喜怒哀楽の激しい愛情表現。恋愛関係に依存する傾向があります。

ルール24

「太陽線（＝人気線）」の基本情報

太陽丘に向かって伸びる線。太陽のように光り輝くハートの持ち主に現れる。また、人気や成功の度合いを表すことから、人生における喜びの象徴といえる。

太陽線は心の変化に伴い、現れやすく消えやすい線です。自らの人生に対し喜びを持って生きていると、長く伸び、ハッキリとした線となって現れます。また、太陽線は運命線と同様に起点がさまざまで、「第二の運命線」というとらえ方があります。美しい太陽線が現れていれば、運命線が表す人生がより活きてきます。

さらに、太陽線が表す人気や成功によって財にも恵まれることから、財運も読むことができます。金運線がその人の持つお金の価値観や満足度を表しているのに対し、太陽線は入ってきたお金を財産としてどれだけ蓄えることができるかという解釈になります。

太陽丘に複数現れている

比較的よく見られる太陽線。周囲の人たちをほっとさせるような温かい人柄。

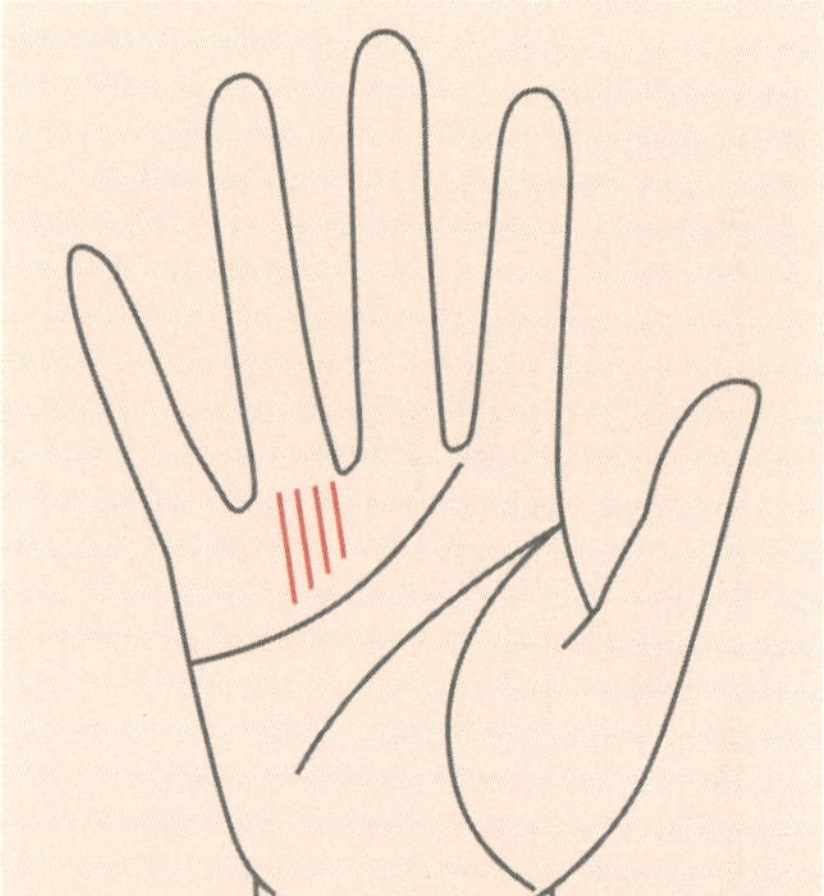

運命線を起点として太陽丘に向かっている

太陽線が始まっている運命線上の年齢から、徐々に発展して成功を収めます。今までに培ってきた仕事や勉強が実を結んだ結果。

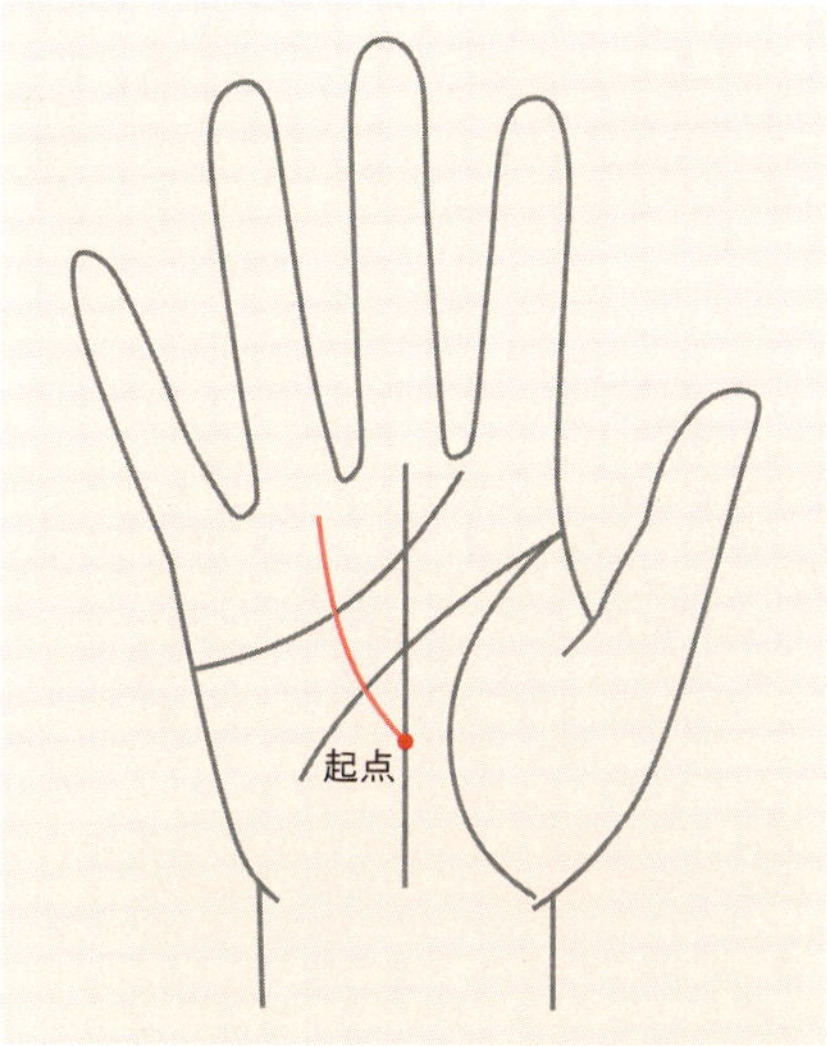

運命線と並行して太陽丘に向かっている

堅実な努力を続ける人に現れます。仕事の成功に伴って財運も良くなります。

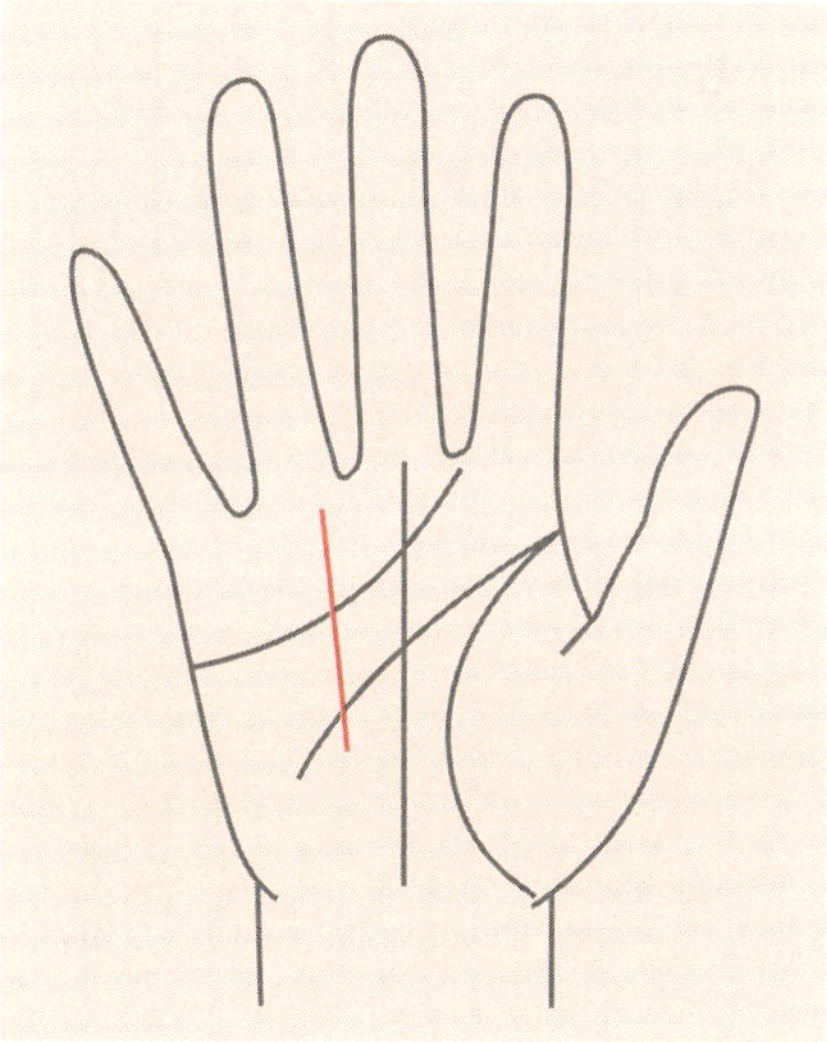

短い太陽線

短くとも濃くハッキリとした太陽線は、年を重ねるほど幸せになります。晩年運が吉。

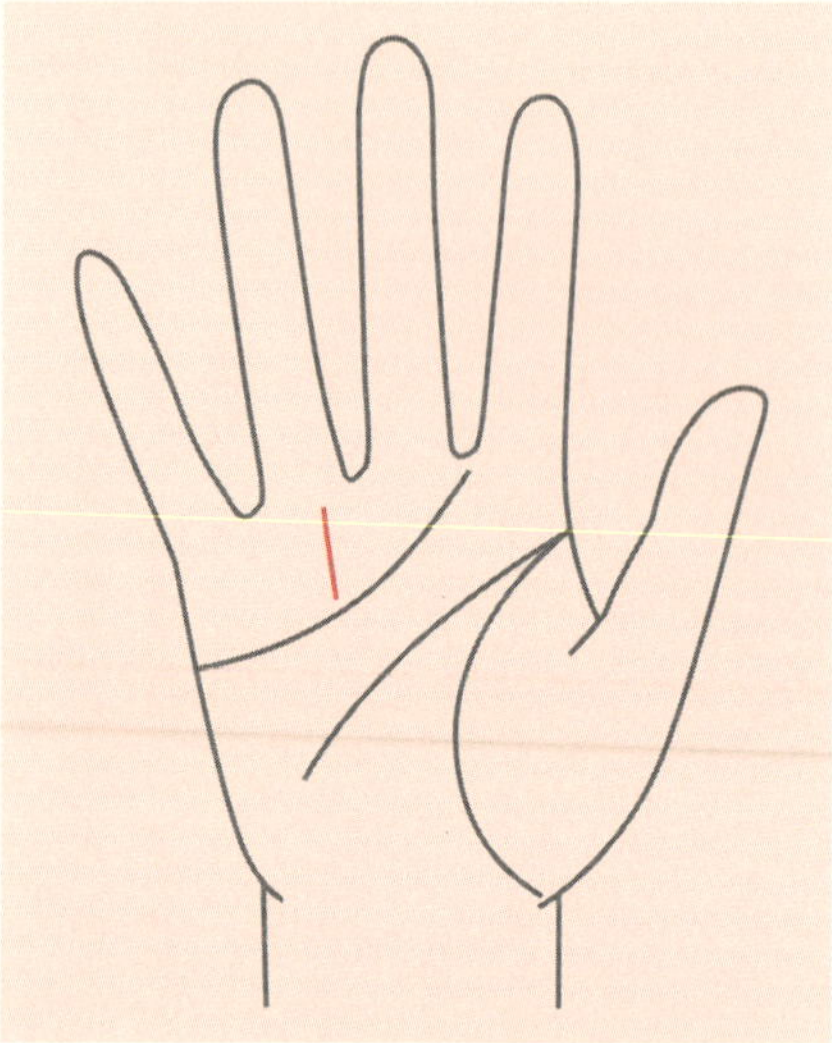

月丘（小指側）から太陽丘に向かっている

月丘から伸びる太陽線は、芸術的センスを活かして成功を収める相です。周囲の人の助けに恵まれ、ときには金銭的なサポートを受けることもあります。

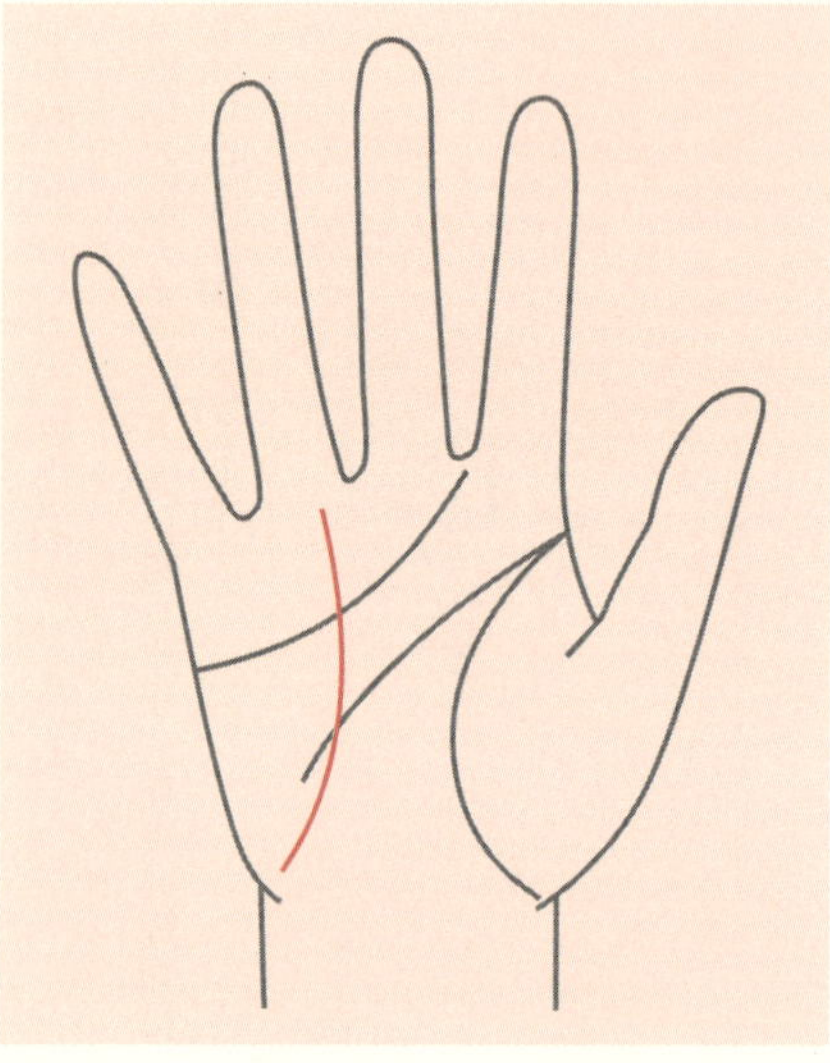

頭脳線から太陽丘に向かっている

自分の知識や企画力を持って成功を収める相です。

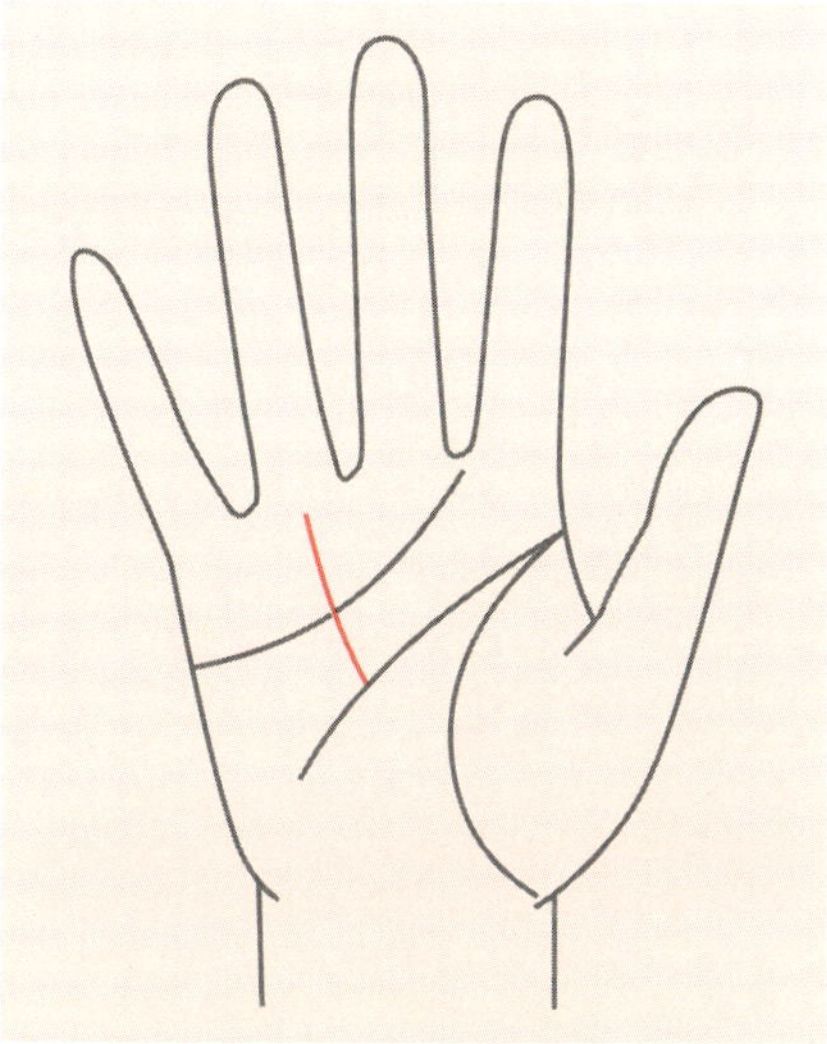

生命線を起点として太陽丘に向かっている

独立心が非常に高く、その人にしか成し得ないような方法で成功を収めます。

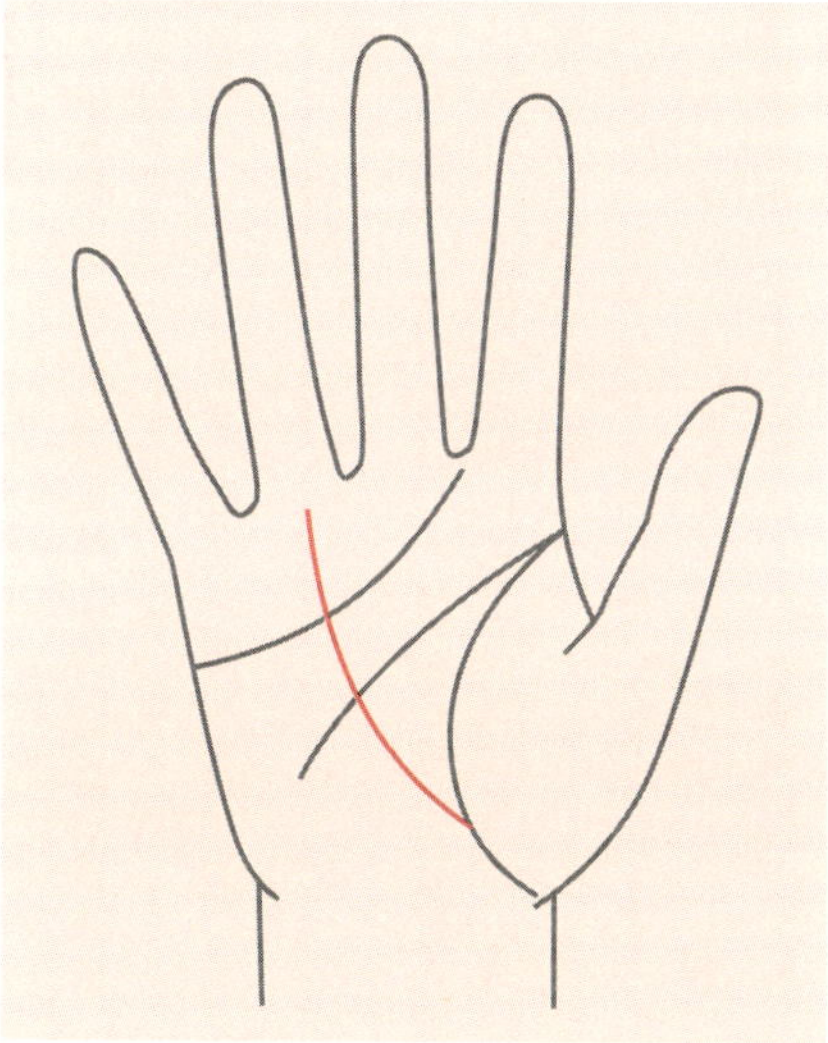

生命線の内側から太陽丘に向かっている

身内の援助によって、成功を収めます。

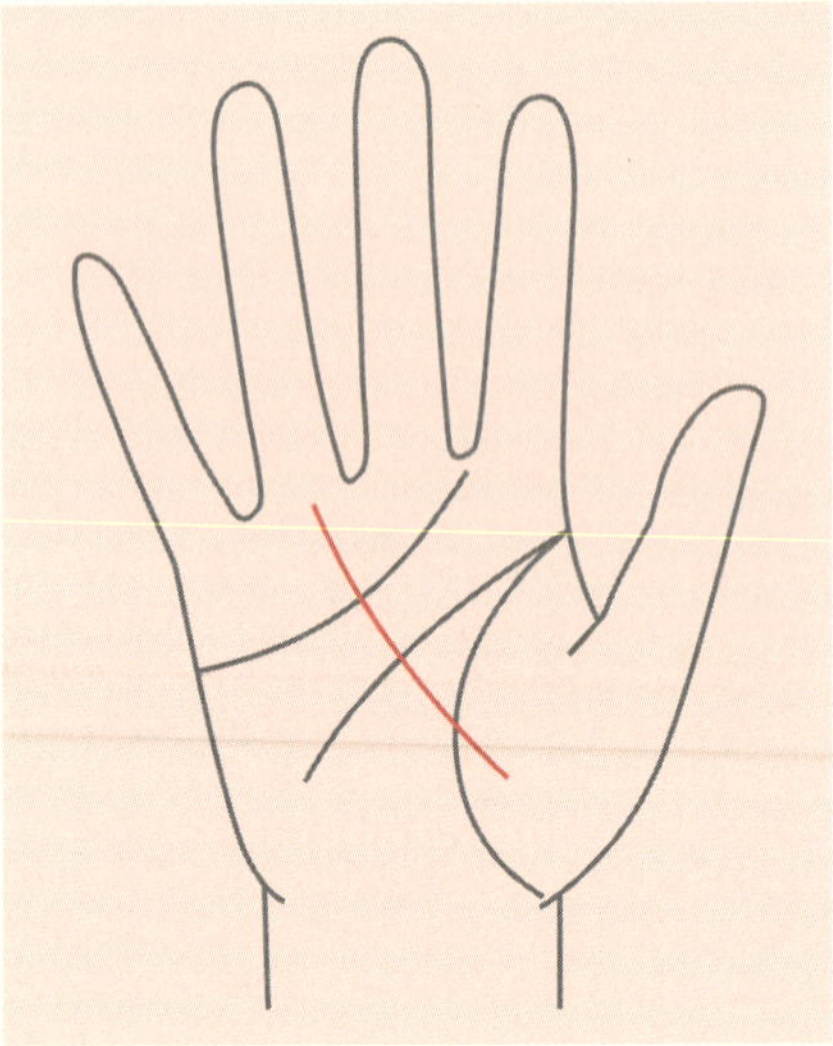

ルール25

「金運線」の基本情報

水星丘に向かって伸びる線。その人が持つお金の価値観や満足度を意味する。金運線は長く、ハッキリと現れているほど、お金の豊かさに恵まれる。

金運線は、その人が持つお金の価値観や満足度の表れなので、金運線の有無によって、単に裕福になるか否かを表すわけではありません。

例えば、あなたに百万円が入ってきたとします。そのとき、「大金だ！」と喜ぶのか、「ちょっとしたお小遣い程度だ」と思うかによって、金運線の様子は異なります。

また、手にしたお金はすぐに貯金するのか、そのお金を元手に増やそうと考えるか、あるいは、あっという間に散財してしまうのかなど、お金との向き合い方によっても現れ方は異なります。

水星丘に複数の金運線

比較的よく見られる相。金運線が濃い場合、必要なだけのお金は入ってきますがすぐに使ってしまう傾向があり、お金が貯まらない相。金運線が薄い場合、入ってくるお金はほどほどなので、貯金を心がけることが懸命。

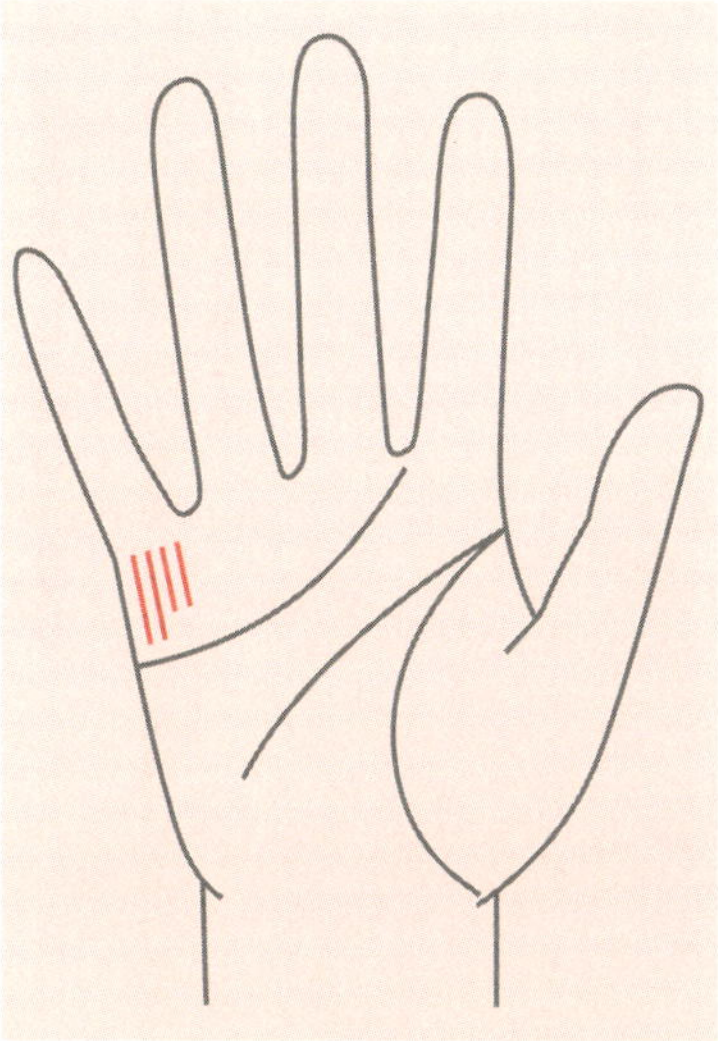

小指と薬指の間に現れる金運線

金運線がハッキリしていれば、投資運に恵まれます。

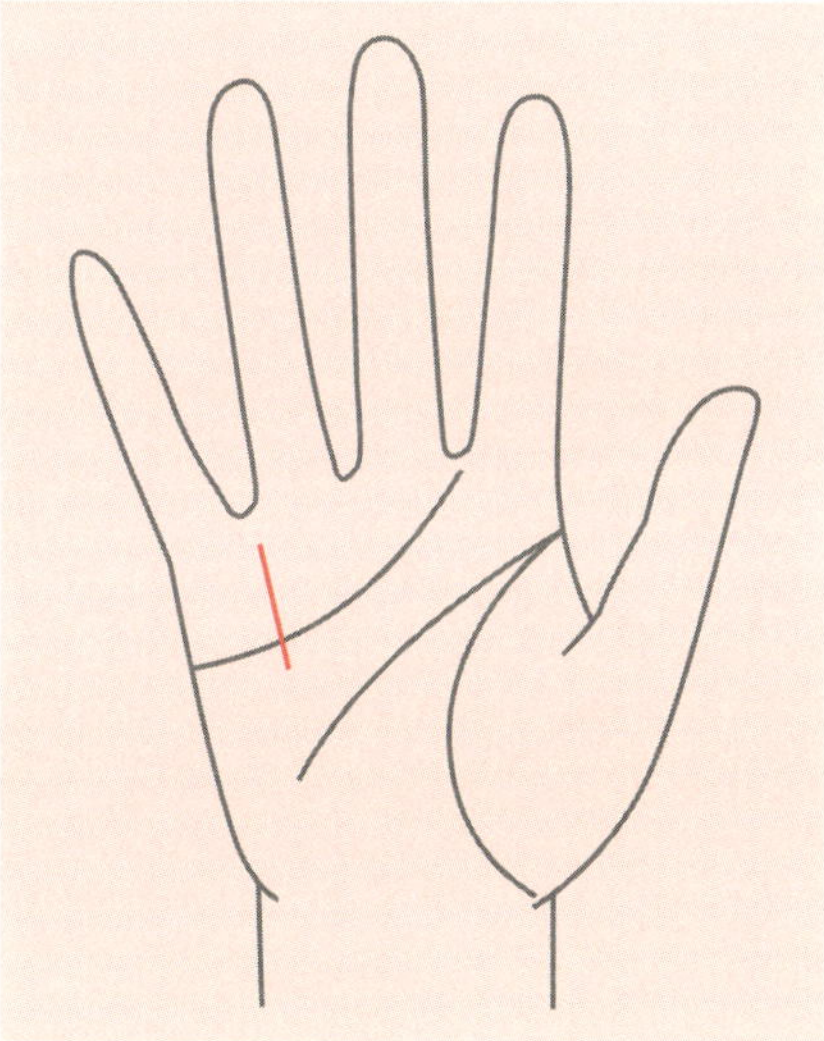

生命線を起点として伸びる金運線

仕事好きの相。努力を惜しまず、逆境にもポジティブに立ち向かう働き者。

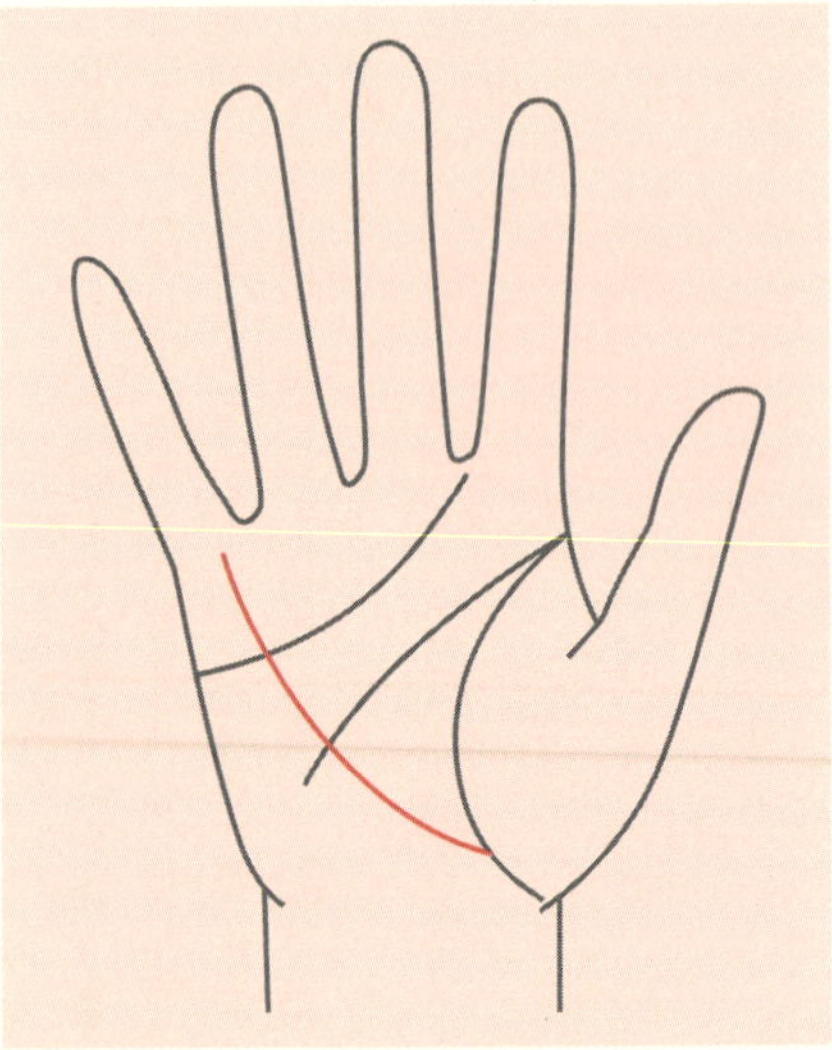

生命線内側から伸びる金運線

身内からもたらされる金運があります。

ルール26
「結婚線」の基本情報

水星丘に現れる線。恋愛傾向、婚期、結婚生活の行方などがわかる。

「結婚線」という名称から、結婚についてのメッセージのみと思われがちですが、水星丘に現れる相には、恋愛&結婚のメッセージが現れます。恋愛に関していえば、恋愛時期（モテ時）、恋愛が上手くいくのかどうか、結婚へとつながり得る出会いなのかどうか、結婚に関していえば、結婚の時期、結婚生活の行方に至るまで、さまざまな暗示があります。

また、その人の持つ恋愛観・結婚観・愛情の満足度などもわかります。

結婚線の種類はいろいろありますが、結婚線のチェックポイントは次の三つです。

①結婚線の終点位置
②本数
③長さ・濃さ・色

まず、結婚線の終点がどこへ向かっているかチェックしてみましょう。

結婚線の終点が上向き

社交的。ずっと独身で過ごす可能性も。

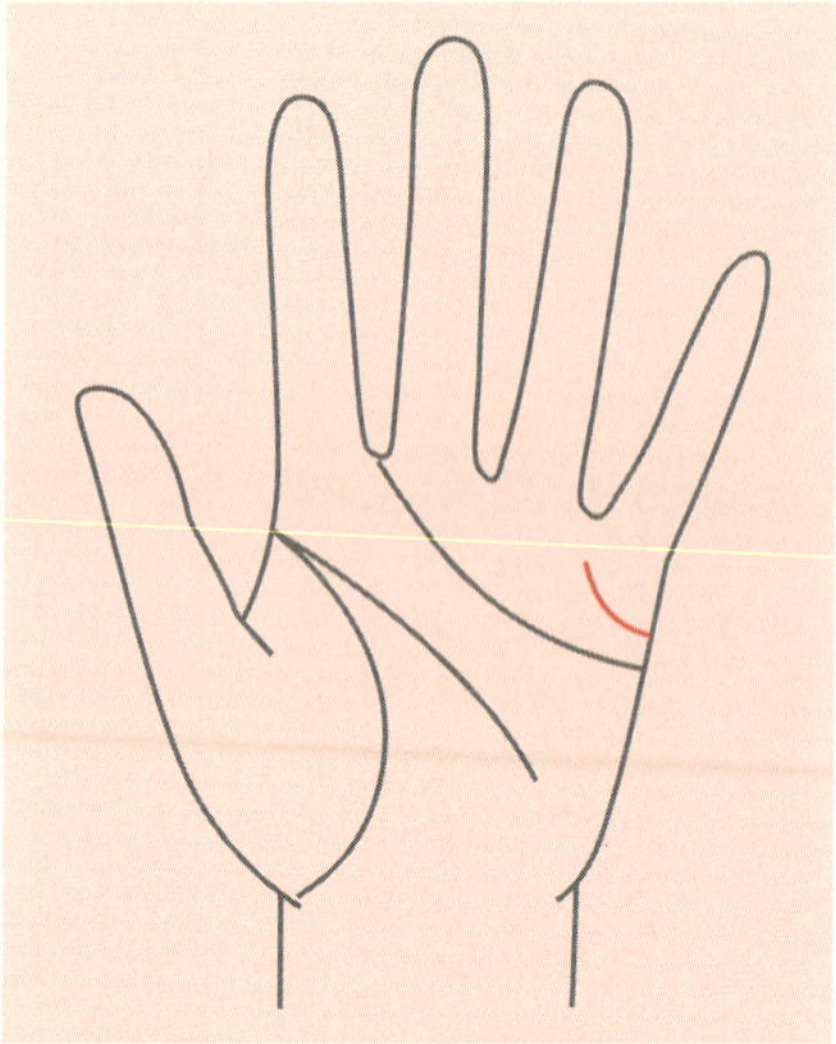

結婚線の終点が下向き

パートナーとの関係を見直す必要があります。あるいは、愛情の不足。

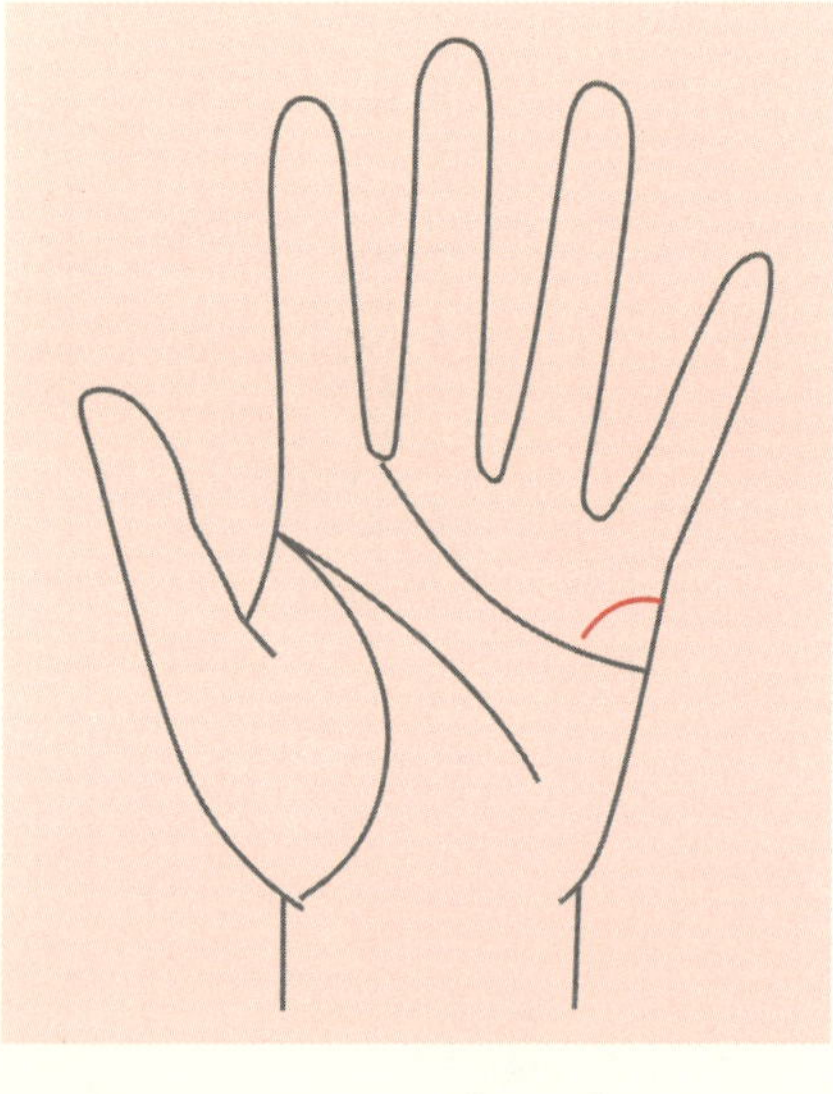

結婚線の終点が感情線と並行

パートナーと理想的な関係。

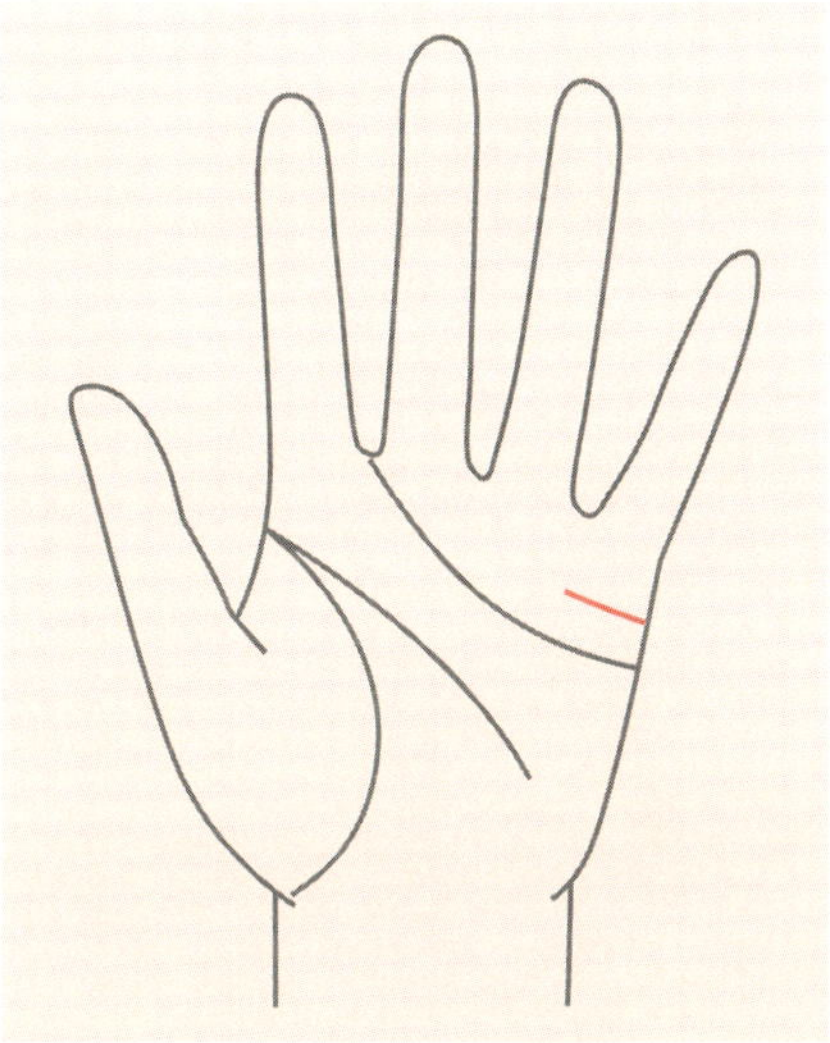

次に、結婚線は何本現れているかを見てください。

結婚線が０本

恋愛に奥手か、もしくは、恋愛や結婚に興味のないタイプ。

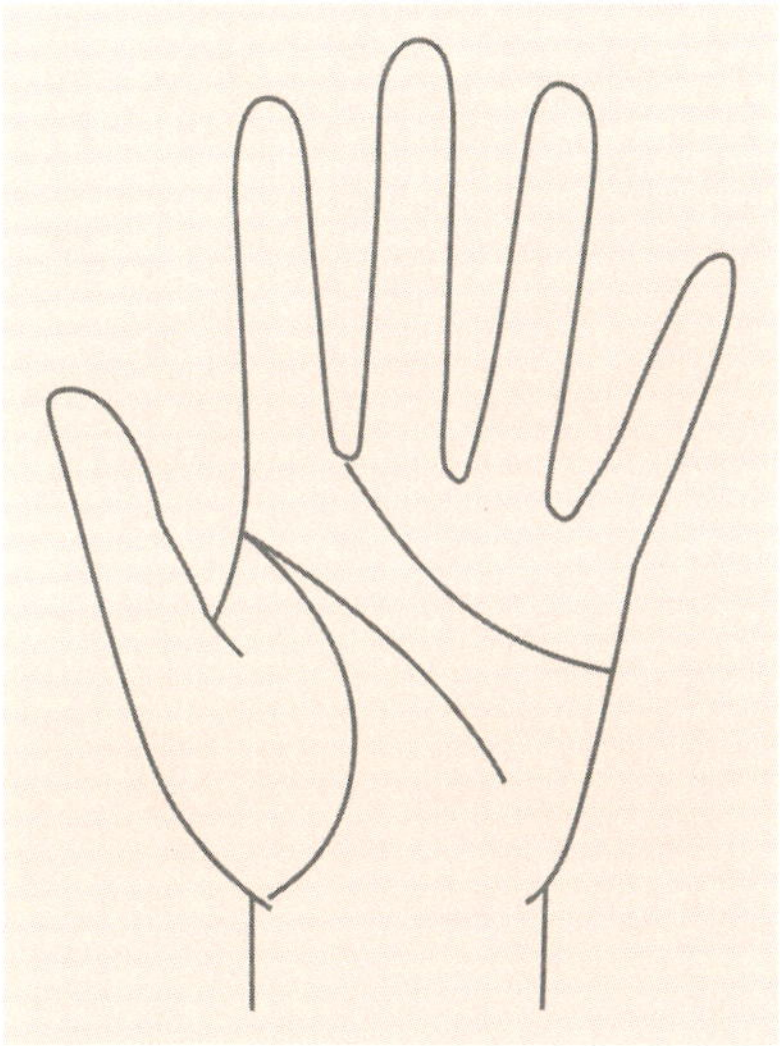

結婚線が1本

パートナー探しに時間はかかる傾向はありますが、自他ともに認める理想のパートナーと巡り合う暗示。

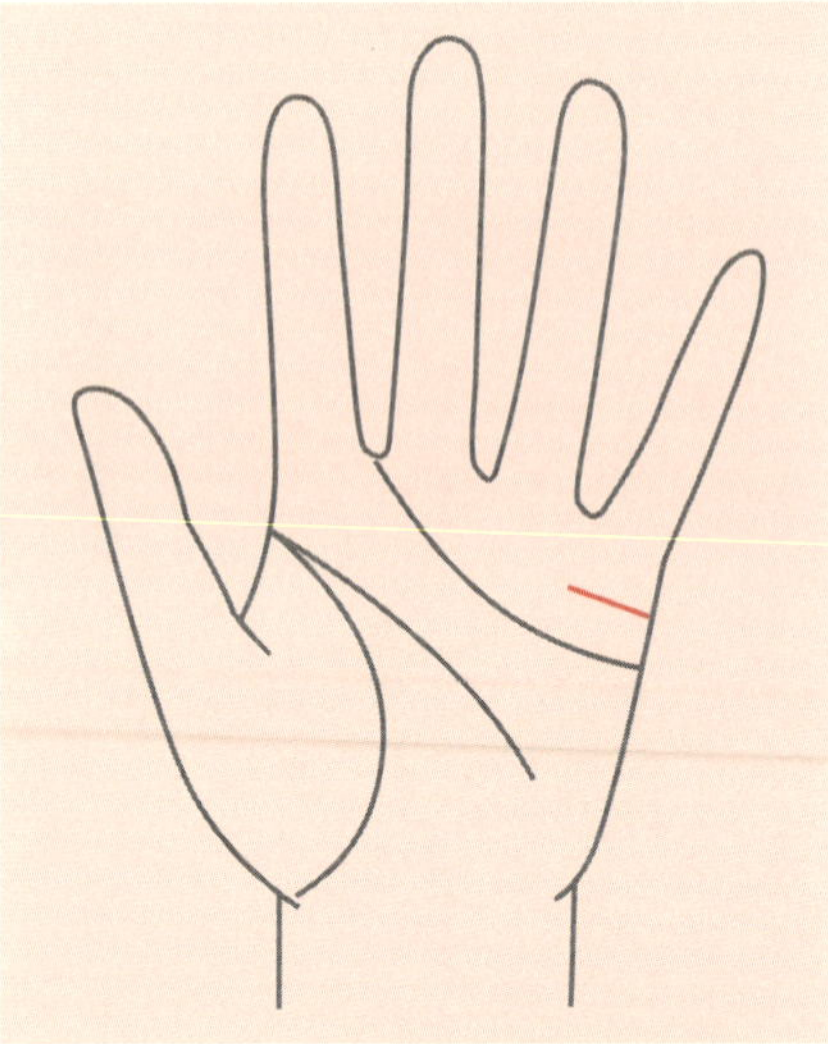

結婚線が2本

生涯二度の大恋愛、別れた相手とよりが戻る、二度の結婚。そのいずれかの暗示。

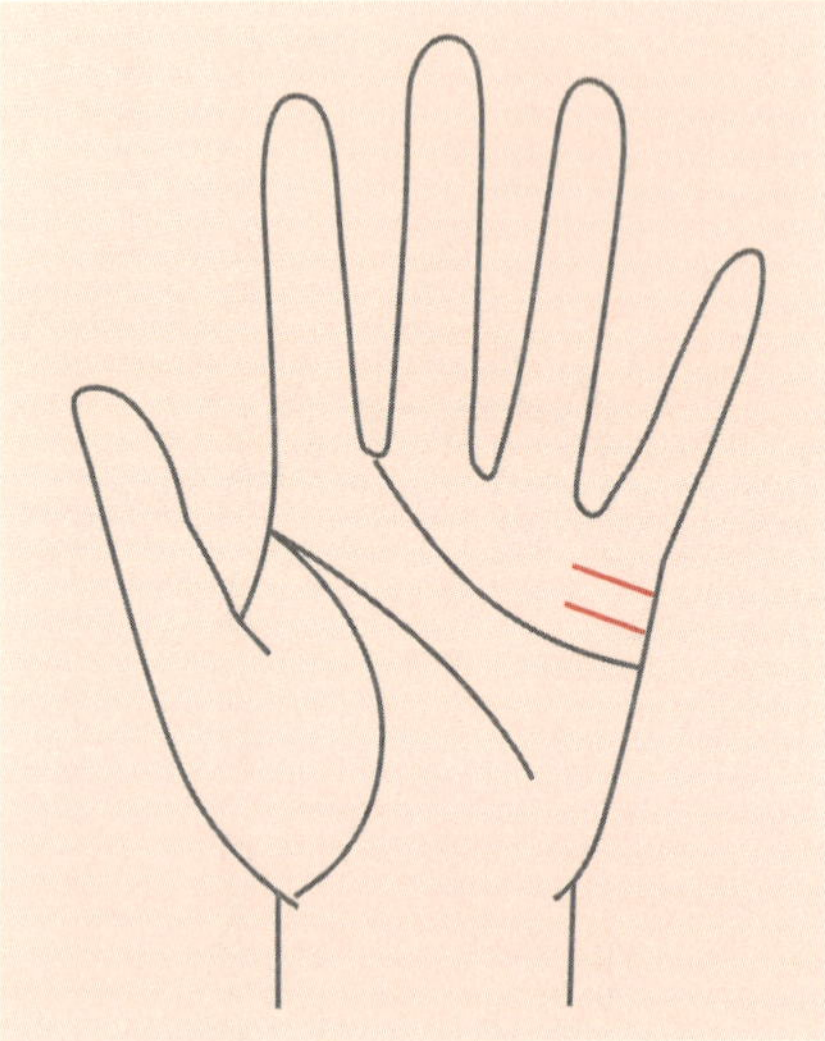

結婚線が3~4本

いくつかの恋を経験した後、結婚相手と巡り合う可能性。

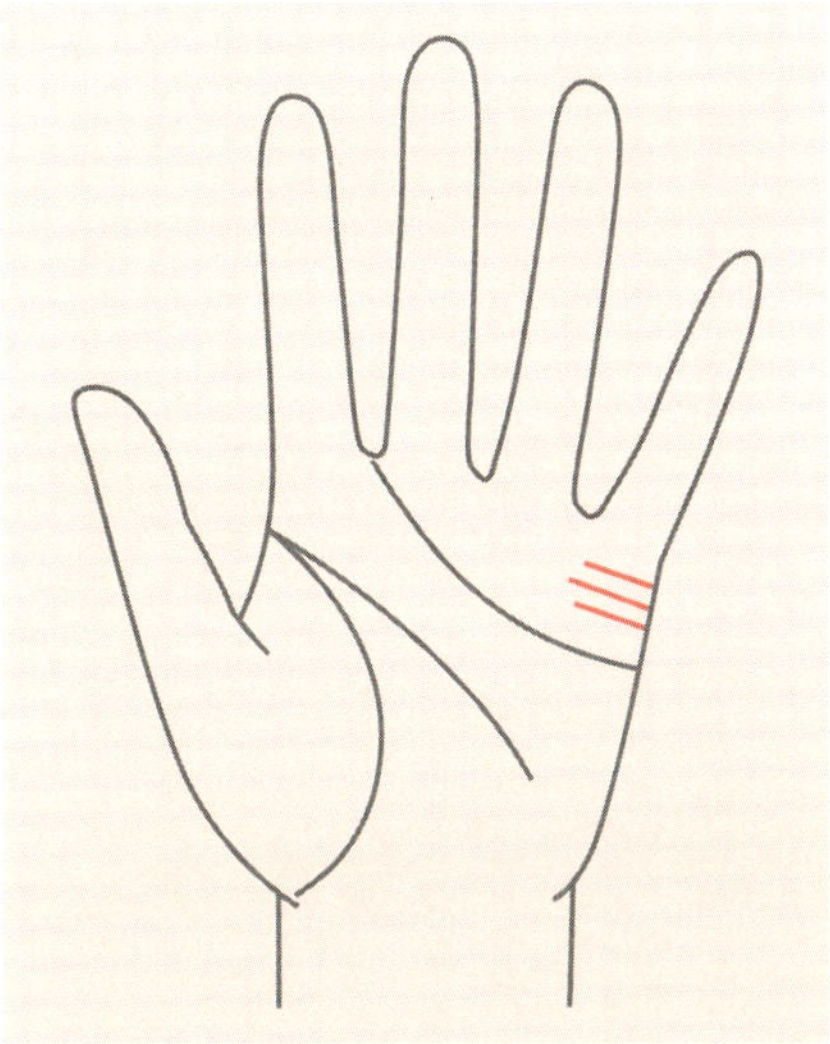

結婚線が5本以上

恋多きタイプ、あるいは、波乱万丈な恋を好む傾向。

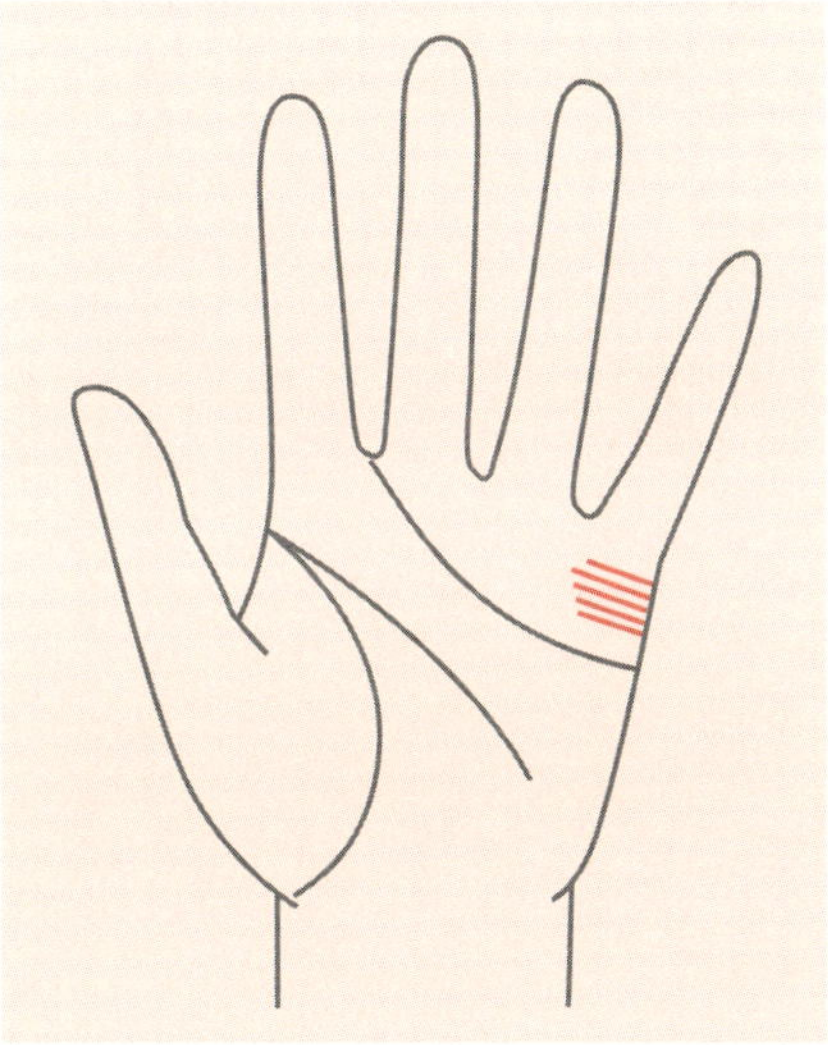

結婚線の向きや本数を確認後、結婚線の長さや濃さ、色にも注目します。長く、濃い場合、結婚に至りやすく、短く、薄い場合、恋愛関係で終わりやすい傾向があります。結婚線は、ピンク、あるいは、赤く色づくと、婚期が近いことを表しています。

さらに、具体的な婚期についてですが、手相家によって流年（※）の読み方が異なります。私の場合、結婚の時期は他の相と合わせて総合的に判断していますが、結婚線からわかる大雑把な流年としては、小指付け根から感情線までの長さのちょうど１／２のポイントが、およそ30歳。そのポイントより下の場合30歳以下の結婚、ポイントより上の場合30歳以降の結婚として読みます。

※流年：手相上の主要線、結婚線などの年齢の読み方を意味します。

ルール27 「反抗線」の基本情報

第二火星丘に現れる上向きの短線。逆境に負けない精神力の持ち主に現れる。あるいは正義感が強く、世の中に対して憤りを感じるタイプに現れる。

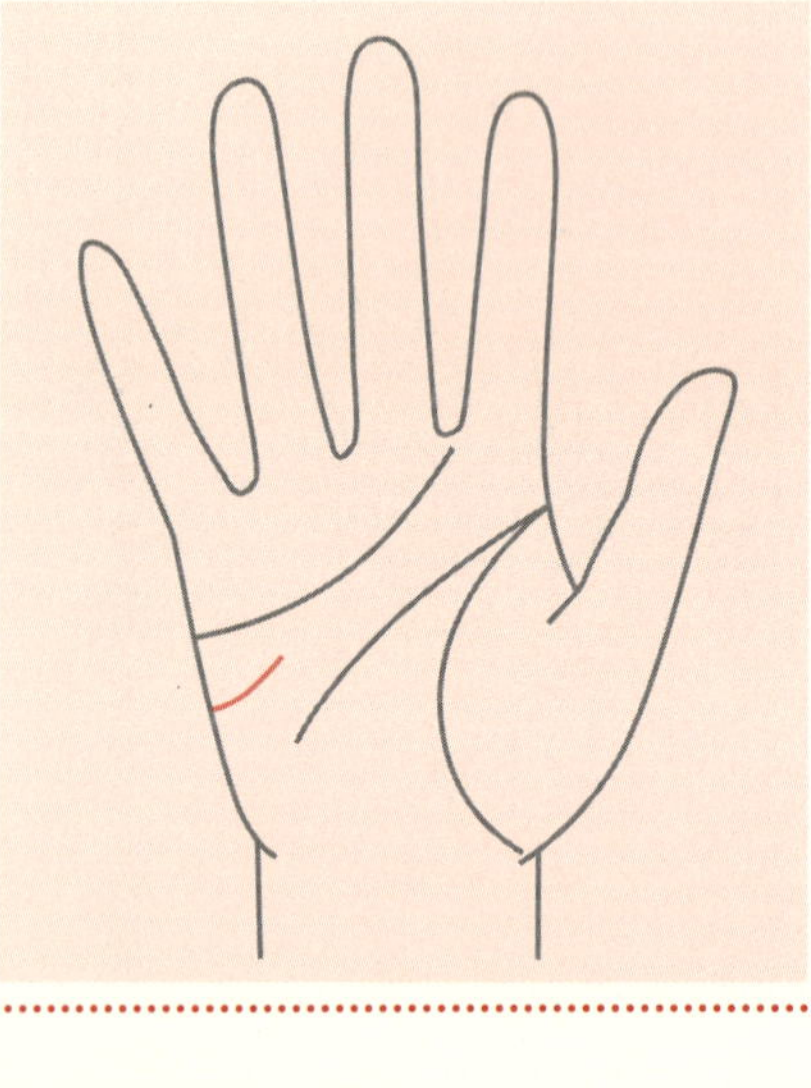

第二火星丘の様子と合わせて観ることが大切です。第二火星丘の肉づきが厚く、赤く色づいている場合、内側に怒りを秘めていたり、攻撃的な気持ちが強くなっているときです。

ルール28 「健康線」の基本情報

生命線と水星丘下部の間に現れる斜めの線。第二の生命線として、体力の有無、健康状態、あるいは、体質などを読むことができる。

「健康線」の起点についてですが、１００年以上も前のキロの時代に手相家たちの間で意見の相違があったようです。（『Cheiro's Language of The HAND』より）。

キロは、「健康線」は水星丘下部から生命線に向かって伸びる線と考えましたが、逆に、生命線から水星丘下部へ向かって伸びる線という意見もありました。

私は今のところ、「健康線」には起点がなく、生命線側へも水星丘へも伸びていく線ではないかと考えています。しかし、今後もさまざまな「健康線」を読んで検討する必要があると思っています。

「健康線」の面白い点は、人並み以上の体力の持ち主には「健康線」がないということです。「健康線」は、途切れがなく、まっすぐな線であれば、十分な体力に恵まれていると考えます。

健康線がない

無病。気力体力満点。

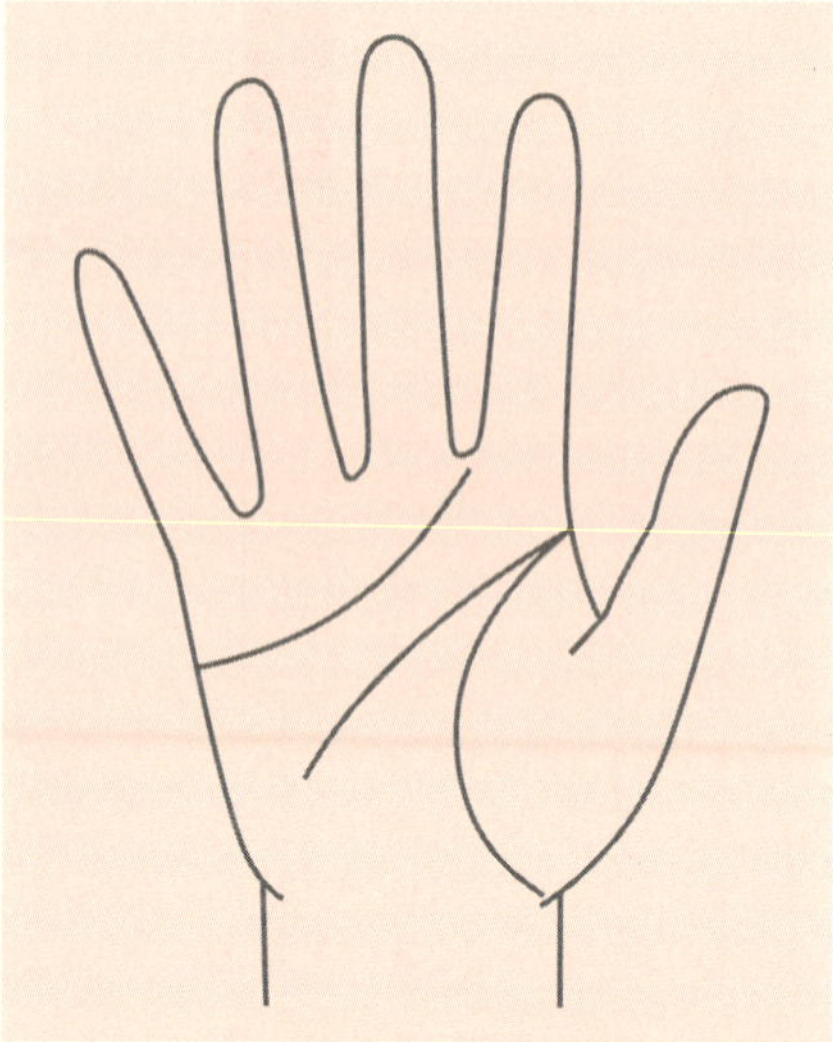

途切れのない1本の健康線

健康に恵まれています。スポーツ選手並みの体力。

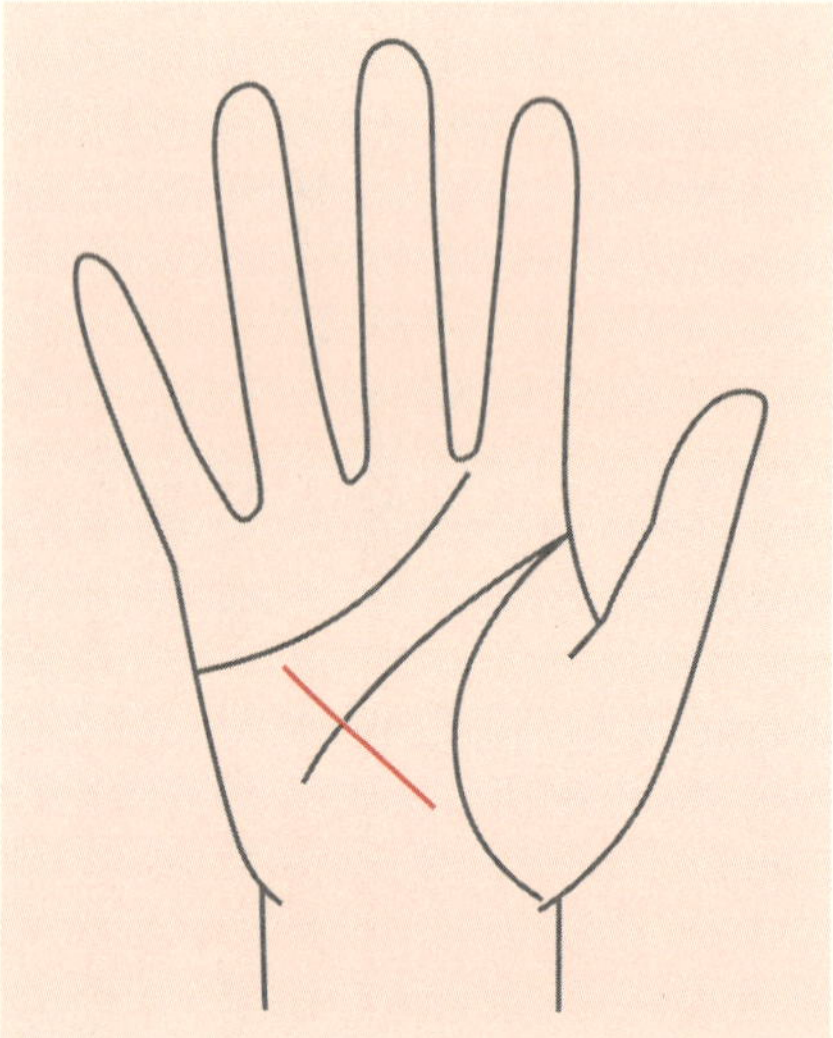

生命線に届いている健康線

体力がないか、健康を害している可能性。

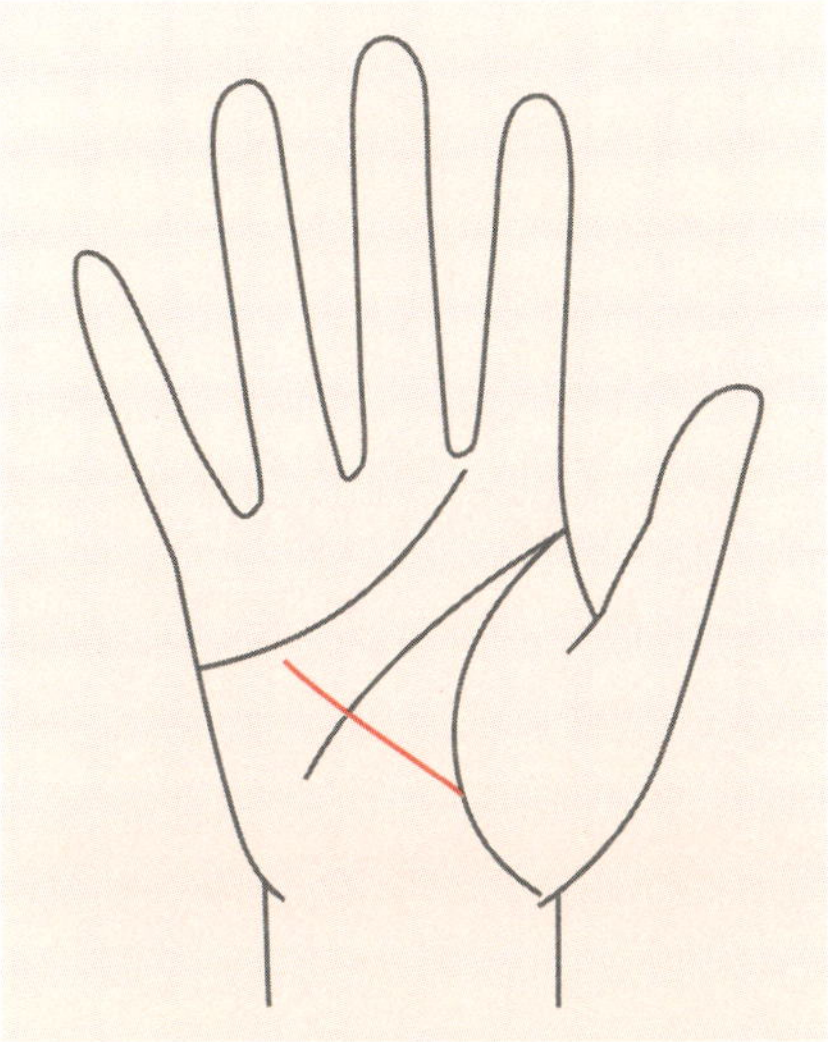

波打つ健康線

肝臓疾患に注意。

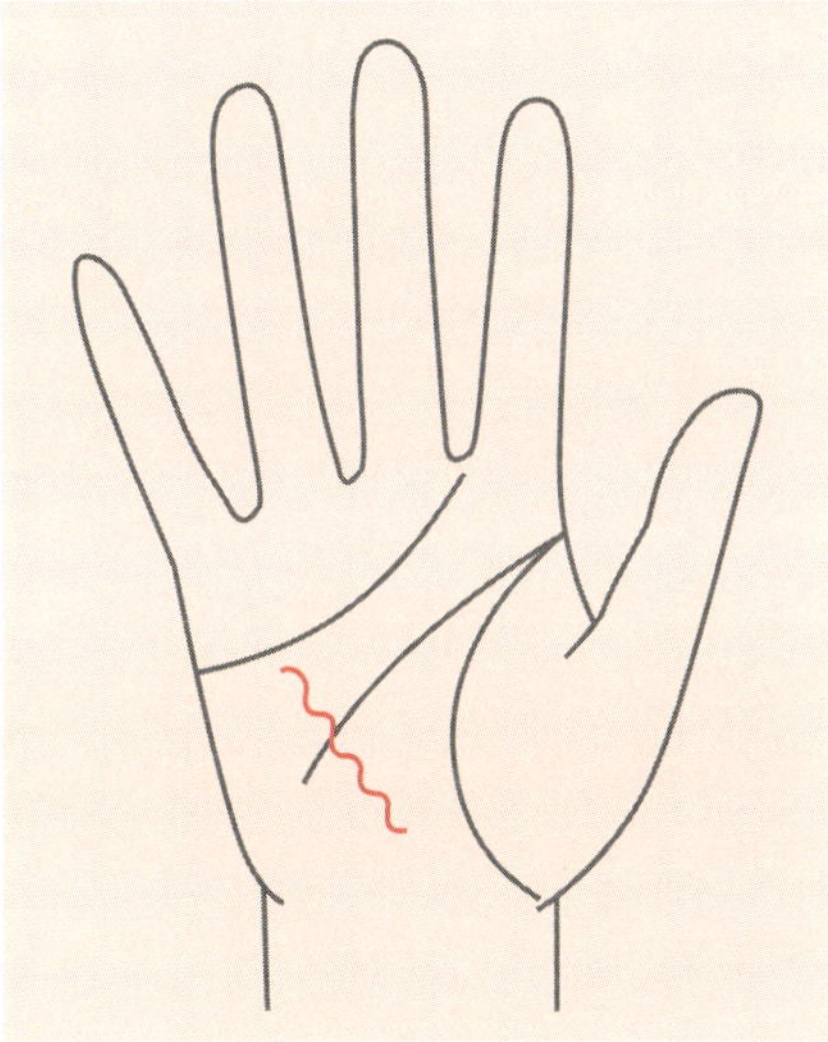

途切れ途切れの健康線

ストレスによる消化器系の病気に注意。

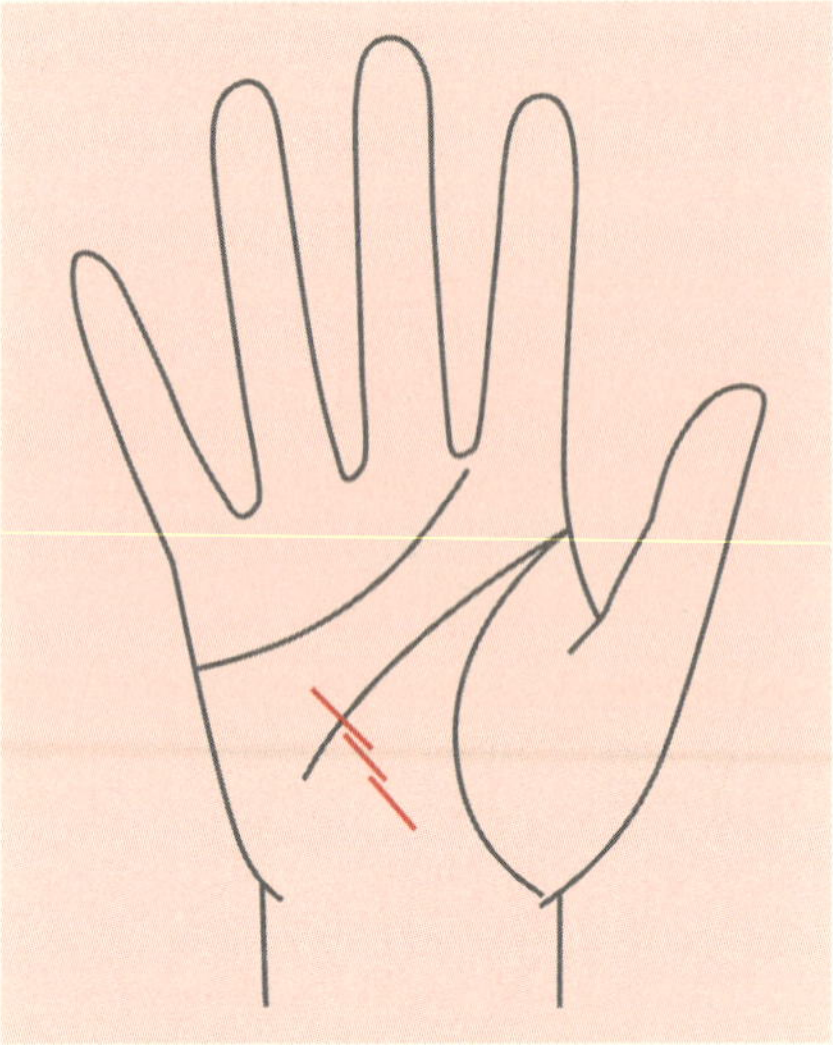

島のある健康線

生活習慣を見直す必要性あり。健康を害している可能性が高いです。

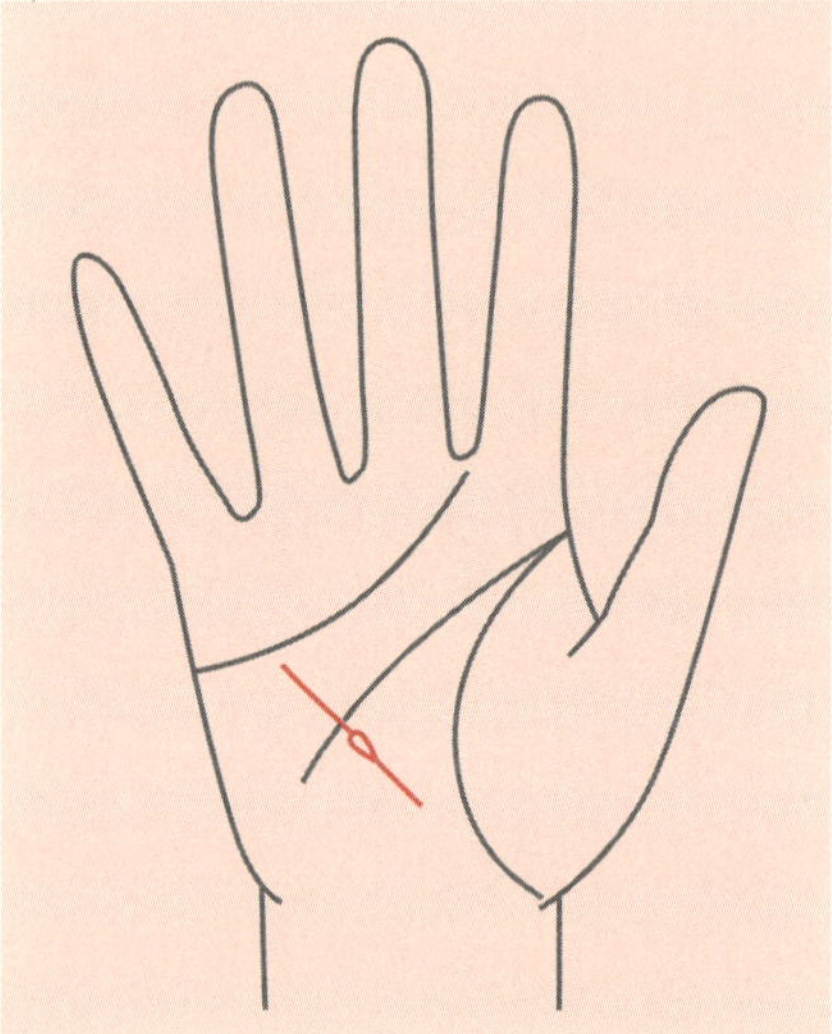

生命線が理想的な美しいカーブを描いていても、もし「健康線」に何らかの問題があれば、一度は生活習慣や健康について見直す必要性があります。

ルール29
「影響線」の基本情報

運命線に向かって斜めに伸びる線。異性との出会いの時期、その出会いが人生にどのような影響を及ぼすのか、結婚につながり得る出会いかどうかなどを表している。

影響線にはいろいろあり、それが幸せな出会いになるかどうかは、その線の現れ方によって異なります。結婚につながり得る影響線は、親指側から運命線に向かって伸びていて、終点が運命線であることです（図14）。

図14

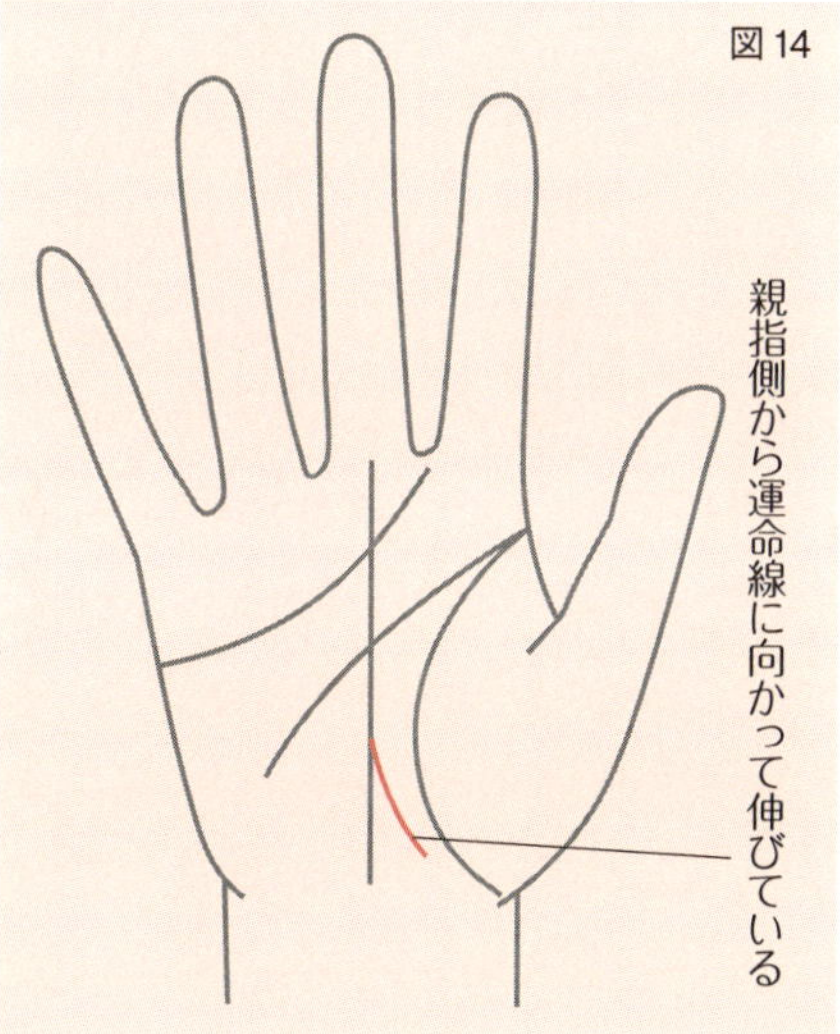

小指側から運命線に向かって伸びる影響線（図15）は、終点が運命線であっても恋愛で終わる可能性が高いです。

図 15

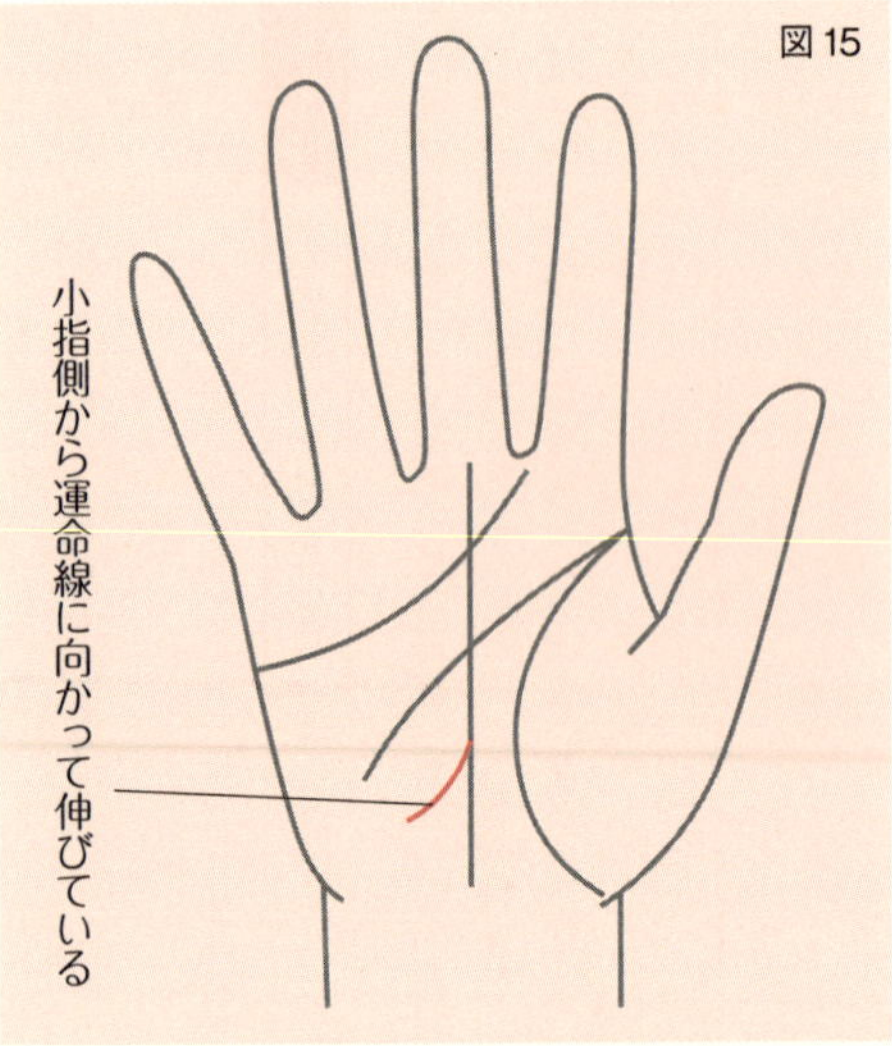

また、運命線を遮る影響線（図16）は、最終的に破局へと至ります。

図 16

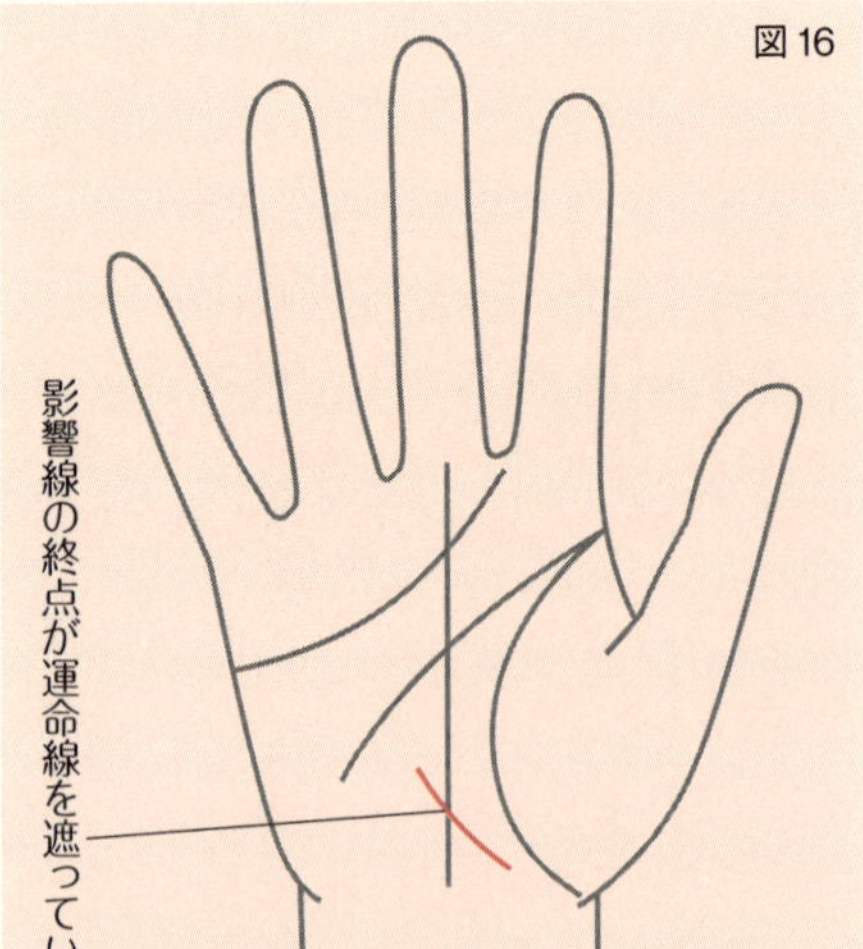

さらに、後に解説する「パートナー線（＝つれあい線）」と合わせて観ることが大切です。

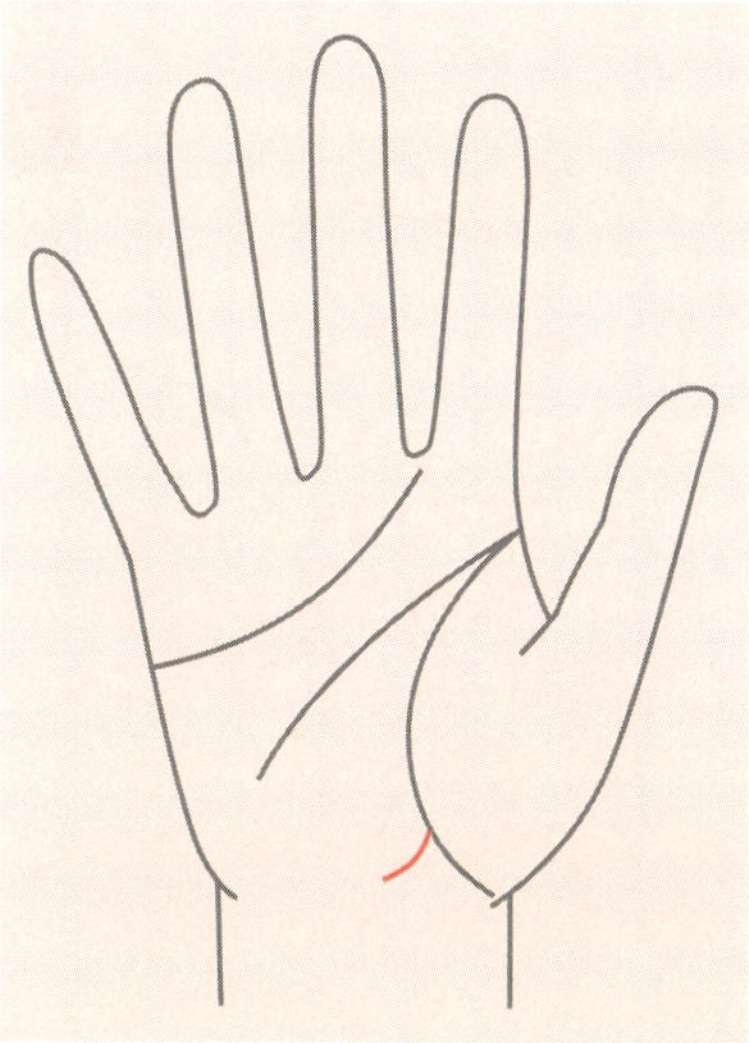

ルール30

「旅行線」の基本情報

生命線を起点にして現れる短線。生命線を起点としている線が月丘へと伸びている場合、海外進出線となるので注意。国内の旅、海外の旅にご縁がある人に現れる。

西洋手相術が確立した100年以上前の旅は、現代と比べて事故に遭う可能性も高く、無事帰ってこられるかどうかが、旅行線を読むときのメインテーマとなっていました。

しかし、今日においての旅行線は、旅のご縁に恵まれているかどうかを観るものです。

2 複線②

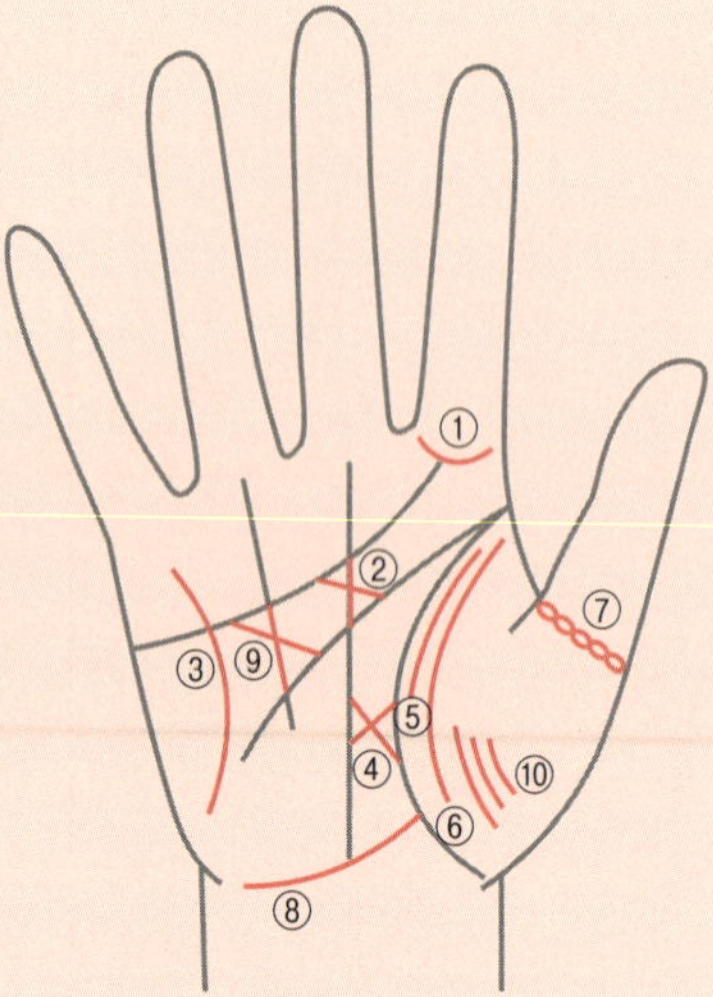

①ソロモンの環
②神秘十字
③直感線
④奉仕十字
⑤パートナー線
⑥二重生命線
⑦ファミリーリング
⑧海外進出線
⑨芸術十字
⑩フレンドシップライン

ルール31

「ソロモンの環」の基本情報

人差し指を囲むように現れる弧。神秘的なことへの憧れ、信じる心が強い人に現れる。言葉をもたない動植物の気持ちがわかる高次のコミュニケーション能力を持つ。

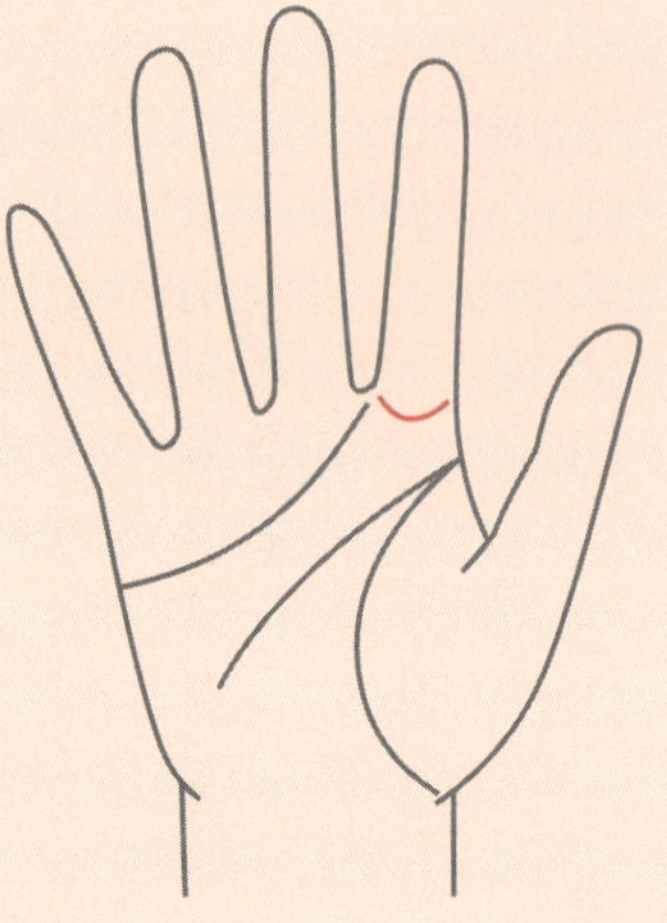

「ソロモンの環」という名称は、旧約聖書に記されている古代イスラエルの王国を繁栄させた、ソロモン王に由来しています。ソロモン王は優れた政治家、知恵者、あるいは魔法使いとして知られていますが、手相上では、神秘的な力を持つ相として解釈されています。あるいは、国を繁栄させたところから、出世運が良いという読み方もあります。

ルール32

「神秘十字」の基本情報

感情線と頭脳線の間に、運命線と交差して現れる十字。神秘的な物事への興味、あるいは、二つの世界を橋渡しする役割を担う暗示。

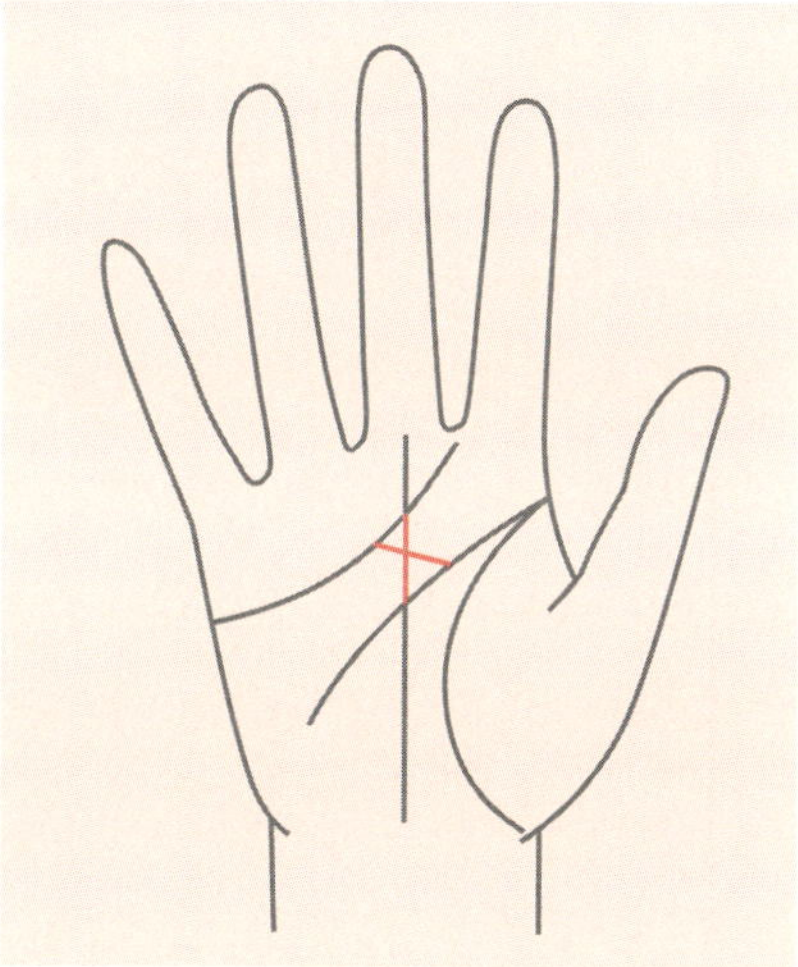

ルール33 「直感線」の基本情報

月丘から水星丘に向かって弧を描くように現れる線。直感で物事の本質を見抜く力を持っている。第六感。神秘的な力。

図17

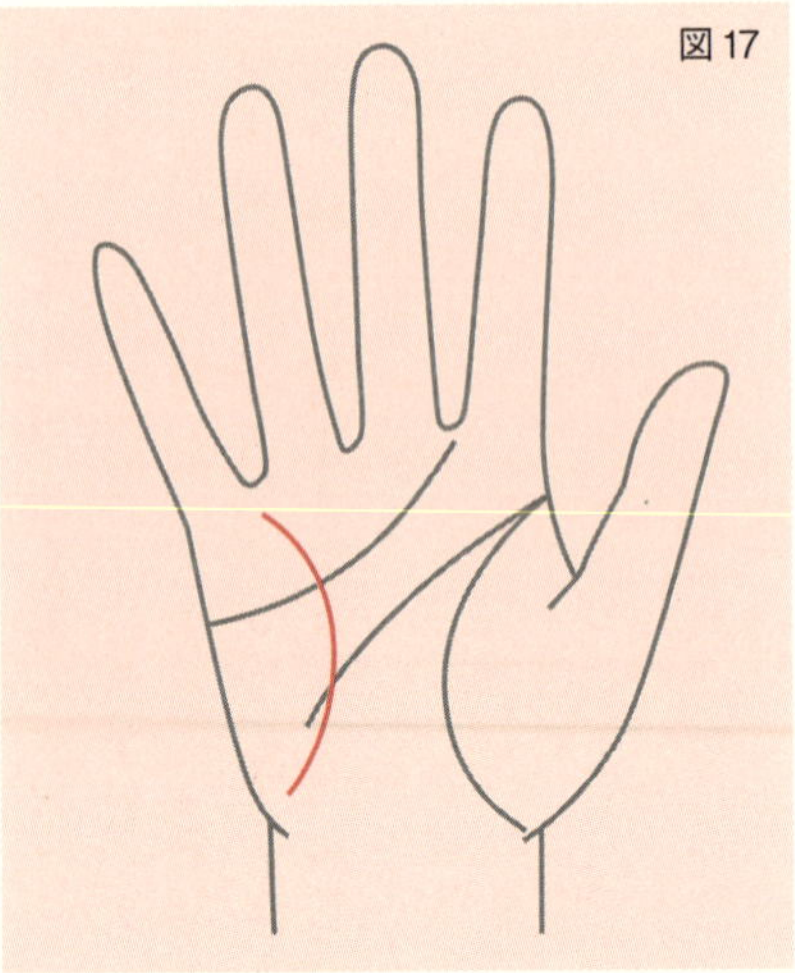

図18

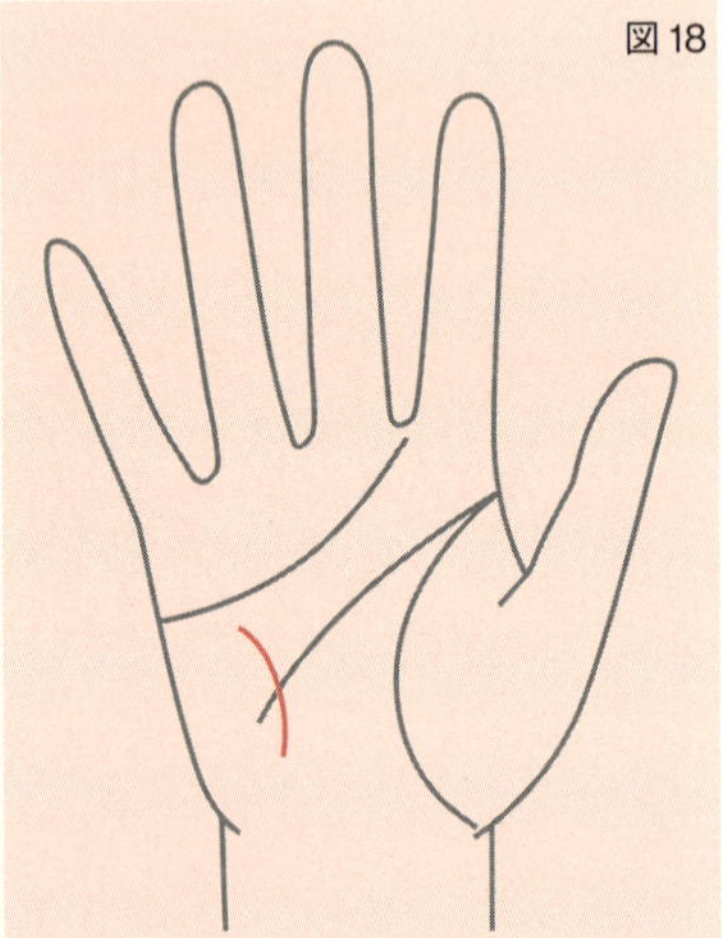

「直感線」にもいろいろあり、長い弧を描いている直感線（図17）もあれば、短い弧（図18）もあります。長くて、はっきりと現れているほど、直感線の持つ意味合いは強まります。なかなか見られる線ではありませんが、例えば、ピカソの手のひらには長く美しい弧を描いた直感線が現れていました。

ルール34
「パートナー線（＝つれあい線）」の基本情報

生命線、運命線、太陽線に沿うようにして、本線から0・5㎜〜1・5㎜幅で現れる。人生において、パートナーとなり得る異性との出会いを暗示している

「つれあい線」という言い方もありますが、本書では「パートナー線」として表しています。

先に書いた「影響線」と合わせて観ることで、出会いから始まり、それが結婚へと続くかどうかわかります。

「影響線」と同様に、「パートナー線」が親指側に現れる場合（図19）、結婚の可能性が高く、小指側に現れる場合（図20）、恋愛で終わるか、結婚という形式をとらない可能性があります。

図19
親指側に現れるパートナー線

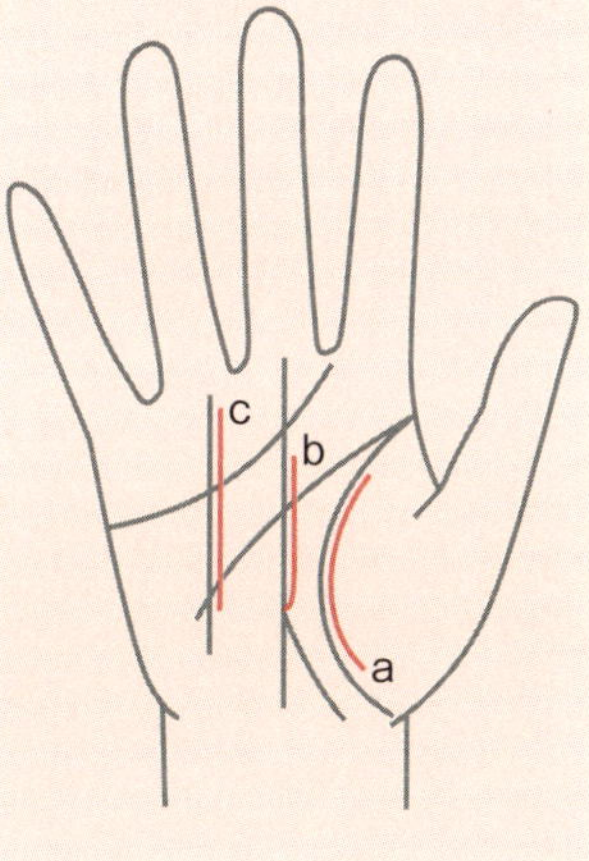

図20
小指側に現れるパートナー線

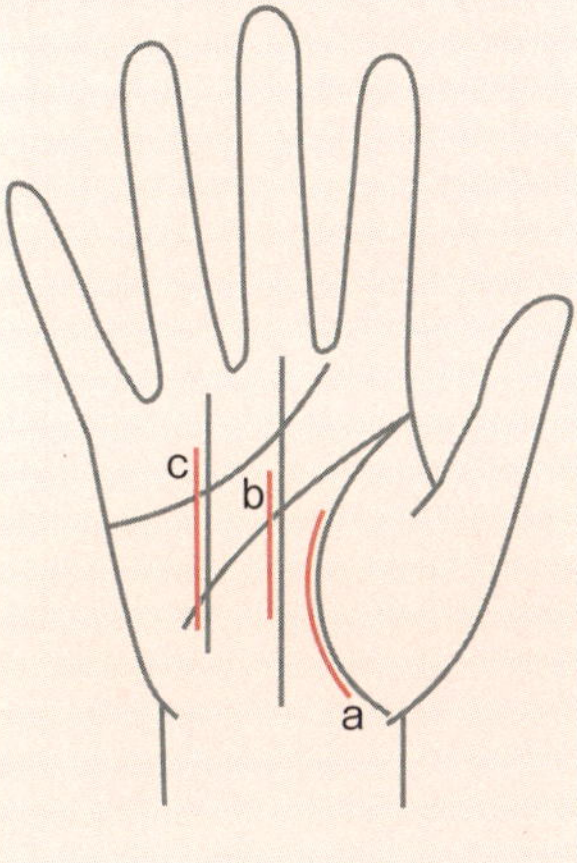

また、親指側と小指側の両側に現れる場合（図21）、人生のパートナーが同時期に現れる可能性を暗示しています。

図 21

親指側と小指側の両方に現れるパートナー線

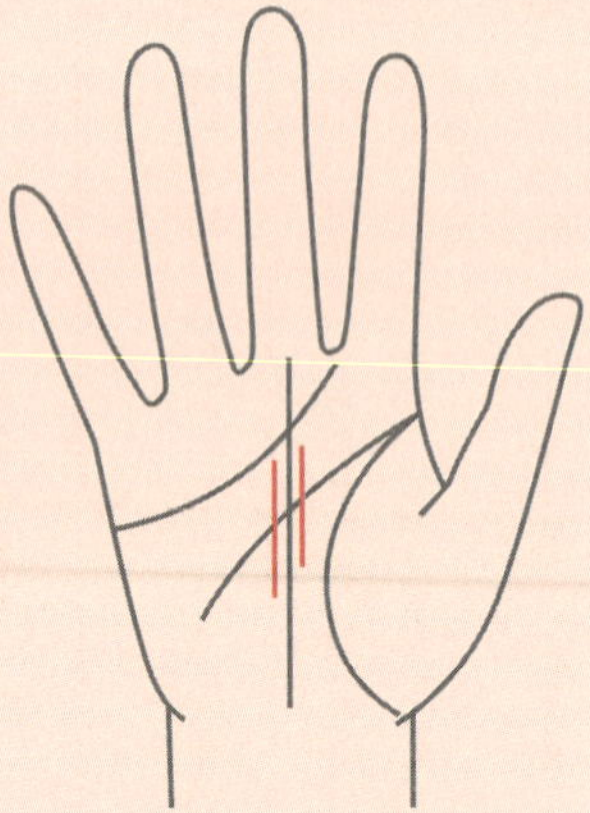

ルール35 「二重生命線」の基本情報

生命線の内側に、5㎜幅くらいで並行して現れる線。人生における困難を克服する、強い精神力や生命力を暗示。

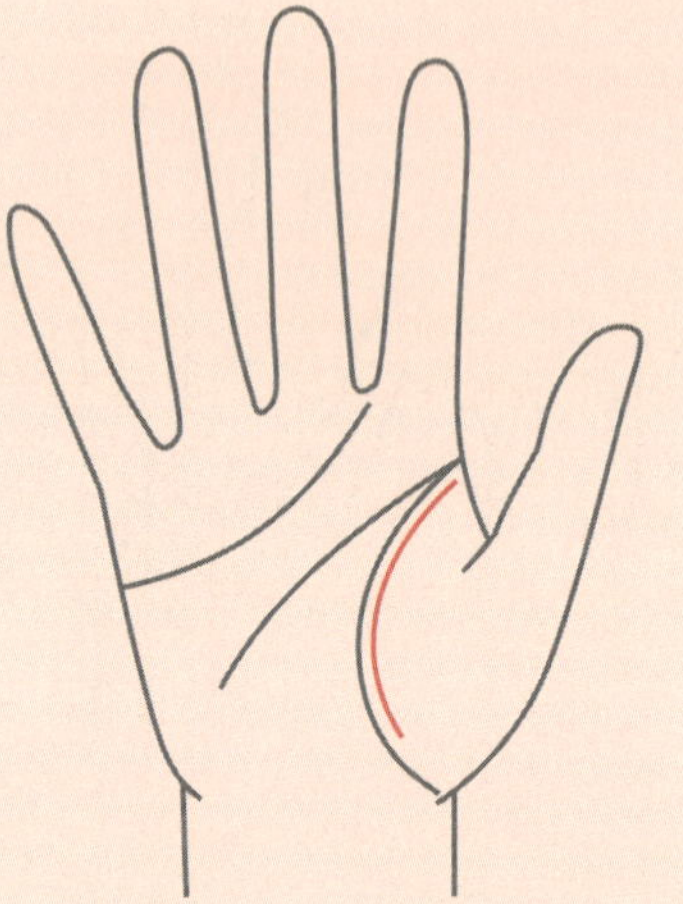

二重生命線は第一火星丘の領域から伸びるため、古くは「火星線」と呼ばれていました。

「二重生命線」が現れていると、体力に恵まれている人いう印象があるようですが、実は体力があまりない人にも現れる傾向があります。

例えば、松下電器創業者である、松下幸之助の両手には二重生命線が現れていましたが（松下幸之助歴史館の手形より）、実際、松下幸之助は決して体力に恵まれていた方ではなく、子どものころから幾度となく病に伏せていました。しかしその都度、強い精神力で回復しています。

ルール36

「ファミリーリング」の基本情報

親指の付け根を囲むようにして現れる鎖状の線。子孫繁栄に恵まれる相。あるいは、家族との絆が強いことを表す。

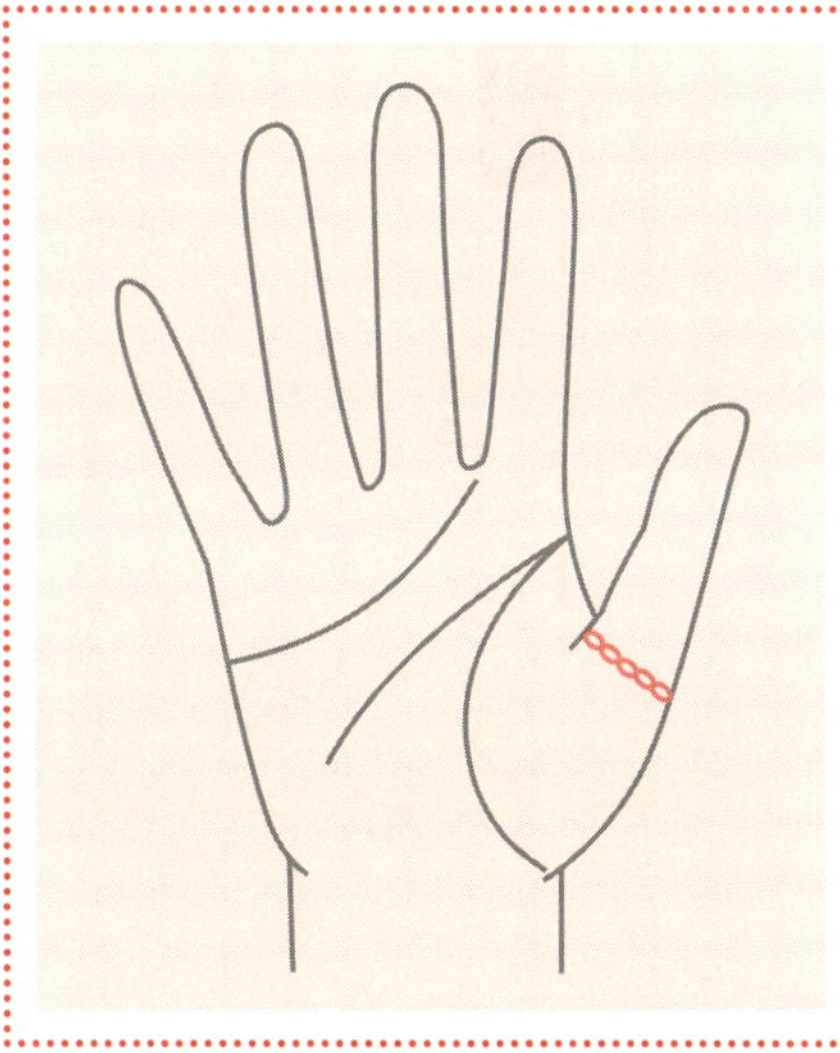

親指の付け根に現れる不完全な鎖状の線は、ファミリーリングとはいえません。親指の付け根を端から端まで囲んでいる鎖状の線がそうです。なかなか見かけない相ですが、女性にも男性にも見られます。

ルール37

「海外進出線」の基本情報

生命線を起点として、月丘へ向かって斜めに伸びる線。海外を基盤とした生活や、国際的に活躍するチャンスを持っている人に現れる。

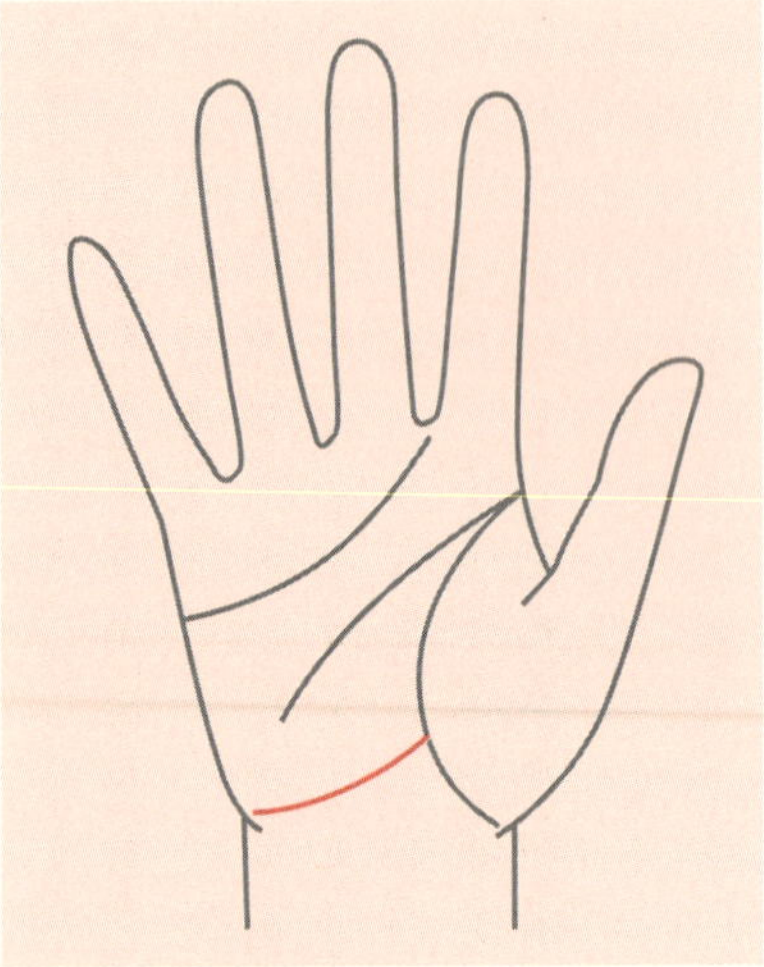

ネット時代の今日、例えば、海外に住まなくとも、日本で生活しながら国際的な仕事に就くことは珍しいことではありません。そういった意味では、今後、海外進出線が現れる人がもっと増えても不思議はないでしょう。

生命線を起点とする旅行線が成長して海外進出線に育つこともあり得ます。海外進出線は、長く濃くハッキリと現れているほど、海外とのご縁が強いと考えます。

ルール38

「芸術十字」の基本情報

感情線と頭脳線の間に、太陽線と交差して現れる十字。美を追求する人たちの手のひらに多く見られる。

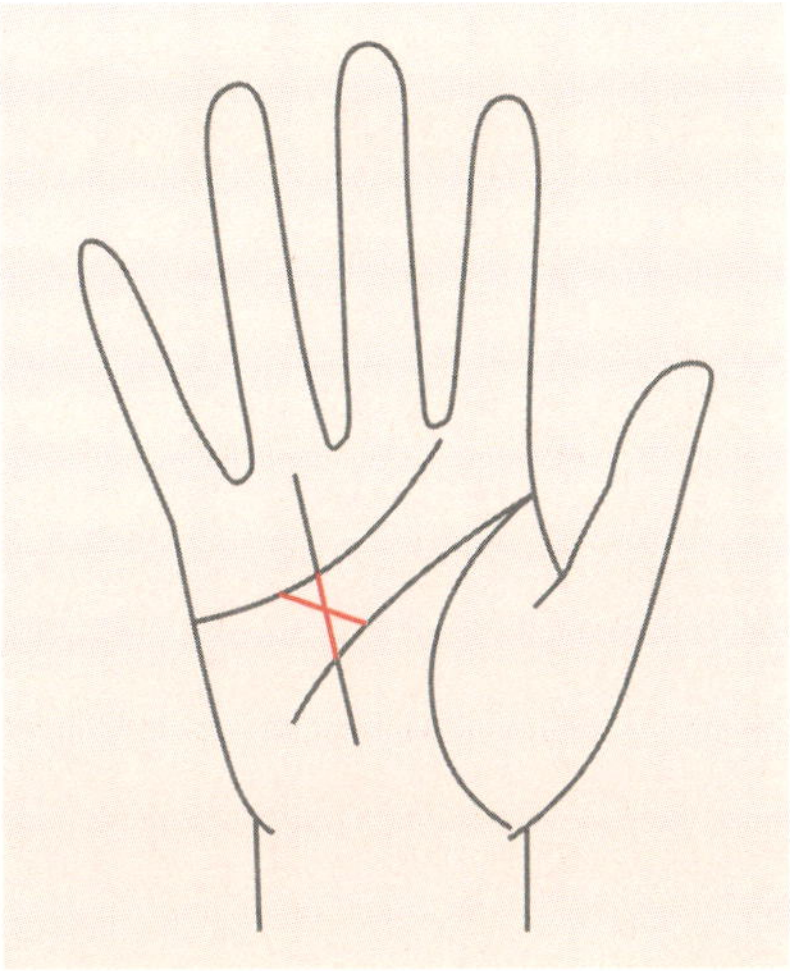

職業でいえば、例えば、画家、美容家、スタイリスト、デザイナー、料理家、フラワーアーティスト、カメラマンなど、いろいろ挙げられます。

画家のピカソの手のひらには美しい芸術十字が現れていました。

ルール39

「フレンドシップライン」の基本情報

生命線の内側に現れる複数の縦線。異性との交友関係の広さを表す。あくまでもプラトニックな関係として読む。

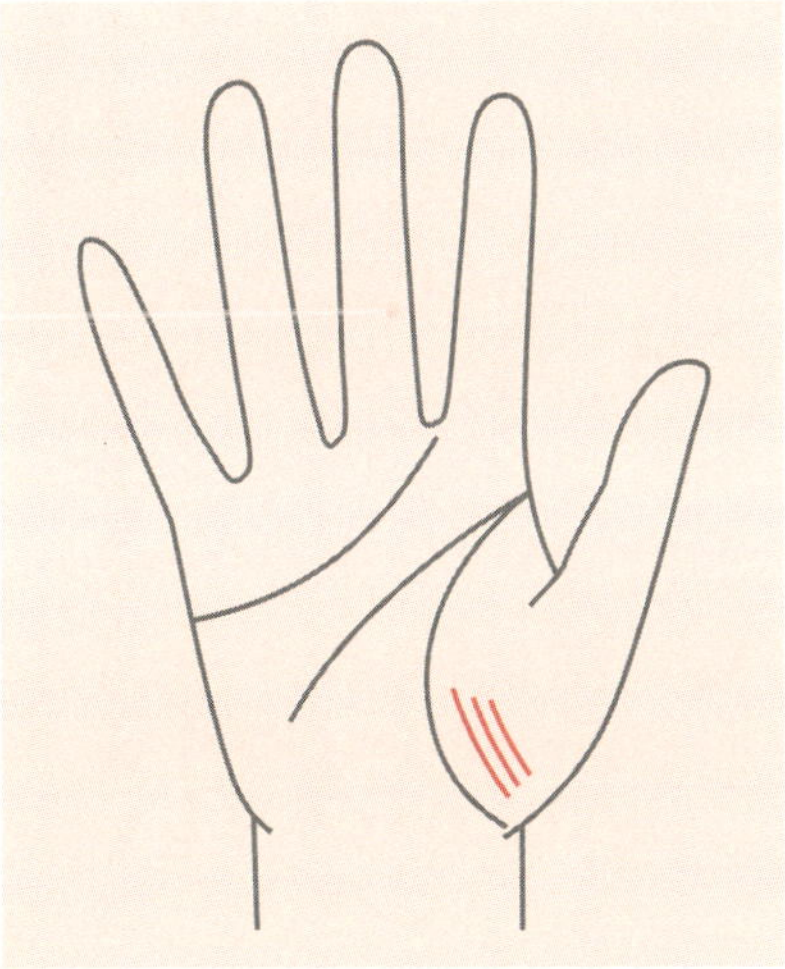

③ サイン

「サイン」とは、いくつかの短線が合わさってできるものであり、丘や各線に現れます。そこで、複線を読んだときと同じように丘が表す意味とリンクさせて考えることが大切です。ここでは、現代の手相リーディングで注目されているサインについて紹介します。

サインのメッセージは、吉兆を暗示するものと災難を暗示するものとの両方があります。多くの人は吉兆については手放しで喜ぶものですが、災難については、恐れを抱いてひどくがっかりするものです。しかし、それによってネガティブな気持ちになり、いつまでも落ち込んでいるのはよくありません。自らその災難を招き入れているのと同じことだからです。

それでは、アンラッキーなメッセージをどうとらえたらよいのでしょう。まずは手のひらのメッセージを真摯に受け止めて、そのような災難が起きないよう、あるいは事態が大ごとにならないよう心がけることが懸命です。

手のひらに現れている未来は定められたものではなく、自ら変えていくことができるのですから。

丘に現れるサイン

ルール40 「木星丘の星」の基本情報

木星丘が表す地位、名誉、野心が希望通りに実現する暗示。また、恋愛面でも成就しやすい時期。木星丘のハリと合わせて判断。

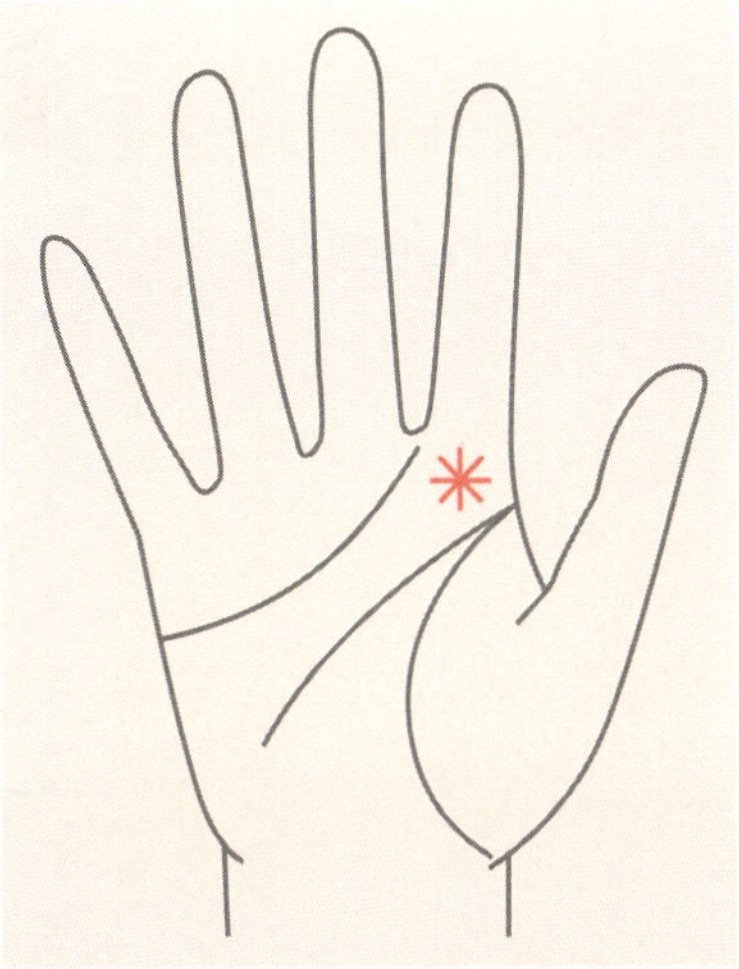

ルール41 「太陽丘の星」の基本情報

太陽丘が表す人気、仕事の成功、財力が高まる暗示。太陽線と合わせて現れていれば、世の中で活躍して大成功を収める可能性がある。太陽丘のハリと合わせて判断。

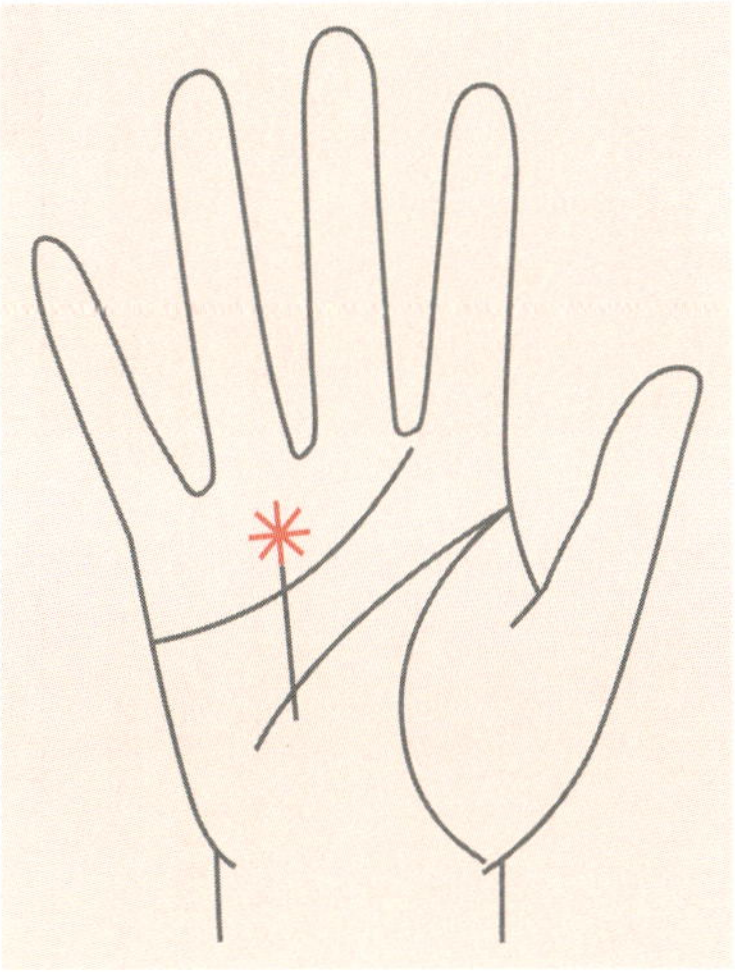

ルール42 「木星丘の十字」の基本情報

木星丘に現れる十字は、自分の希望が叶う暗示。特に恋愛成就や結婚など、パートナーとの理想的な結びつきを表す。木星丘のハリと合わせて判断。

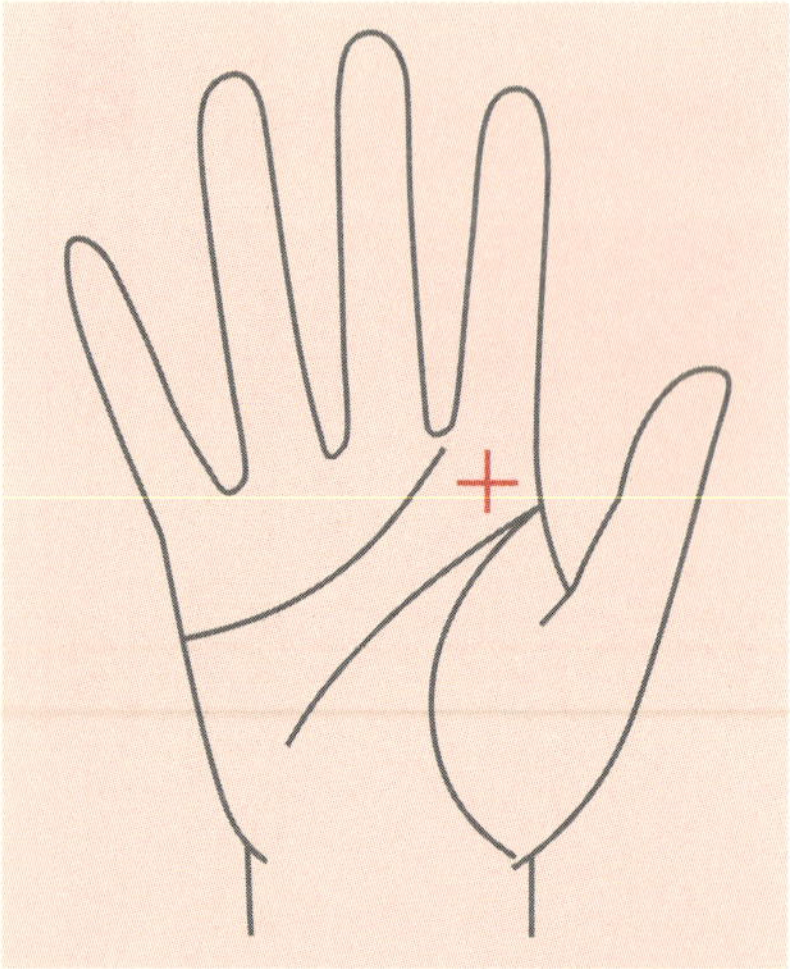

ルール43 「太陽丘の格子」の基本情報

格子はもともと過剰なエネルギーを意味するが、太陽丘の格子は、ひらめきや豊かな発想力を表す。仕事に上手に活かすことによって、財を築く可能性を暗示。

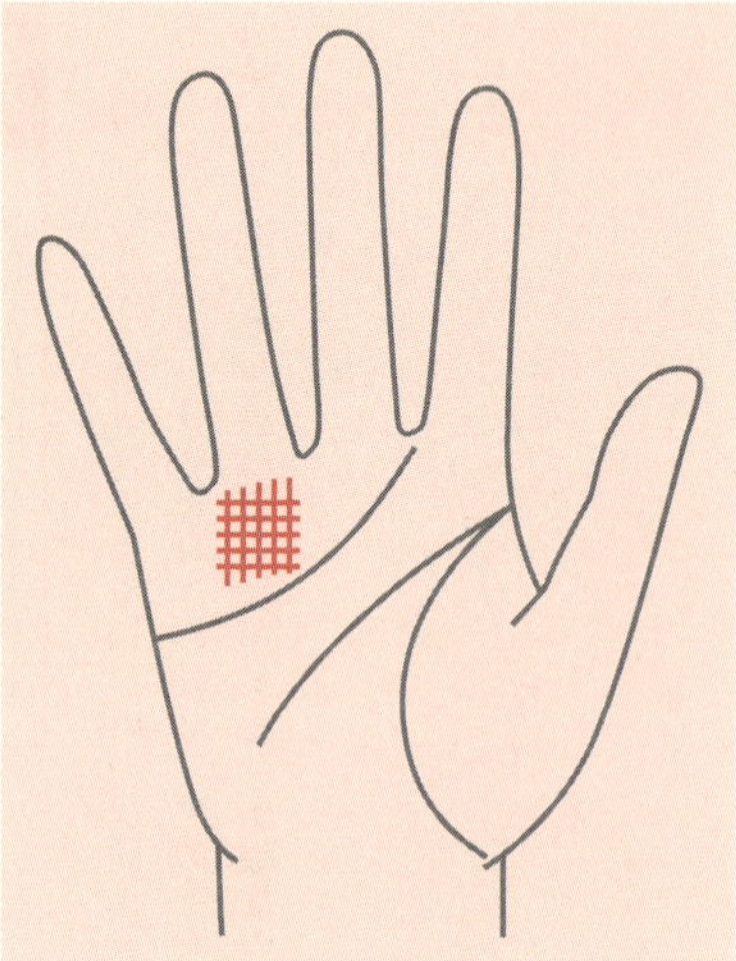

ルール44
「木星丘の四角」の基本情報

四角は基本的には災難から免れるという保護を表すが、木星丘の四角については人に学問その他を教える才能に恵まれた人に現れる。別名「教師のスクエア」。

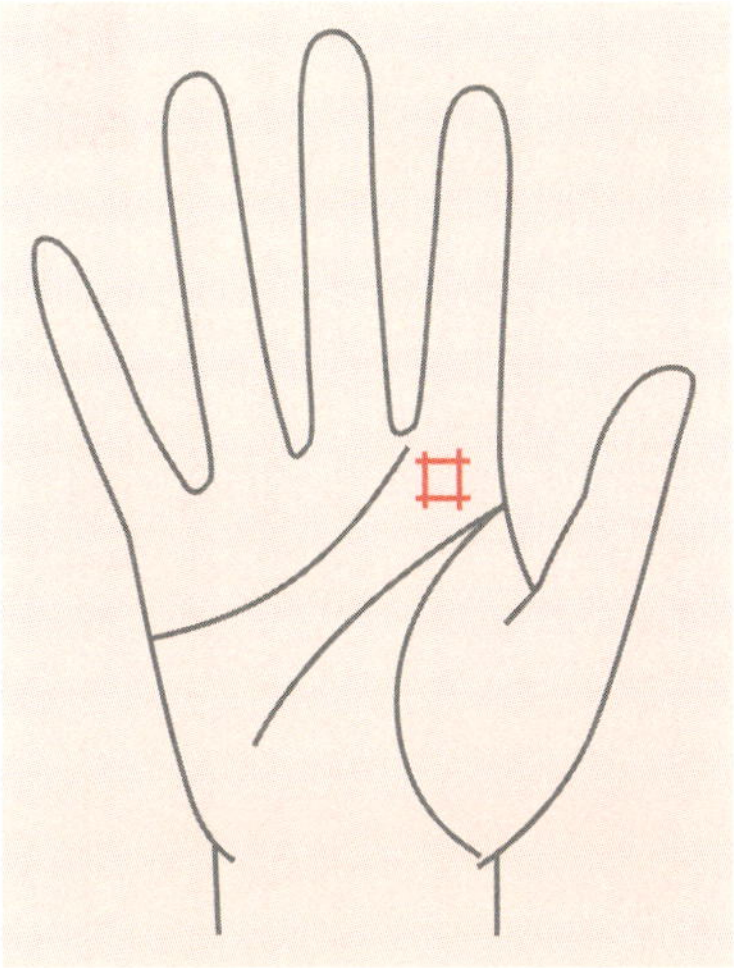

ルール45
「太陽丘の三角」の基本情報

三角は基本的に吉相。太陽丘の場合、名声や成功によって財を得るという意味を表す。太陽丘のハリと合わせて判断。

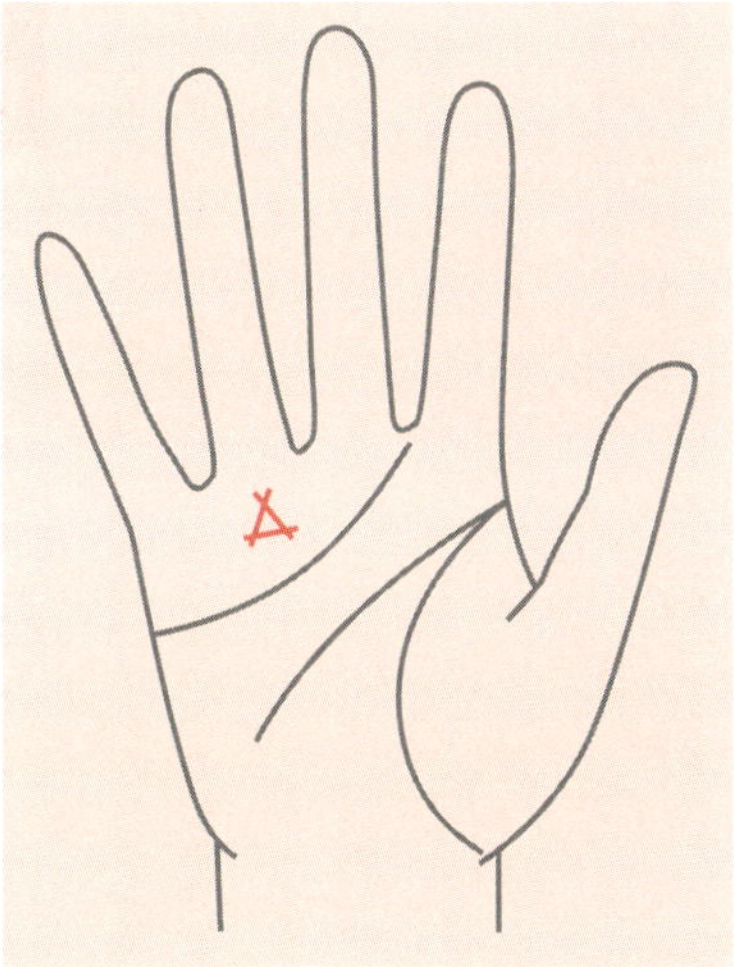

ルール46 「島」の基本情報

感情線、頭脳線、生命線、運命線などに現れる。精神的ストレスにより心身がダメージを受けエネルギーの流れが滞っている状態。ストレスが軽減すれば島は薄くなる。

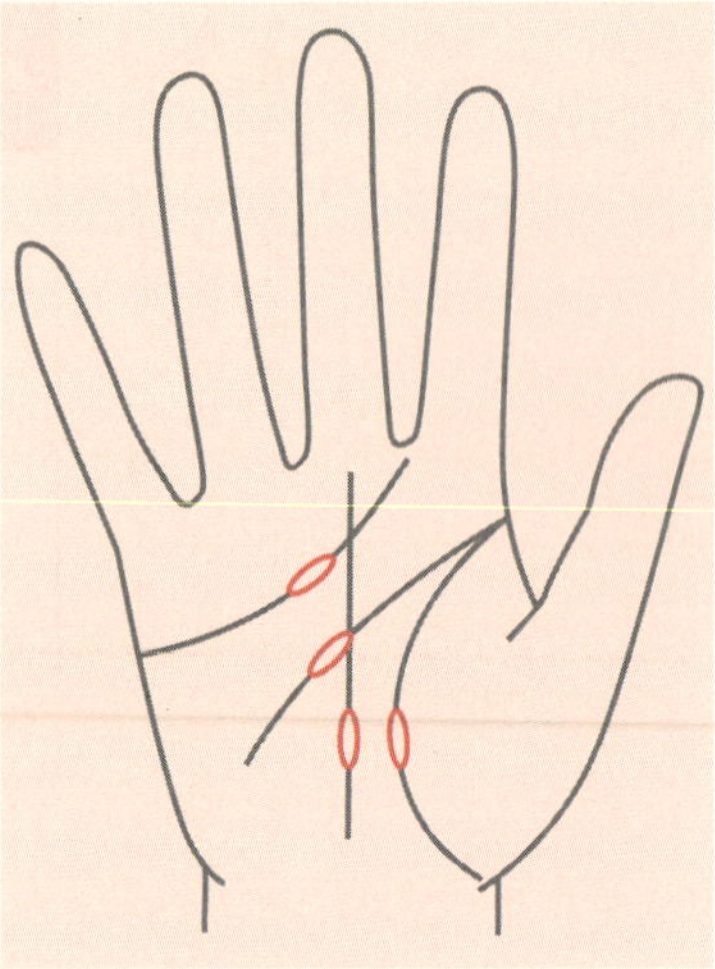

ルール47 「斑点」の基本情報

心的ショックにより、感情線、頭脳線、生命線などに現れる。あるいは、健康に何らかの問題がある場合にも現れることがある。

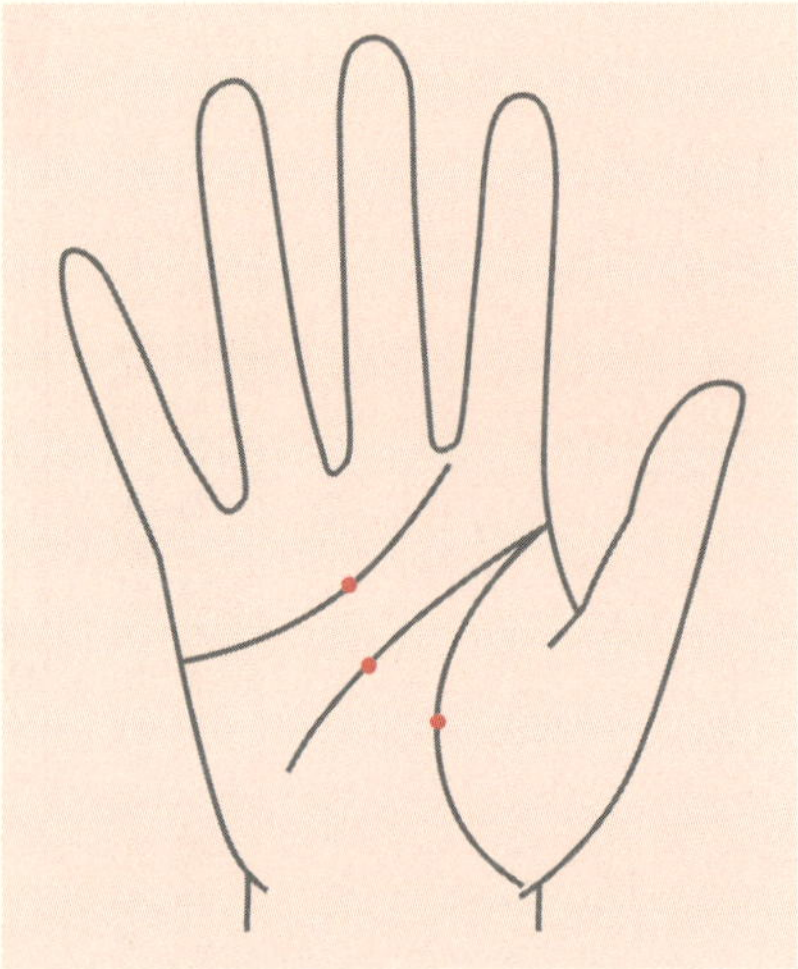

ルール48

「中断した線上の四角」の基本情報

途切れた2本の線を四角が囲むようにして現れている場合、災難からの保護を表し、大事には至らない。生命線や運命線に現れることが多い。

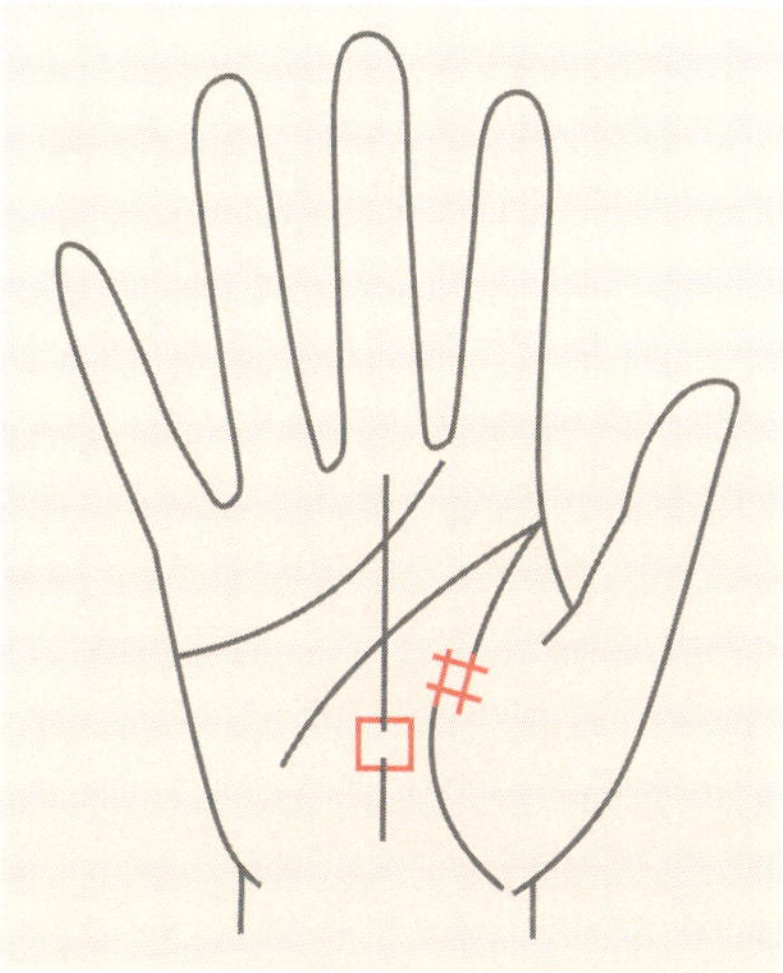

第８章　細かい線の読み方

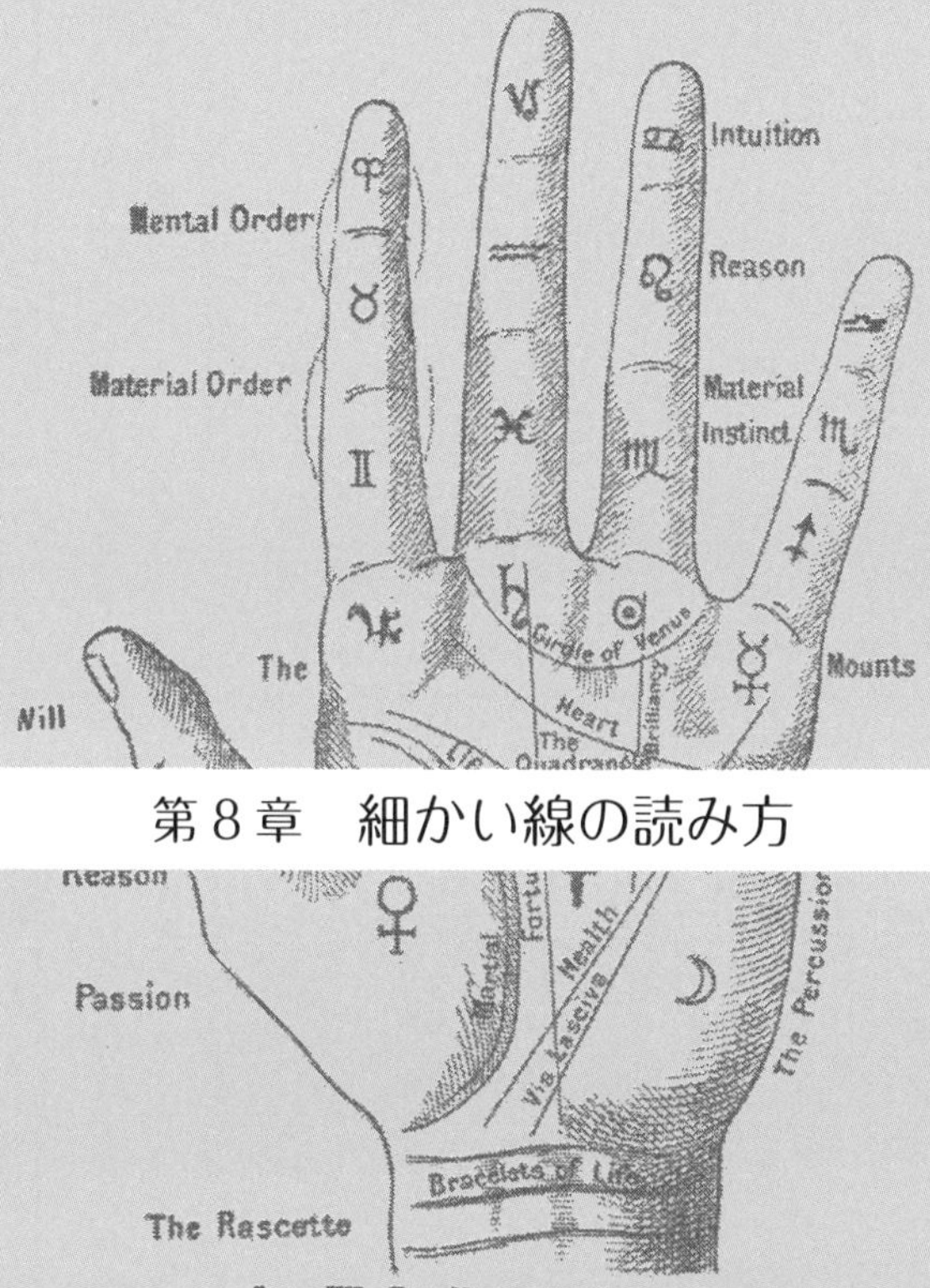

PLATE VII.—THE MAP OF THE HAND.

ルール49 「叉状線」の基本情報

主に、感情線や頭脳線の終点が二つに分かれている状態を示す。感情線の場合、オープンマインドであることを、頭脳線の場合、豊かな才能を表している。

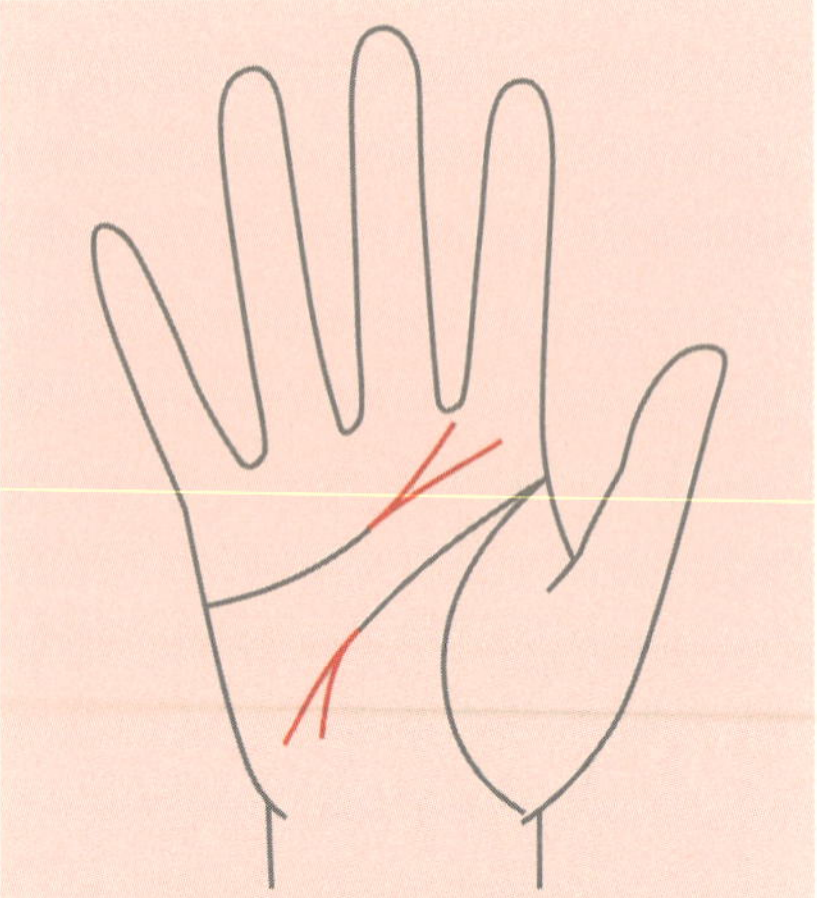

感情線の叉状線・頭脳線の叉状線

ルール50 「房状線」の基本情報

主に、頭脳線や生命線の終点に現れる。頭脳線の場合、精神的なストレスを、生命線の場合、体力の消耗を表している。本線のエネルギーが弱まる。

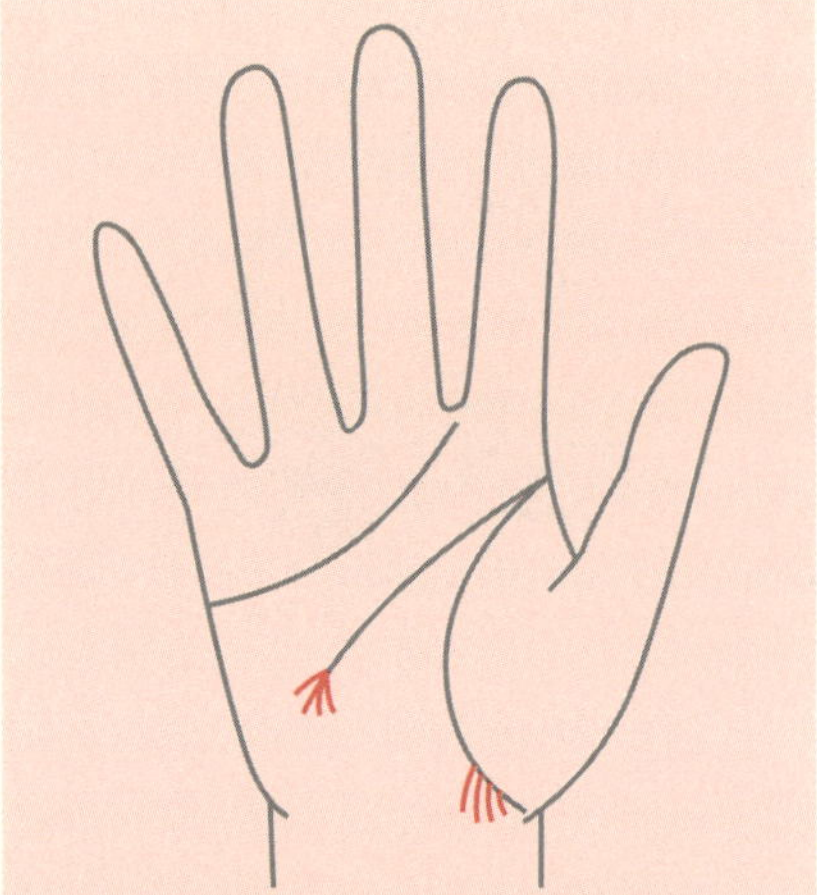

頭脳線の房状線・生命線の房状線

ルール51 「波状線」の基本情報

波のようにうねりがある場合、本線のエネルギーが弱まる。例えば、健康線が波状の場合、健康を害している可能性がある。

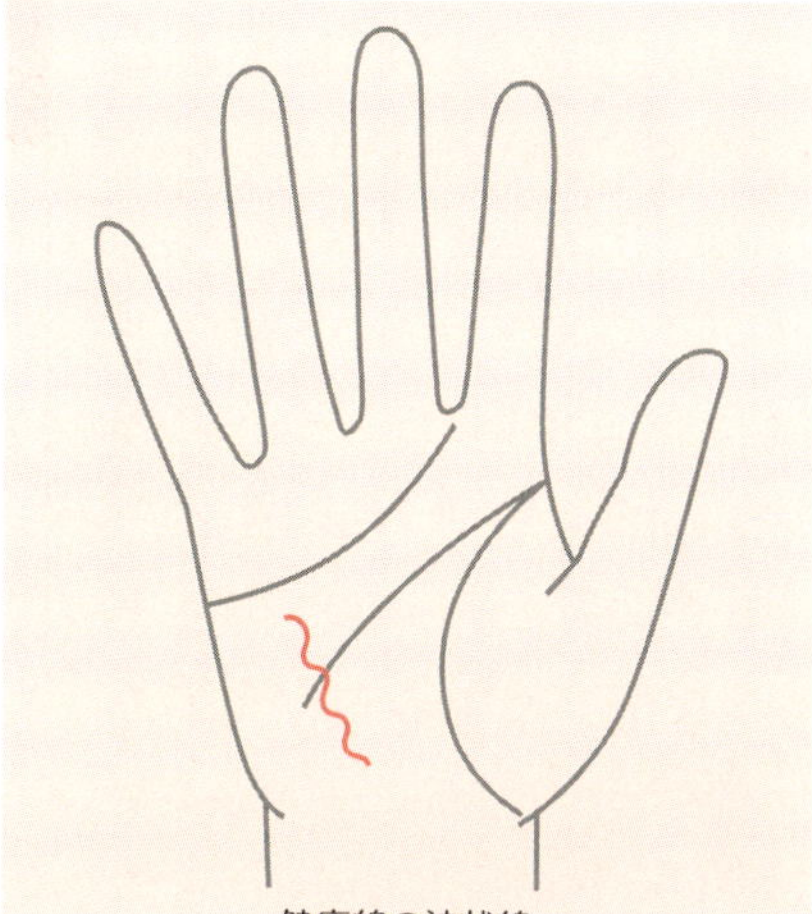

健康線の波状線

ルール52 「線の途切れ」の基本情報

aの場合　線が完全に途切れている場合、本線のエネルギーが失われ悪い傾向を表す。

bの場合　線の一部が外側から重なるようにして途切れている場合、本線のエネルギーが弱まるものの必ずしも悪い結果とは限らない。

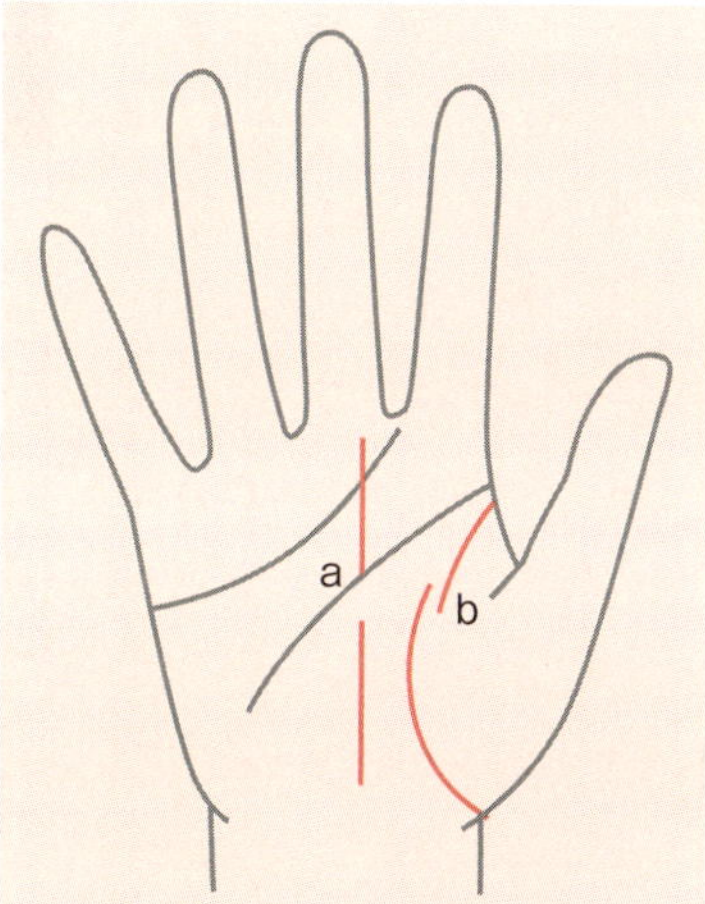

線の途切れ／aの場合・bの場合

ルール53

「姉妹線」の基本情報

主に、生命線で見られる線。本線が途切れていても、その線を姉妹線が内側もしくは外側からカバーするように現れている場合、災難を免れる。

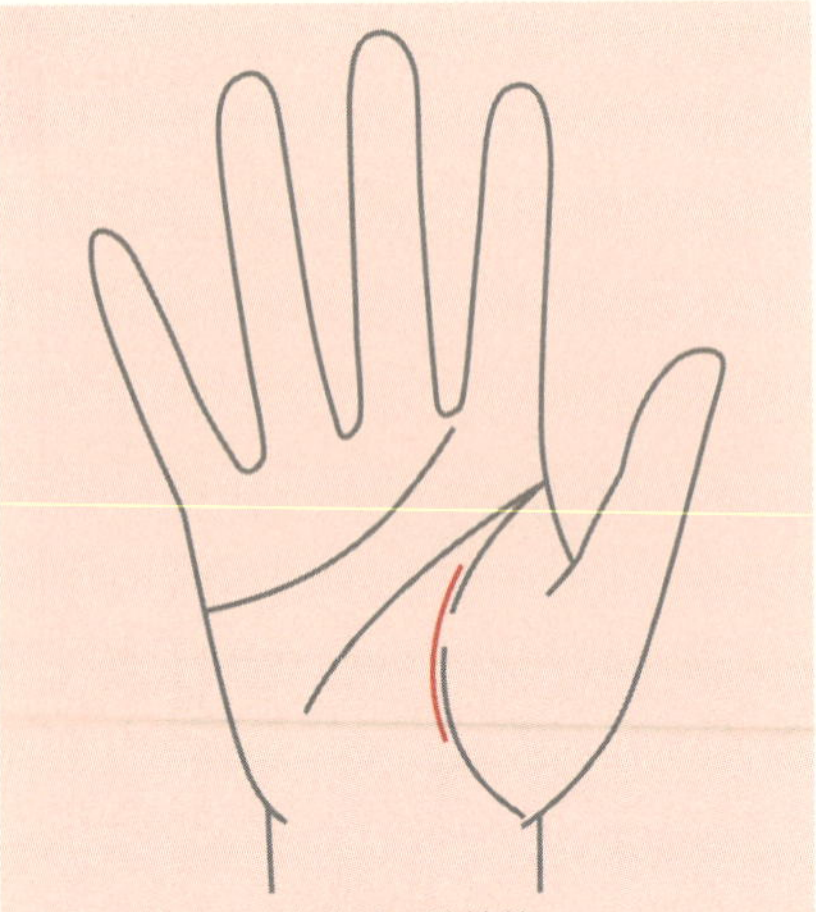

生命線の姉妹線

ルール54

「毛状線」の基本情報

本線の終点に、細くて長い線が複数本現れている場合、本線の意味を弱める。例えば、生命線の終点に毛状線が現れていれば、体力の消耗、および老化現象を表す。

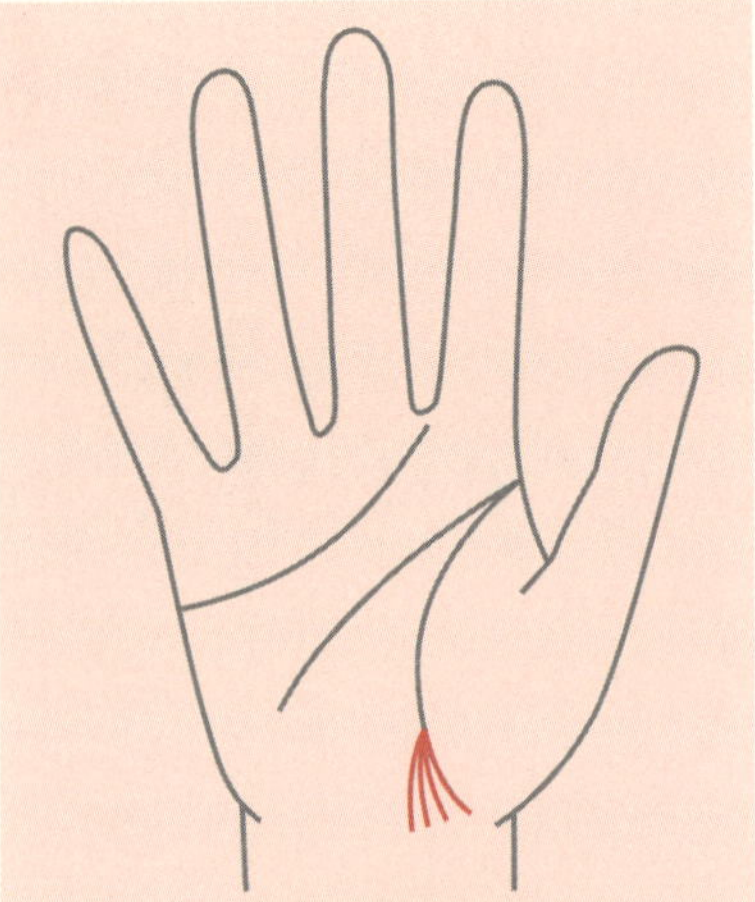

生命線の毛状線

ルール55

「上向きまたは下向きの支線」の基本情報

本線から上向きの支線が現れている場合、本線の力が強まりポジティブな意味を表すが、下向きの支線の場合、本線の力が弱まりネガティブな要素を意味する。

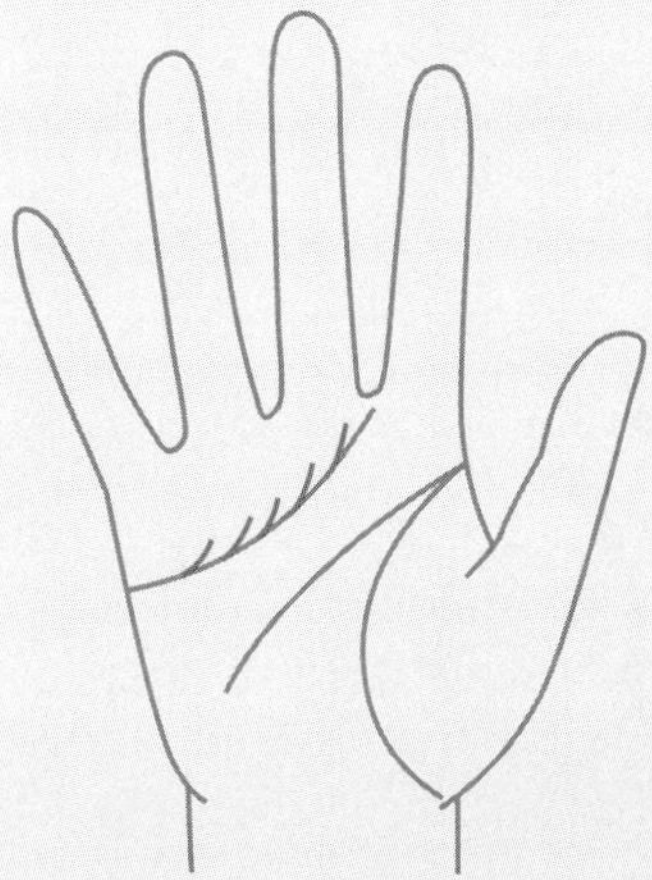

感情線に現れる上向きの支線

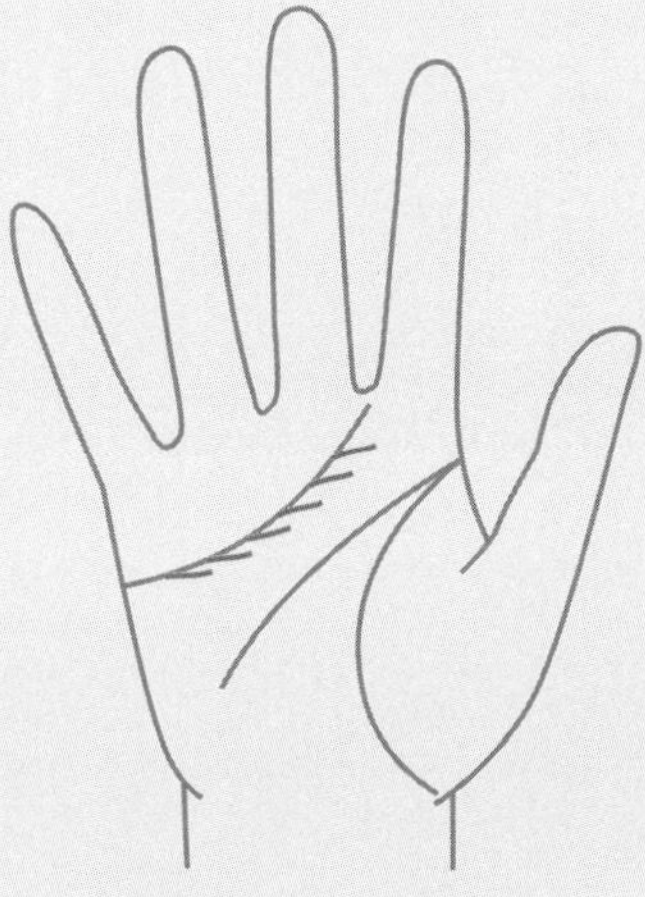

感情線に現れる下向きの支線

ルール56

「鎖状線」の基本情報

感情線、頭脳線、生命線に現れる。本線の力を弱める意味もあるが、感情線や頭脳線の場合、豊かな感性としての意味も持つ。生命線の場合、体力がないことを表す。

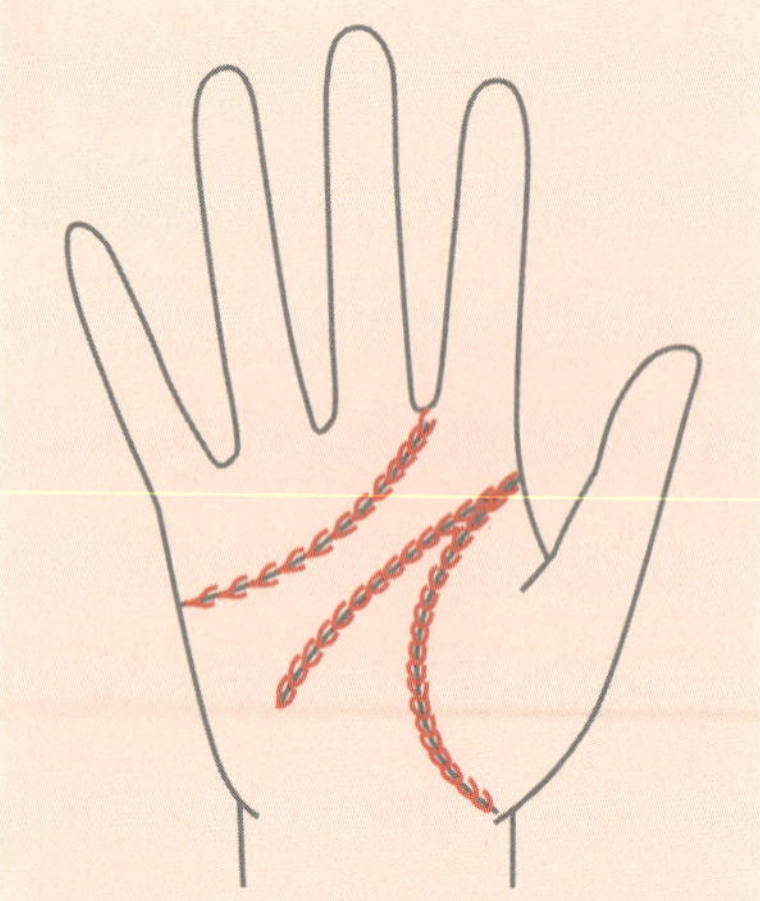

感情線の鎖状線・頭脳線の鎖状線・生命線の鎖状線

【LINE FORMATIONS】

Forked Line　叉状線

Sister Line　姉妹線

Spots on a Line　斑点

Island　島

Tasseled Line　房状線

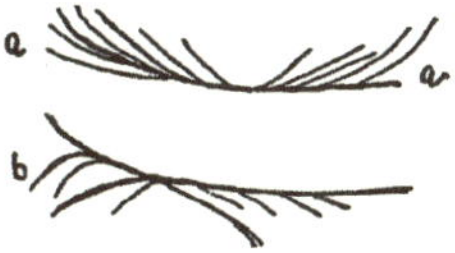

Ascending Brushes　支線（上昇線）
Descending Brushes　（下降線）

Wavy Line　波状線

Capillaried　毛状線

Broken Line　中断線

Chained Line　鎖状線

The Square on Line　四角

参考文献：『Cheiro's Language of the HAND』

Column. 4

手相読みの醍醐味

どの占術も長い歴史の中で育まれてきた素晴らしいものであり、それらが生きていく上での知恵となることは間違いありません。けれども、刻々と流れていく時間の中で、ある人の「今」あるいは、「この瞬間」を読むとき、手相ほど素晴らしいものはないと私は信じています。

相を読むという点では、人相も同じではないかと思うかもしれませんが、普段手のひらには化粧などをしないこと考えると、やはり、手相は決して誤魔化すことのできない、その人自身の「真実」や「現実」を物語っていると思うのです。

そういった意味で、手のひらに現れる「今」に注目してみると、とても面白い発見があります。

例えば、ある人の手のひらを読んでいるときのことです。初めはぼんやりとしていた運命線が、話が終わるころには濃くハッキリと現れてきた！　ということがよくあります。これは、手のひらを観ている間に、その人自身に何らかの心境の変化があったということですが、本人もその変化に気づいてハッと驚きます。

まさに「手を観て、自らの変化に気づく」ことこそ、手相読みの醍醐味ではないでしょうか。

しかも、「今」「この瞬間」の変化から、数か月後、1年後、数年後の変化というように、長い時間を経て気づくこともあります。そんなとき人は、自分自身の成長を実感したり、今後の指針を見出したりするのかもしれません。

仏陀の教えに「自燈明《じとうみょう》 法燈明《ほうとうみょう》」という言葉があります。「自燈明」は、「自らを拠りどころ

ならないのです。

として生きなさい」という意味ですが、西洋手相術の「自らの手に現れる相を道しるべとして、未来を創る」という視点に近いものを感じます。「法燈明」は「仏陀の教えを拠りどころとして生きなさい」という意味です。もちろん手相には教えなどはないのですが、手のひらを通して、何らかの気づきを得ることができたら素晴らしいことだと思います。

仏陀の教えと西洋手相術の視点。似ていると感じたのは勝手な思い込みなのでしょうが、手相という占術が洋の東西を問わずして発展してきたという事実を考えてみれば、どこかでつながっていると考えても不思議はありません。

読者のみなさんは、今、どのような未来地図を思い描いているでしょうか。手のひらに現れる「今」は、未来へと続く「道しるべ」にほか

第９章　手の形ついて

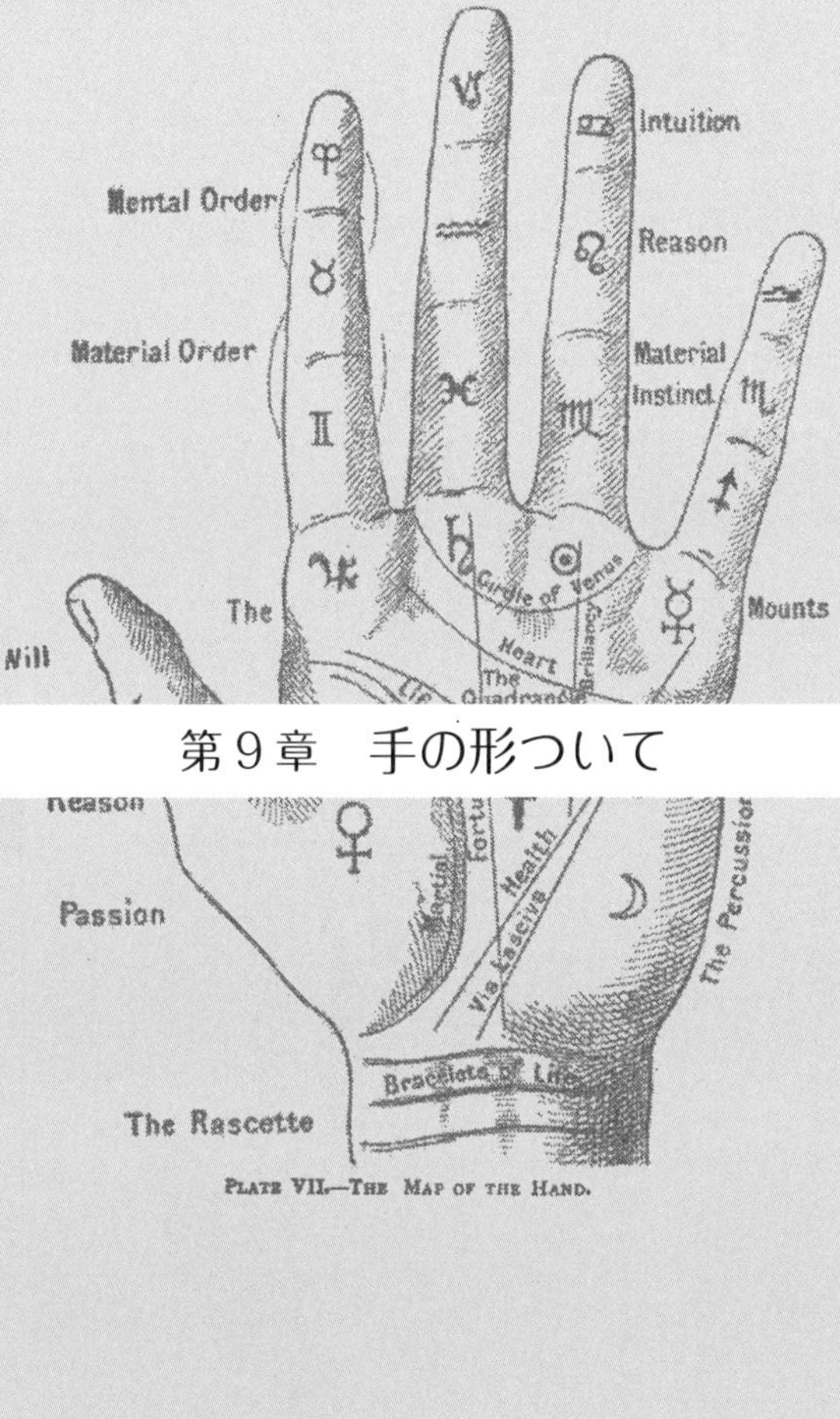

PLATE VII.—THE MAP OF THE HAND.

1 ダルペンティニー式7種の手の形

手相は、手のひらの相（線やサイン）だけを理解すればよいというものではありません。手の形もまた、手相に含まれる重要なファクターなのです。

生きている限り変化し続ける手のひらの相に対して、手の形は生まれ持った遺伝的要素であり、よほどのことがない限り変わることはありません。手の形にもそれぞれ個性があるのです。例えば、手のひらの相が似たようなタイプの二人であっても、手の形が全く違えば、全体的な本質としては異なってきます。

本章では、ダルペンティニー（フランス）が1839年に出版した『カイログノミー』から7種の手の形、そして、フレッド・ゲティングス（イギリス）が1900年代に発表した四つのエレメント（火・地・風・水）による4種の手の形について紹介します。

ルール57 「原始型」の基本情報

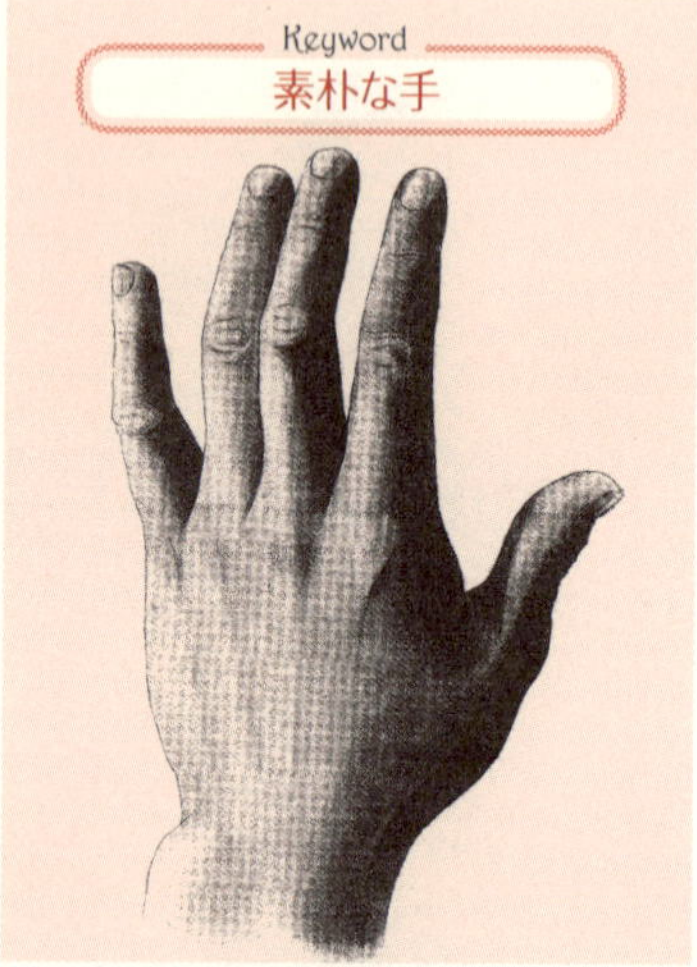

特徴 ずんぐりとした印象の肉厚な手。指はかなり短い。

本質 エネルギッシュでスタミナがある。働き者の典型。細かいことを気にしない楽天家。やや熱しやすく短気な一面がある。

参考文献：『カイログノミー』ダルペンティニー

ルール58 「四角型」の基本情報

Keyword
実際的な手

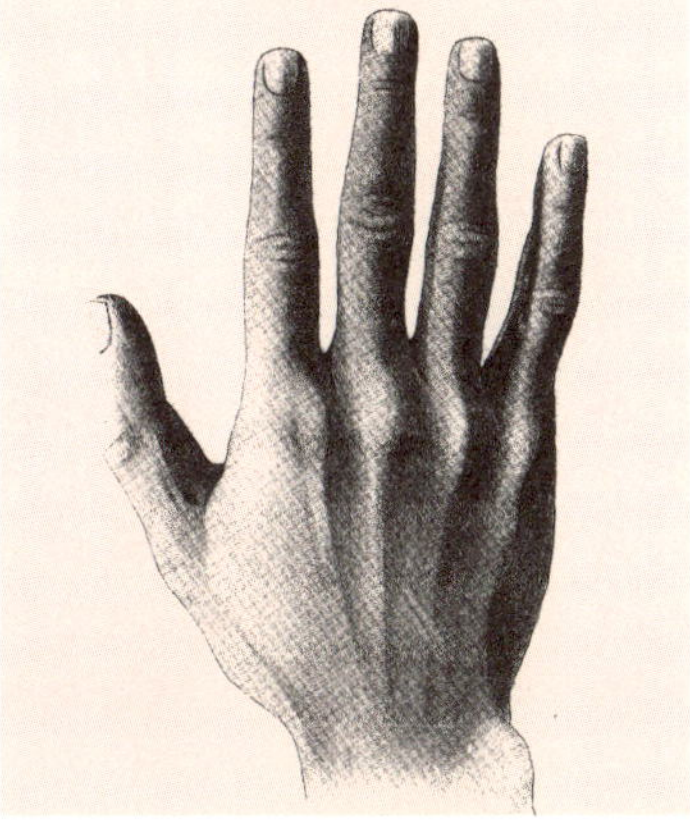

特徴 手のひら全体が四角い。指先も四角い。

本質 現実的思考を持ち、実務能力が高い。努力を惜しまない勤勉家。理性的なタイプなので保守的な面もあるが、意志が強くて行動力がある。

ルール59 「ヘラ型」の基本情報

Keyword
独走的な手

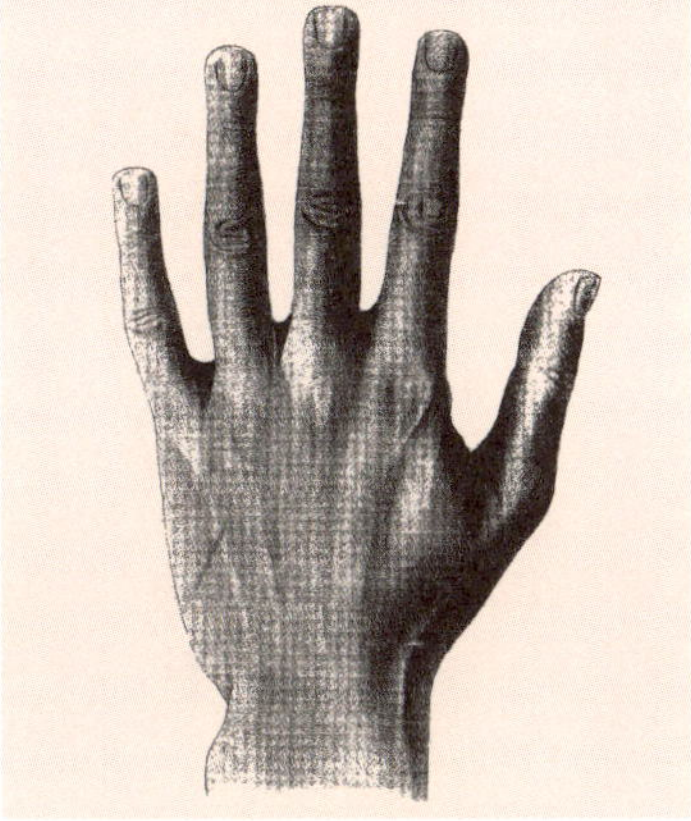

特徴 ヘラのように広がる指先。手のひら全体がしっかりしている印象。

本質 個性的で創造力に長けている。冒険心があり活動的。せっかちな面もあるが、独自のルールで突き進む独立心旺盛な挑戦者。

ルール60 「結節型」の基本情報

Keyword
哲学的な手

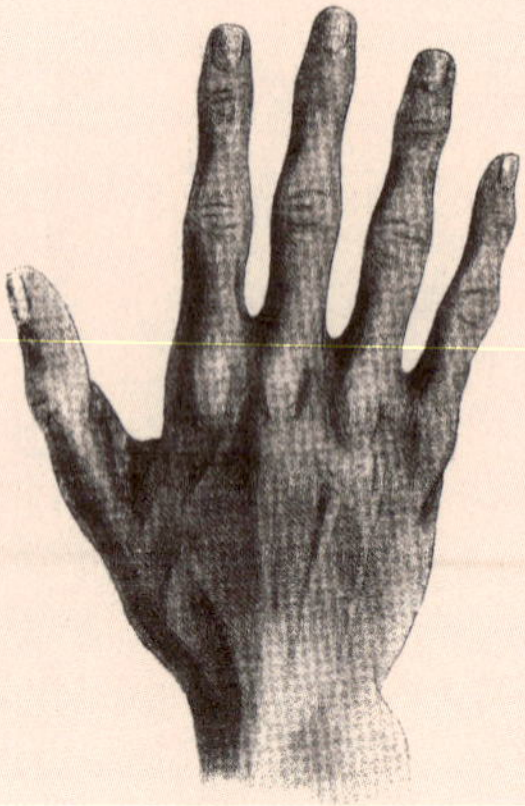

特徴　長方形の手のひら。指が長く間接の目立つ手。

本質　知識欲が旺盛な哲学的思考の持ち主。専門分野において実力を発揮。がんこで好き嫌いがはっきりしている面もあるが、精神力が強い。

ルール61 「円錐型」の基本情報

Keyword
芸術的な手

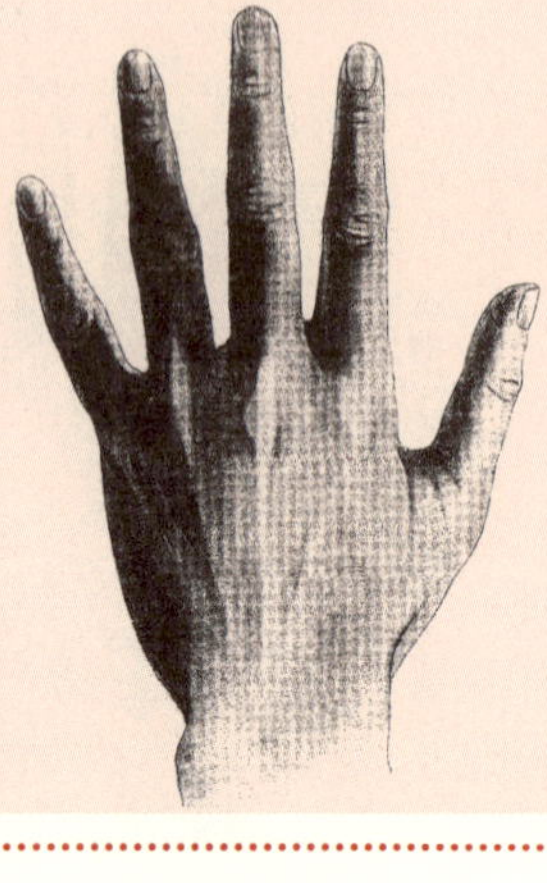

特徴　ふっくらとして肉づきが良い。指先はやや細い。

本質　好奇心旺盛で社交的。温和な人柄。天真爛漫。情緒が豊かで芸術的センスが高い。衝動的でやや飽きっぽい面がある。

ルール62　「尖頭型」の基本情報

Keyword
霊的な手

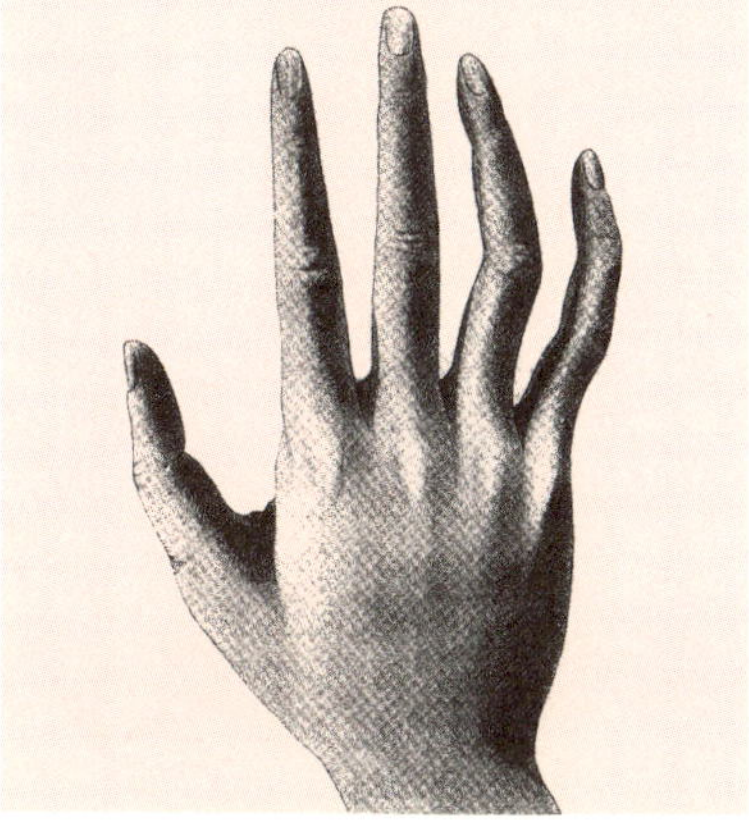

特徴　肌のきめが細かく華奢な手。指が長くて細い。

本質　ロマンティストで美しいものを好む。実より夢を追いかける気質。人に騙されやすいお人好し。精神的に繊細な面がある。

ルール63　「混合型」の基本情報

Keyword
複雑な手

特徴　際立った特徴はなく、他の型に属さない手の形。

本質　順応性が高い。アイディアが豊かで多才であるが、器用貧乏になりやすい。一つのことをコツコツと成し遂げることが苦手。

ルール64 「火の手」の基本情報

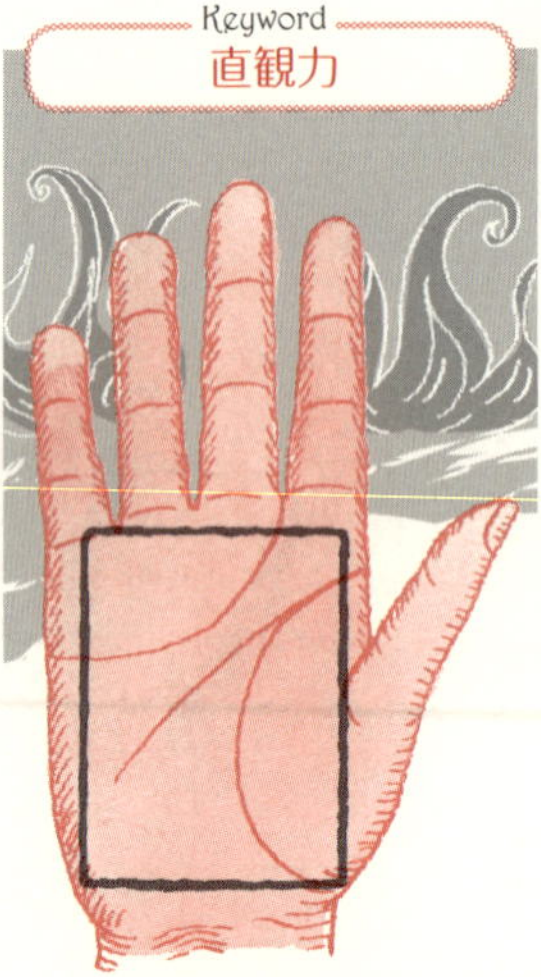

特徴 長方形の手のひら。指はやや短め。

本質 直観力に優れている。本能的に動いて、常に忙しくしている状態が好き。自然と人の上に立つリーダー的な資質。牡羊座・獅子座・射手座の要素。

代表例 オバマ大統領、ダライ・ラマ14世、マドンナ

ルール65 「地の手」の基本情報

特徴 正方形の手のひら。指はかなり短め。肉厚な手。

本質 現実的かつ論理的思考の持ち主。地に足をつけて生きる堅実な働き者。分別を持ち、誠実な人間関係を築く。牡牛座・乙女座・山羊座の要素。

代表例 スティーブン・スピルバーグ、イビチャ・オシム

ルール66　「風の手」の基本情報

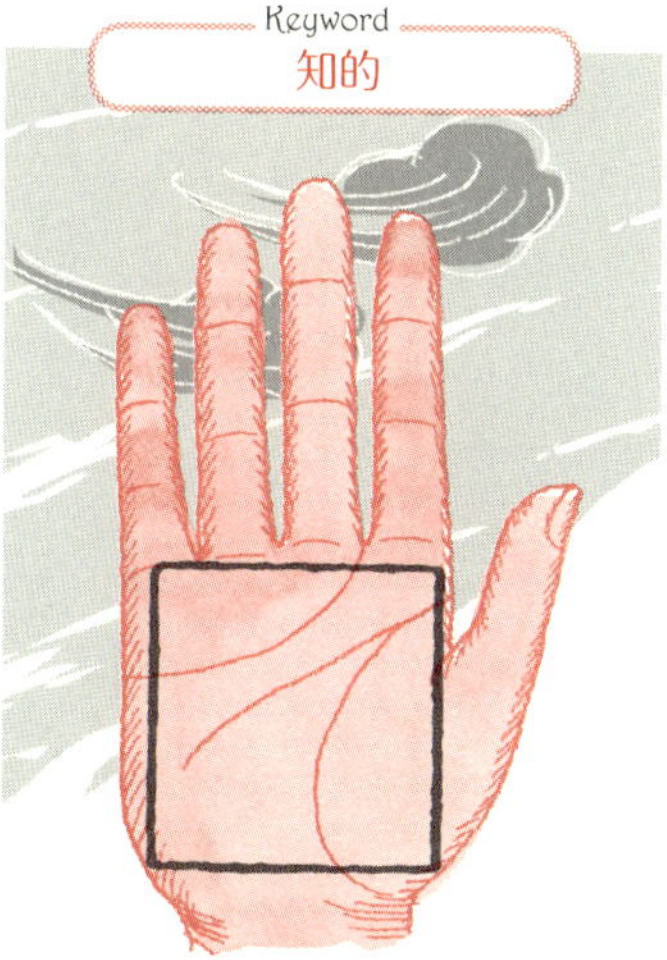

特　徴　正方形の手のひら。長い指。エレガンスな手。

本　質　人生に自由を求める。知的好奇心旺盛。コミュニケーション能力に優れ、言葉の感性を持つ。双子座・天秤座・水瓶座の要素。

代表例　マイケル・ジャクソン、ヒラリー・クリントン、ココ・シャネル

ルール67　「水の手」の基本情報

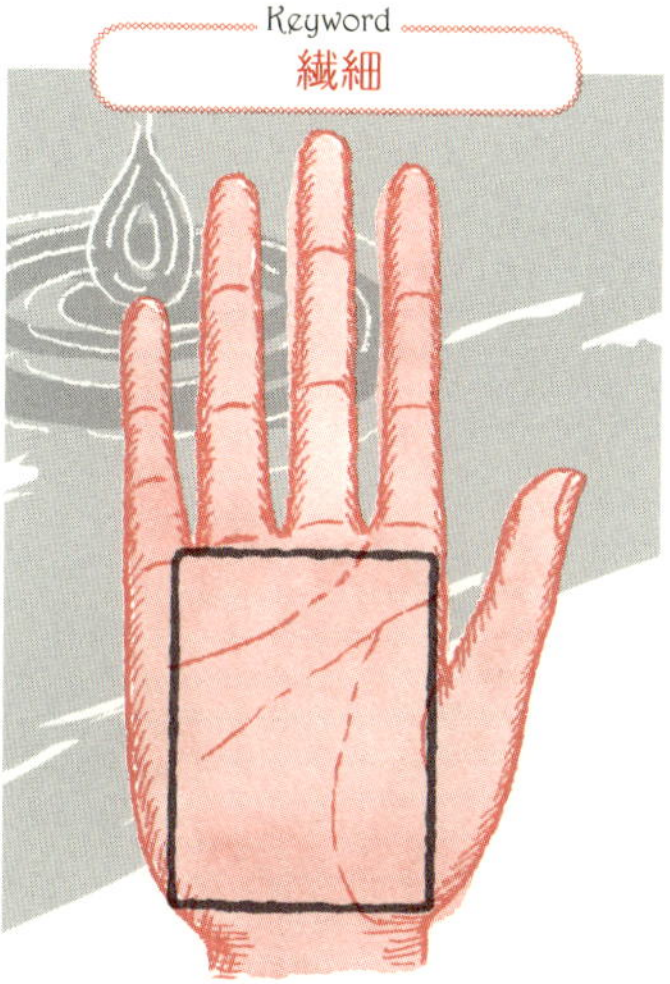

特　徴　長方形の手のひら。長くて細い指。華奢な手。

本　質　感性が豊かで、繊細な気質。神秘的な雰囲気。人間関係、ことに恋愛関係において理想的な関係性を求める。蟹座・蠍座・魚座の要素。

代表例　ダイアナ元妃・マリリン・モンロー、ジャン・コクトー

3 手の型についての考察

骨格の違いについて

手の形を観る際、ダルペンティニーの7種の手の形、そして、フレッド・ゲティングスの四つのエレメントによる4種の手の形、どちらか一方、あるいは、双方を用いてもよいかと思います。

ただし、ここで頭に入れておいて欲しいことがあります。西洋手相術ですから、当然西洋の人たちの骨格がベースとなっているということです。そのため、どの手の形にも属さないケースがあっても不思議はありません。その場合、最も近い手の型を参考にしてみましょう。きっと、何らかの個性を見出すことはできるはずです。

手の型と頭脳線の関係

手の形が表す本質と、ある頭脳線が表す特質とを合わせて読んだとき、その人の個性に更なる奥行きが見えてきます。

例を挙げてみましょう。

◆例１
四角型の手×頭脳線の終点が１／２より下

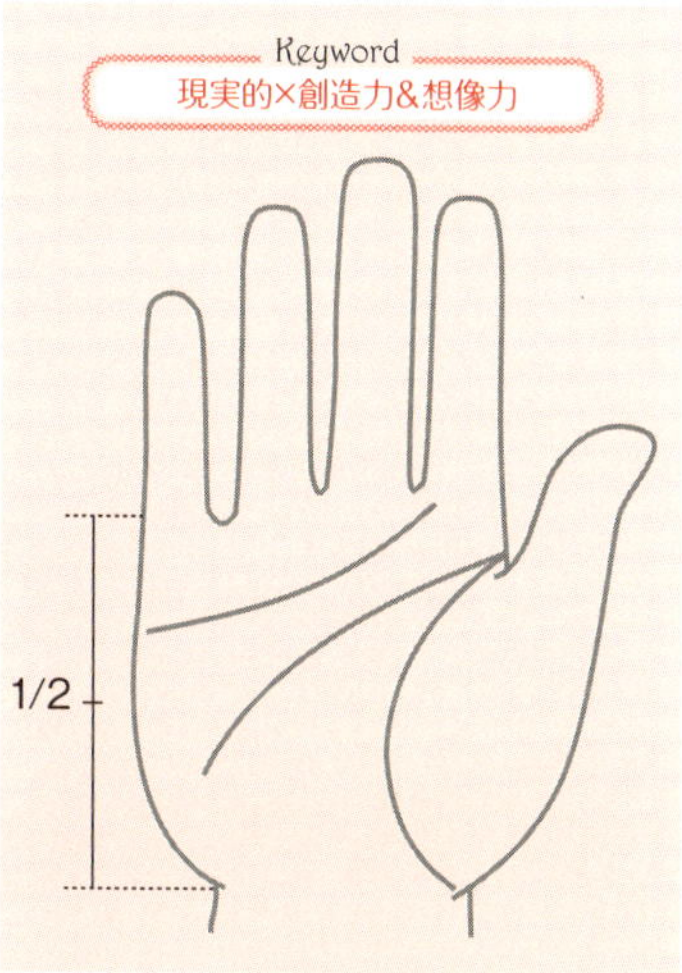
Keyword
現実的×創造力&想像力
1/2

現実的な本質を持つ四角型の手に、創造力&想像力が豊かな特質を持つ頭脳線が現れている場合、思い描いたイメージやビジョンを現実化する能力が高いという読み方ができます。

◆例２
円錐型の手×頭脳線の終点が１／２より下

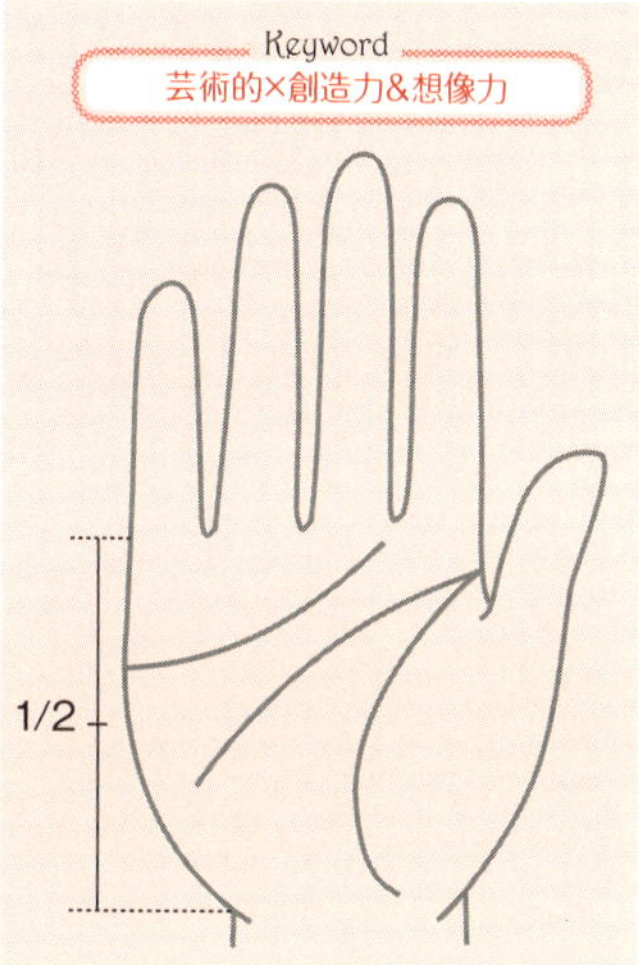
Keyword
芸術的×創造力&想像力
1/2

芸術的センスを持つ円錐型の手に、創造力&想像力が豊かな特質を持つ頭脳線が現れている場合、四角型の手と比べて芸術的センスを大いに発揮するものの、それを現実化する能力は四角型の手ほど高くないという読み方ができます。

このように、手のひらに同じタイプの頭脳線が現れていても、手の形が違えば個性や能力の違いが表れます。その他の手の形と頭脳線の組み合わせについても同じように読みます。

第10章　指の長さ・爪の形

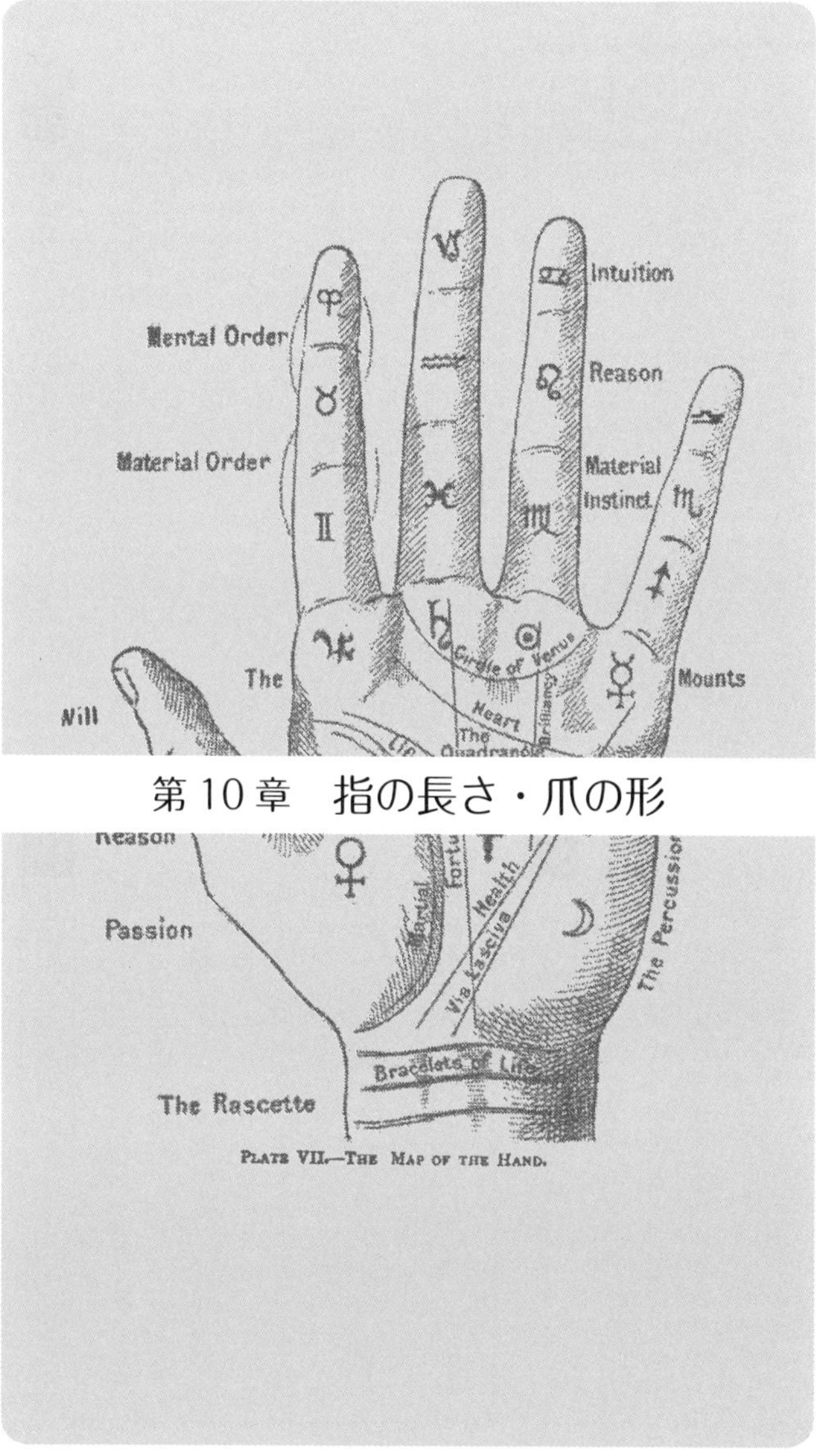

1 指の長さについて

それぞれの指は、指の付け根近くの丘が表す意味とリンクしています。

〈平均的な指の長さ〉

図22

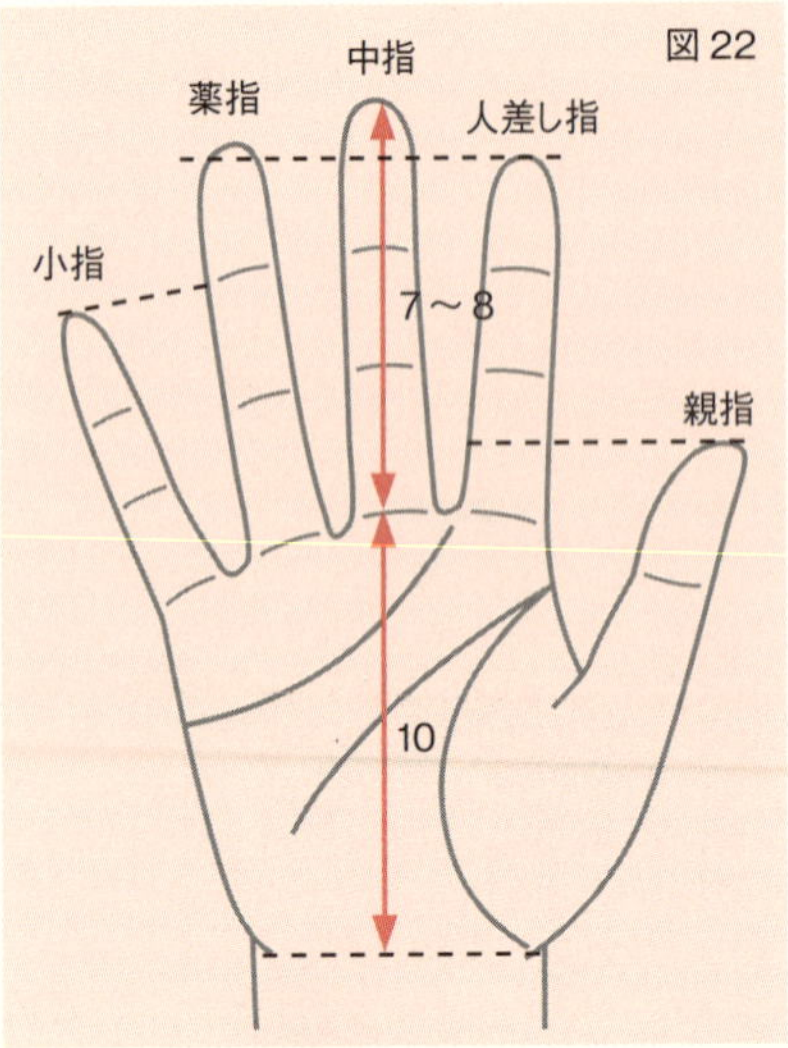

図22は、平均的な指の長さを表しています。

ルール68 指の長さの基準

親指 親指の先が、人差し指の第二指節～第三指節の半分に届くほどの長さ。

人差し指 薬指の長さと比べて、人差し指の方がやや短い。

中指 手首から中指の付け根までを「10」としたとき、中指は「7～8」の長さ。

薬指 薬指の先が、中指の先～第一指節の半分に届くほどの長さ。

小指 小指の先が、薬指の第一指節に届くほどの長さ。

ルール69 親指

第一火星丘の表す「勇気・闘志・積極性」とリンク

長い 親指が長くしっかりしていると、社会的に成功する可能性が高い。自己表現が得意。

短い 親指が短いほど、気が弱く、自己肯定感が低い。自己管理が苦手。

ダルペンティニーは、「親指は人間の個性を表すものである」と表現しています。親指が表す個性は長さによるものだけでなく、手全体に対しての親指の位置、親指の柔軟さを観ることによってもわかります。

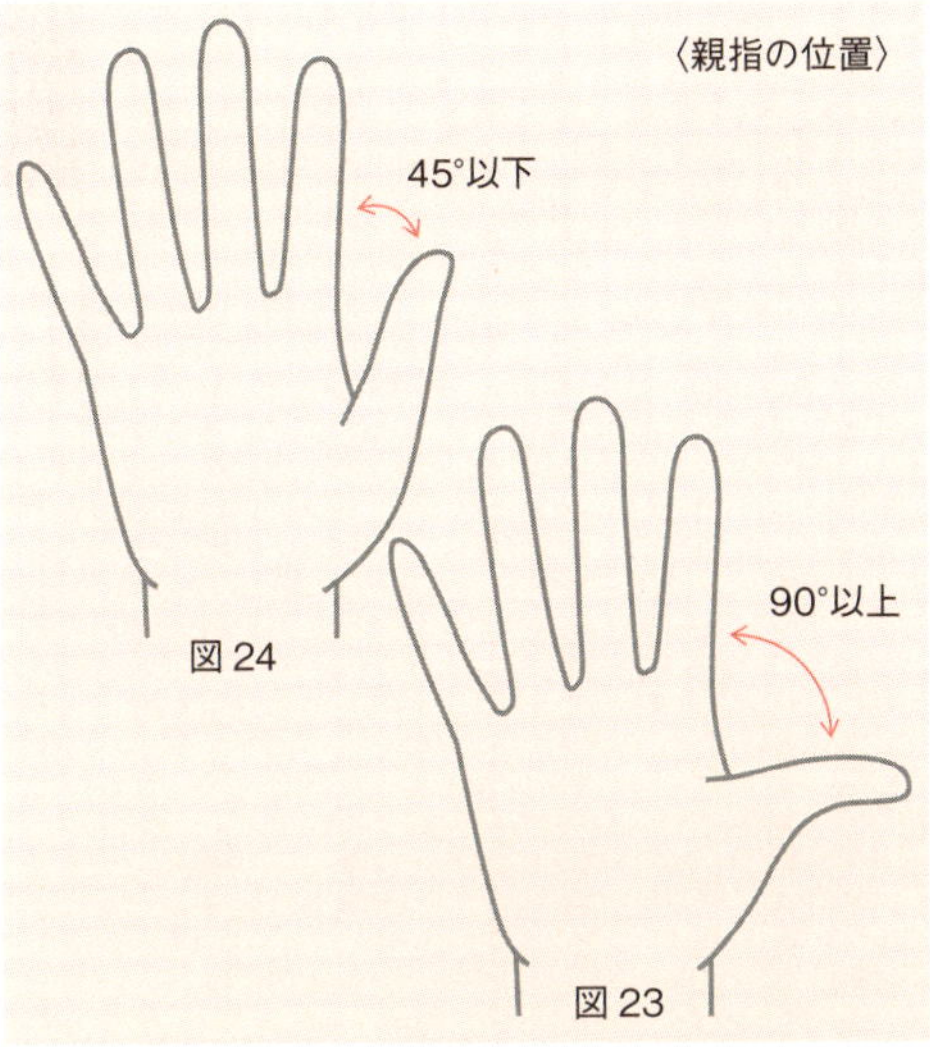
〈親指の位置〉
45°以下
90°以上
図24
図23

親指の位置を観るとき、人差し指と親指の開きを確認します。開きが90度以上の場合（図23）、束縛を嫌う自由人の気質があり、開きが45度よりも小さい場合（図24）、保守的で神経質な一面があります。

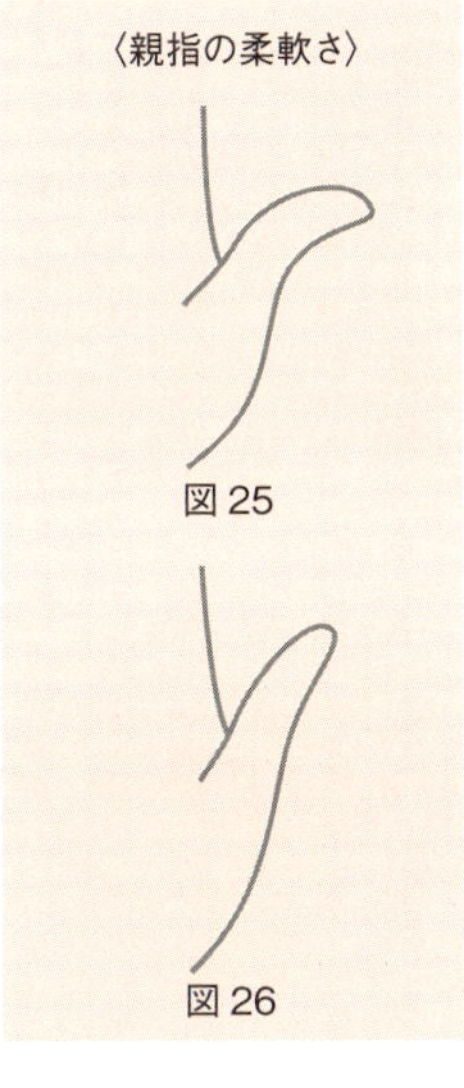
〈親指の柔軟さ〉
図25
図26

柔軟さについては、親指の関節が柔らかく後ろに反る場合（図25）、柔軟な思考の持ち主で、社会的順応性も高く、親指の関節が硬く反らない場合（図26）、現実的かつ強い意志の持ち主で、社会的成功をつかみます。

ルール70 人差し指

木星丘の表す「野心・地位・自我」とリンク

長い 薬指と比べて人差し指が目立って長い場合、行動力があり、リーダー的資質を持つ。

短い 薬指と比べて人差し指が目立って短い場合、支配されやすい。権威へのこだわり。

人差し指の長さは基本的に、右手は社会的地位を、左手はプライドや自信を表しています。

平均的な人差し指の長さは、節度があり心身共にバランスが取れていますが、手のひらの相（特に頭脳線）と合わせて読むことが大切です。長い人差し指を観るときは、木星丘のハリや大きさも合わせて観ましょう。

人差し指が長く、かつ木星丘が高い場合、長い人差し指が表す意味をより強めます。左手の人差し指が短い場合、プライベートな人間関係（主に家族間）において問題が現れやすいと考えます。

ルール71 中指

土星丘の表す「忍耐力・探究心・思慮深さ」とリンク

長い 中指が目立って長い場合、責任感が強い。自分の世界に没頭する傾向。探求心旺盛。

短い 中指が目立って短い場合、無責任な傾向。根気がなく、こだわりのない気質。

中指の長さは、人生における責任や義務との向き合い方について表しています。中指が長い場合、がんこな一面はあるものの真面目で信頼できる人柄を、中指が薬指や人差し指とあまり変わらない長さの場合、世の中のルールに従って生きていくことが苦手であることを表しています。

ルール72　薬指

太陽丘の表す「芸術的センス・人気・財力」とリンク

長い　薬指が目立って長い場合、直感力や創造力に優れ、美的センスも豊か。

短い　薬指が目立って短いのは珍しい。創造力に乏しい。人見知りの傾向。

近年イギリスでは、薬指の長さについての科学的な研究結果が発表されています。

まず、２０１１年ケンブリッジ大学では、「薬指が人差し指より長い人は、金融トレーダーとしての資質がある」と発表。これは、ロンドンの金融街で44人の男性トレーダーを対象に指の長さを計測し、彼らの過去20か月の取引における利益と損失の結果からわかったことです。その結果によると、薬指の長い人が、長期に渡り高い利益を上げていました。

次に、２０１５年オックスフォード大学では、「人差し指と薬指の長さに差があるほど、浮気をする確率も高くなる」と発表。これは、イギリス人１３１４人を対象に研究した結果だそうです。

いずれの研究も、胎児期に母体内で分泌された男性ホルモンの量によって、人差し指と薬指の比率が決まると結論づけています。科学と手相、現段階では比べることはできませんが、これらの研究結果と手相上で薬指が表す意味と、どこか通ずるものがあると思いませんか。

ルール73　小指

水星丘の表す「言語・コミュニケーション能力・商才」とリンク

長い　小指の先が薬指の第一指節より長い場合、社交的な気質。恋愛のかけひきが上手。

短い　小指の先が薬指の第一関節より短い場合、内気な気質。異性に対して奥手。

小指には、水星丘の表すコミュニケーション能力が最も影響していると考えられます。

小指の短い人は内気な気質がありますが、その一方で、子どもに共感する能力があります。例えば、幼稚園や保育園などの仕事に就いている人や、小さな子どもたちと接するのが上手な人は、小指が短い傾向があるようです。

2 爪の形について

手相上、爪は心身の健康状態を知る上でとても重要であり、同時に個人の気質も表しています。それらの特徴は、爪の形、幅、長さなどから読み取ることができます。

爪は、あま皮部分から先までだいたい4~6か月で生え変わります。精神的にショックなことが起こったときなど、爪の表面が隆起することがありますが、例えば、その隆起部分が爪全体の長さの半分のあたりに現れている場合、約3か月前の出来事として読みます。

ルール74

爪の形

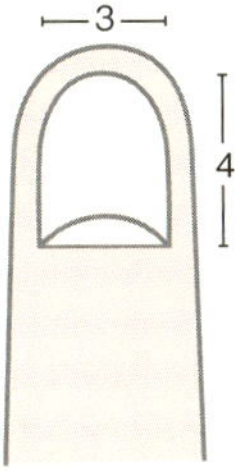

理想的な爪　半月が爪の長さの1／5あり、長さの比が4（縦）：3（横）だと健康的。忍耐力もある。

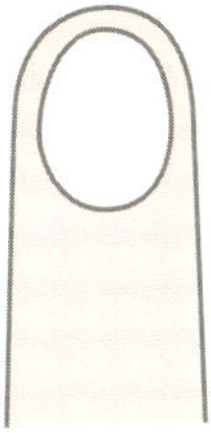

たまご形　穏やかな性格で、洞察力に優れている。ほどほどの体力。

正方形　真面目で几帳面な気質。がんこ。体力に恵まれている。

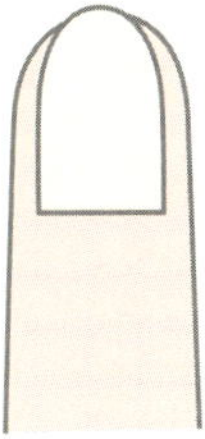

幅が細くて長い　誠実だが、神経質で気が変わりやすい気質。新陳代謝が低く体力がない

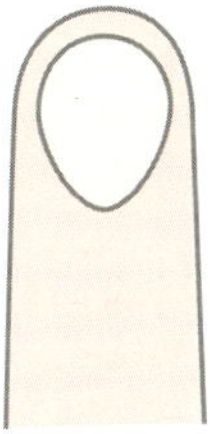

扇形　繊細で衝動的な気質。保守的。ストレスに弱く、精神面の影響が体に出やすい。

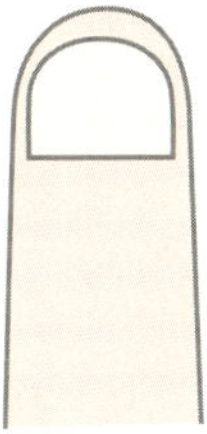

幅が広くて短い　快活で積極的。短気な面があり、機嫌が直りにくい。健康に恵まれている。

3 爪についての考察

爪を観る際、色も健康を知る上で重要な情報になります。

理想的なのは美しいピンク色ですが、爪が赤く半月がほとんど見られない場合、血液循環の不調傾向を示し、爪が白っぽく見える場合、鉄分の不足が考えられます。

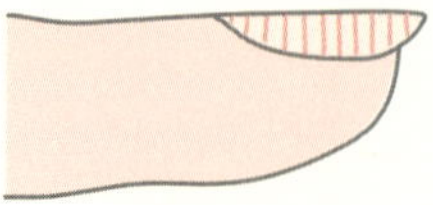

図27

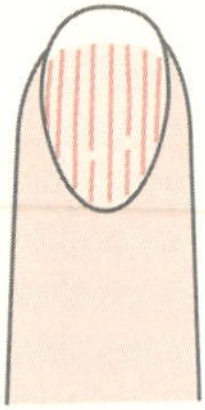

図28

爪の表面に異常が見られる場合は、特に健康面での注意が必要です。表面が横縞で凸凹の場合（図27）、心的ショックによるものか、激しいダイエットなどによるミネラルやビタミンの不足だと考えられます。

表面が縦縞で凸凹の場合（図28）、老化現象、アレルギー体質によるもの、遺伝的傾向のいずれかの可能性があります。

他にも、表面がくぼんでいる場合（図29）は、栄養不足の傾向が、逆に、表面が膨らんでいる場合（図30）は、呼吸器系に問題があると考えられます。

いずれにしても、上記のような傾向が見られたときは、生活を見直す機会ととらえて、自己判断しないで一度は専門医に診てもらうことをお勧めします。

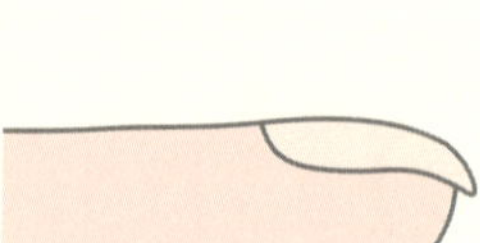

図29

図30

Column.
5

運命線に現れる「未来」とのつき合い方

人はなぜ「未来」に思いを馳せるのでしょうか。

地球上で唯一、長期的な未来をイメージできる生き物は人間だけです。これまで私の元には、数えきれないほどたくさんの人たちが訪れていますが、年齢層も0歳～80歳に至るまでと幅広いのですが、ほとんど全員（赤ちゃんは別として）に共通することがあります。

それは、皆「自分自身の『未来』について考えている」ということ。あるいは、「自分の『未来』を知りたいと思っている」こと、と言い換えてもいいかもしれません。

手相観としての経験からですが、女性の多くは、手のひらに現れる未来に対して積極的な印象があります。しかし男性の場合は、大きく二つに分かれます。手のひらに現れる『未来』を知りたい派」と「『未来』は知りたくない派」です。

私は後者の男性たち（主に30～50歳代）に問いかけました。「未来を知らない方がいいと思う理由は？」。すると、「未来の情報に左右されたくない」という理由からでした。確かに未来を知ることで、将来に何らかの影響を及ぼすかもしれないという思いもわかります。

けれども、ここで繰り返し伝えておきたいのは、手のひらに現れる未来は、あくまでも「今」という場所からスタートして、可能性として考えられる未来の情報であって、それらは絶対ではないということです。

手のひらの「『未来』は自分で創るもの」なので、良くも悪くも自分次第というわけです。

バスケットボールの神様と呼ばれる、マイケル・ジョーダンの名言の一つに次のような言葉があります。

Out of my way. your fate. I'm going through.
（運命よ、そこをどけ。オレが通る）

まさに「未来」との上手なつき合い方とは、「人生は与えられたものではなく、自分の意志で選ぶ」ということをいつも心に留めておくことではないでしょうか。

「運命線」は、未来のメッセージをたくさん伝えてくれます。転機が訪れる時期、人生の課題をこなしていく時期、運気（運の流れ）が良い時期または悪い時期などなど。これらはすべてタイムラインの読み方（＝流年法）をマスターすることにより、人生で起こり得るイベントのタイミングがわかるようになります。

ただし、本人が何をどう選択するかで人生の流れにも変化が生じます。未来はとても流動的なものだと私は考えます。これまで多くの預言者たちが、さまざまな予言を行ってきましたが、その言葉をどう扱うかは一人ひとりに任されているのです。

人生は、手のひらに現れる「未来」が先なのか？　自分ありきなのか？　……答えはもう明らかですよね。

第 11 章　手のひらのタイムラインの基本

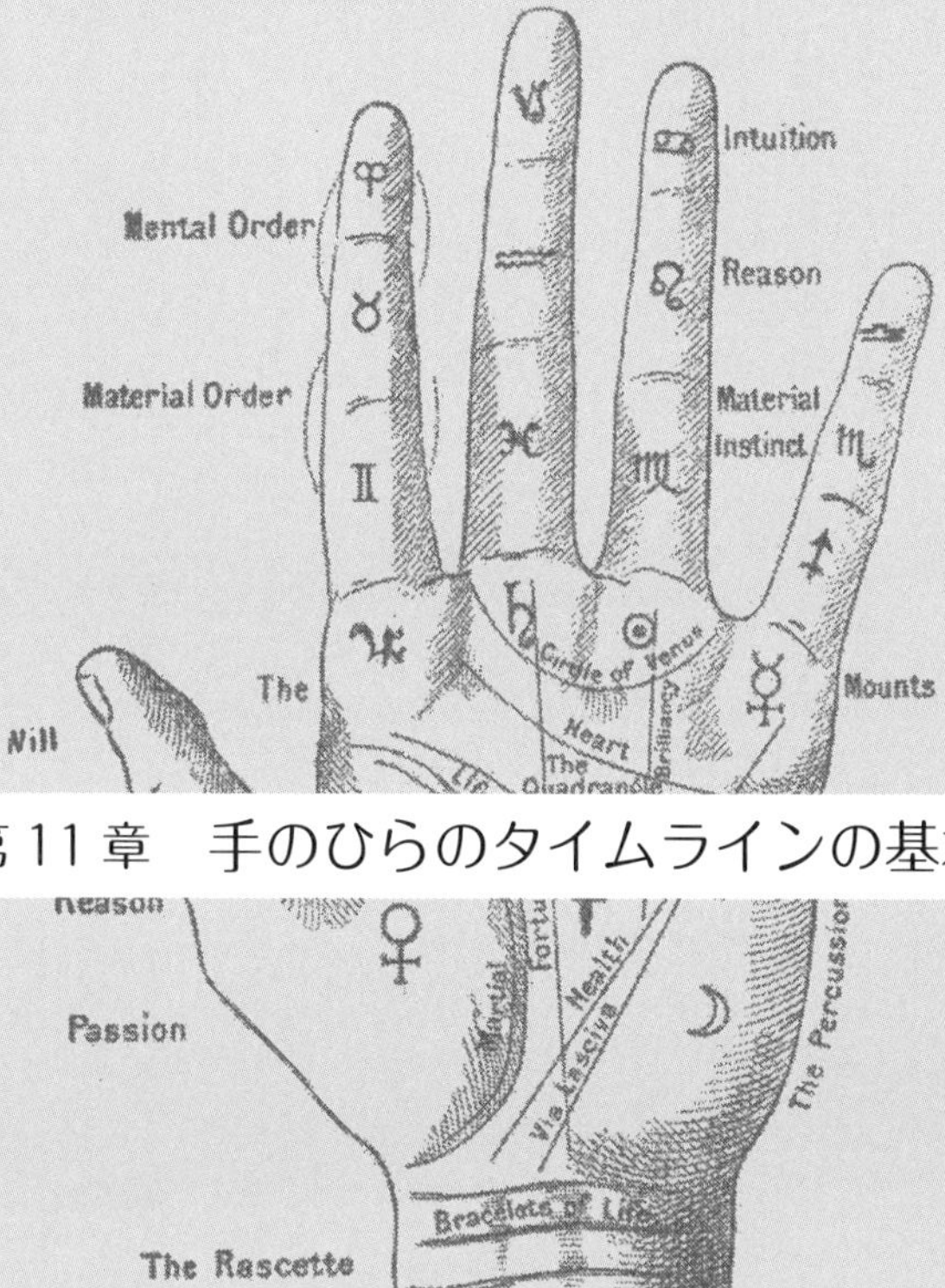

PLATE VII.—THE MAP OF THE HAND.

1 「運命線」のタイムライン

人生で起こり得る個人的なイベント情報を知りたいとき、最初に読むべき線は「運命線」です。運命線の流れを丁寧に観察することはとても大事ですが、同時に、基本的なタイムラインの読み方を覚えることも重要です。

ただし、最初に伝えておきたいことがあります。

タイムラインの読み方（流年法）には最低限のルールはあるものの、「手相家の数だけ、流年法にもいろいろある」ということです。これは、日本に限った話ではありません。西洋手相術に限定したとしても、やはり、手相家によりさまざまな手法があるというのが現実のようです。

「運命線」は手首側から土星丘に向かって伸びますが、土星丘に向かうほど年齢が高くなるという読み方が基本ルールです。

図31と図32を見比べてください。

どちらも西洋手相術の流年法ですが、感情線と運命線が交わる流年を比べると、図31は56歳、図32は50歳、つまり、6歳もの違いがあることがわかります。

図 31

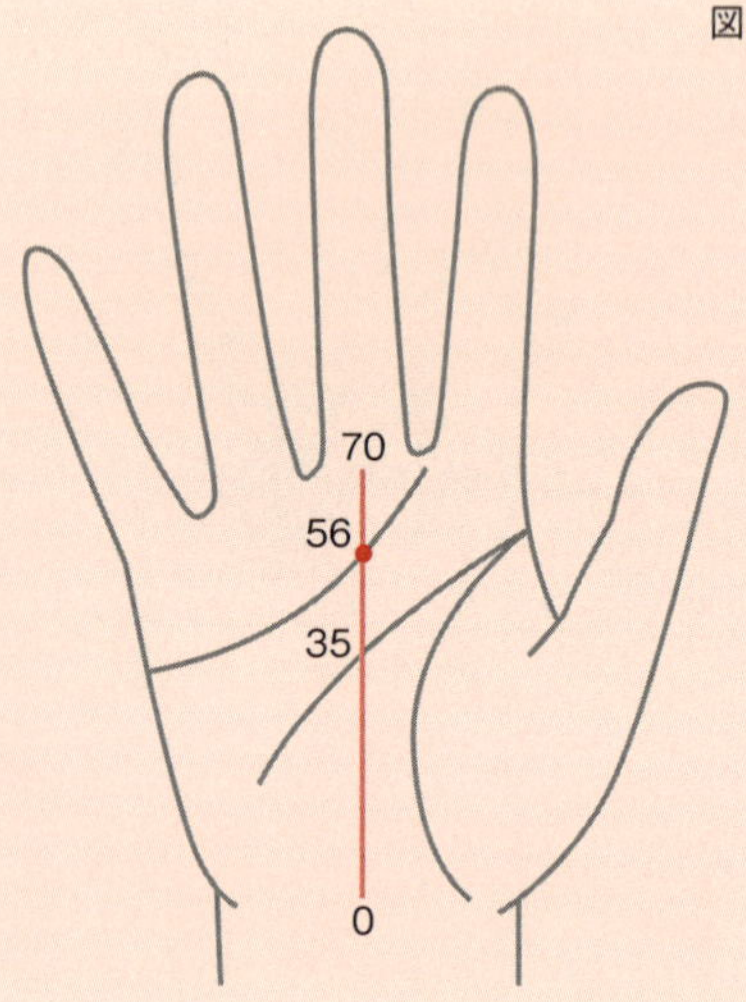

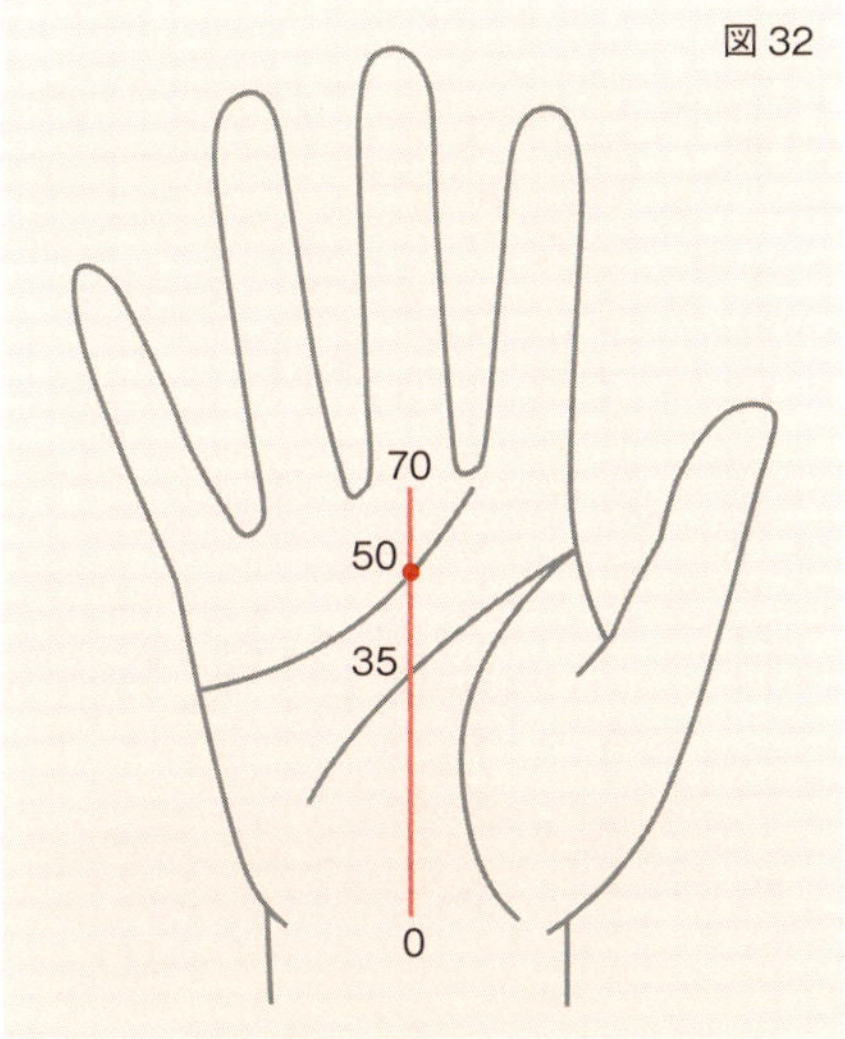

ここまで読んでみてこの事実を知り、「なんだ、手相はいい加減じゃないか！」とがっかりする人もいるかもしれません。確かに、手相を読む上では曖昧さも生じます。人の手はそれぞれ、大きさも、形も、相も違えば、ましてや生身の人間の体の一部ですから、到底、数字では割り切れないものが存在します。しかし、そこがまた手相の大きな魅力であることを思い出して欲しいと思います。

では、流年法を覚えるにはどうしたらいいのでしょう。

まずは既にある手法に敬意を払い、いろいろな流年法を用いてタイムラインを読んでみることをお勧めします。そうして経験を重ねることによって、あなたにとってベストな手法を体得して欲しいと思います。

本章では、西洋の手相家たちの手法と、ゆきまるメソッド（基本形）を紹介します。

「運命線」の流年法1

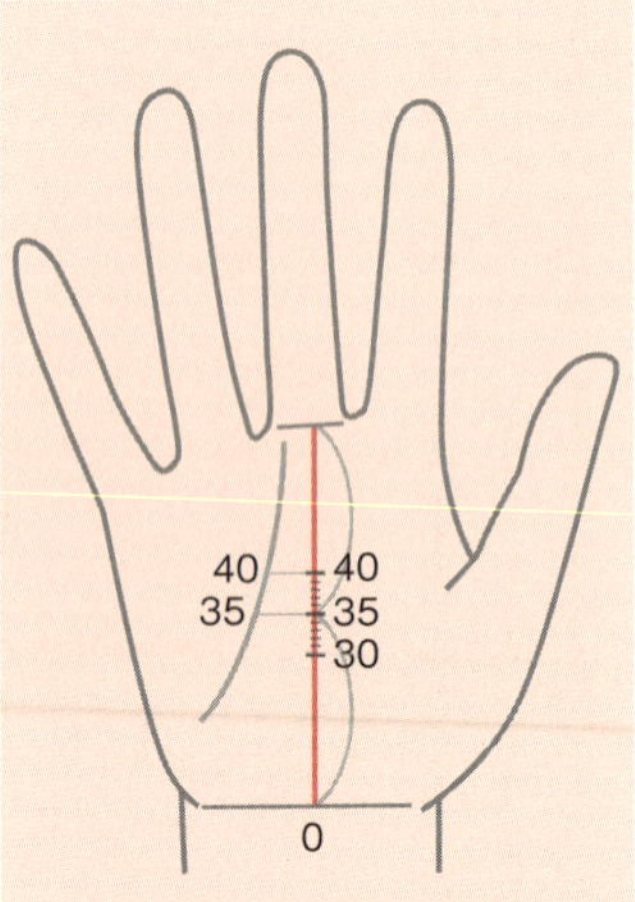

『THE ART OF HAND READING』LORI REID著より

①中指の付け根から手首の一番上の線（＝第一手首線）まで直線を引いたとき、第一手首線を0歳、1／2のポイントを35歳と読む。
②0歳から35歳まで等分して目盛りをつける。このとき、1年を約1㎜として考える。
③35歳から上も同様に目盛りをつけるが、このとき1年を1㎜よりやや短くする。

「運命線」の流年法2

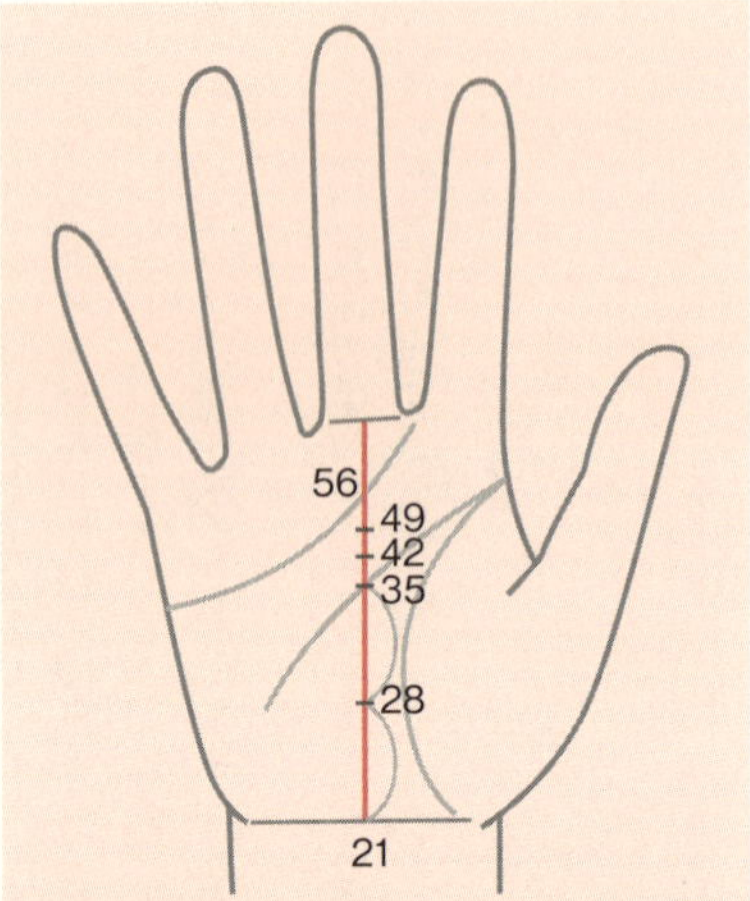

『PAMISTRY 4 TODAY』Frank C. Clifford著より

①第一手首線のすぐ上を21歳と読む。
②第一手首線と頭脳線のちょうど1／2のポイントを28歳と読む。
③頭脳線と運命線の交点を35歳と読む。
④感情線と運命線の交点を56歳と読む。

「運命線」の流年法3

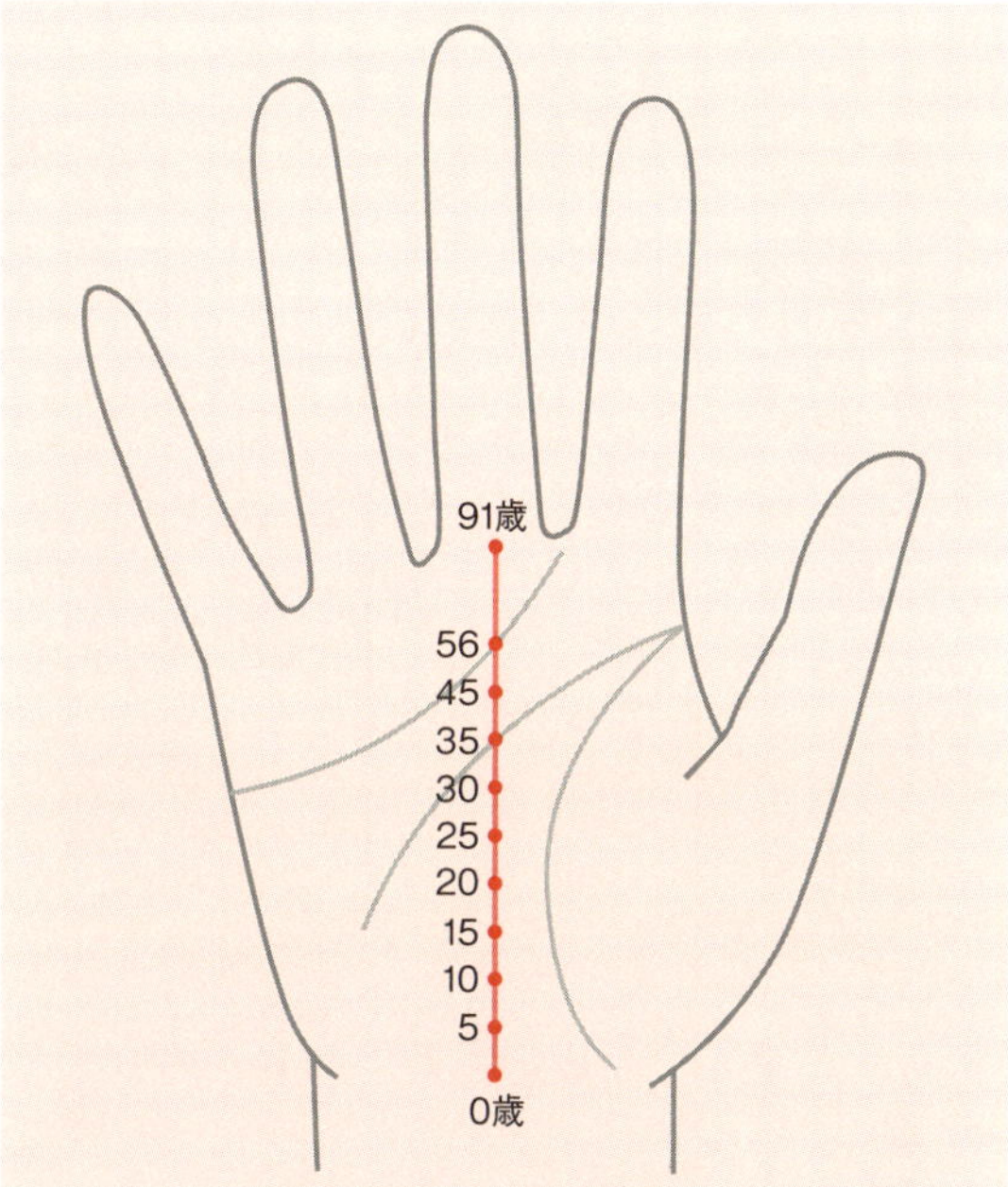
91歳
56
45
35
30
25
20
15
10
5
0歳

ゆきまるメソッド（基本形1）

①第一手首線のすぐ上を0歳と読む。
②頭脳線と運命線の交点を35歳と読む。
③0歳から35歳までは、5歳ずつ等分して読む（0歳、5歳、10歳、15歳、20歳、25歳、30歳……）。
④頭脳線と感情線の真ん中を45歳と読む。
⑤感情線と運命線の交点を56歳と読む
⑥中指の付け根を91歳とし、56歳から91歳までは7歳ずつ等分して読む（56歳、63歳、70歳、77歳、84歳、91歳……）。

「運命線」の流年法4

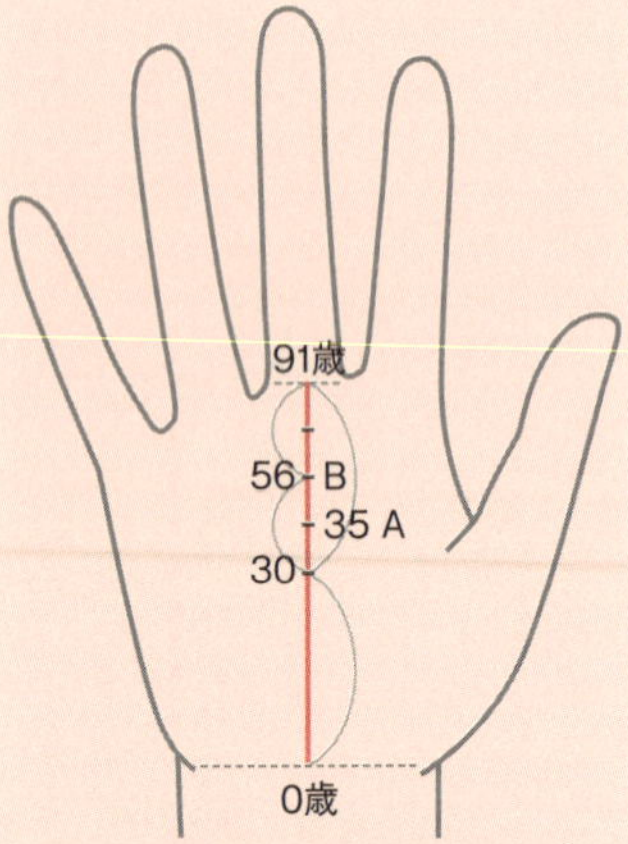

〜マスカケ相を読む〜
ゆきまるメソッド（基本形2）

①中指の付け根から第一手首線まで直線を引いたとき、第一手首線の上を0歳、1／2のポイントを30歳として読む。
②30歳から中指の付け根までを四等分したとき、A35歳、B56歳として読む。
③中指の付け根を91歳とし、56歳から91歳までは7歳ずつ等分して読む（56歳、63歳、70歳、77歳、84歳、91歳……）。

私の流年法を含め、四つの手法を紹介しました。

これらの手法は、それぞれが試行錯誤して体得したものであり、なぜ、そのように読むのかについても、手相家一人ひとりの経験によるものといえます。

なお、ゆきまるメソッドは基本形1と2を紹介しました。上記についてのさらなる詳細と例外については、講座にて伝授しています。

どんなに素晴らしい流年法であっても、それらを用いて経験を重ねてみないことには理解することはできません。

とにかく、まずはやってみましょう！

2 「生命線」のタイムライン

「生命線」のタイムラインは、なぜ必要なのでしょう。「運命線」のタイムラインさえわかれば十分だと思っているとしたら、それは違います。「生命線」のタイムラインからは、その人の健康に関わるメッセージと同時に、人生の転機を読むことができます。

例を挙げてみます。

図33を見てください。35歳で運命線が中断し、その先に新たな運命線が現れています。これは何を意味するのでしょうか。

次に、生命線の35歳を観るとどうでしょう。美しい流れで何の問題もありません。

総合的に考えると、運命線は、35歳は人生の流れが変わる転機の年だと伝えていますが、生命線の流れが美しいことから健康面での心配はなさそうです。そこで、この変化は新しい人生をスタートさせるチャンスだととらえることができます。何を始めるにしても、まずは健康第一ということです。

図33

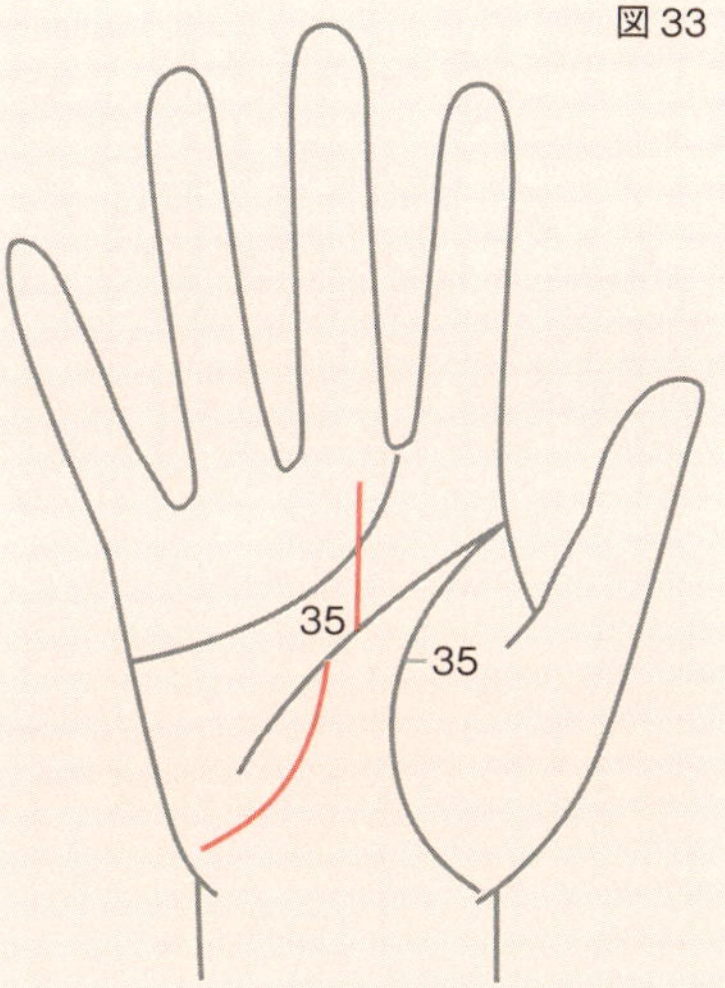

今度は図34を見てください。やはり、35歳で運命線が中断しています。次に、生命線の35歳を観ると島が現れています。島は運気が滞ることを表しますが、生命線上に現れていることから二つの見方ができます。

図34

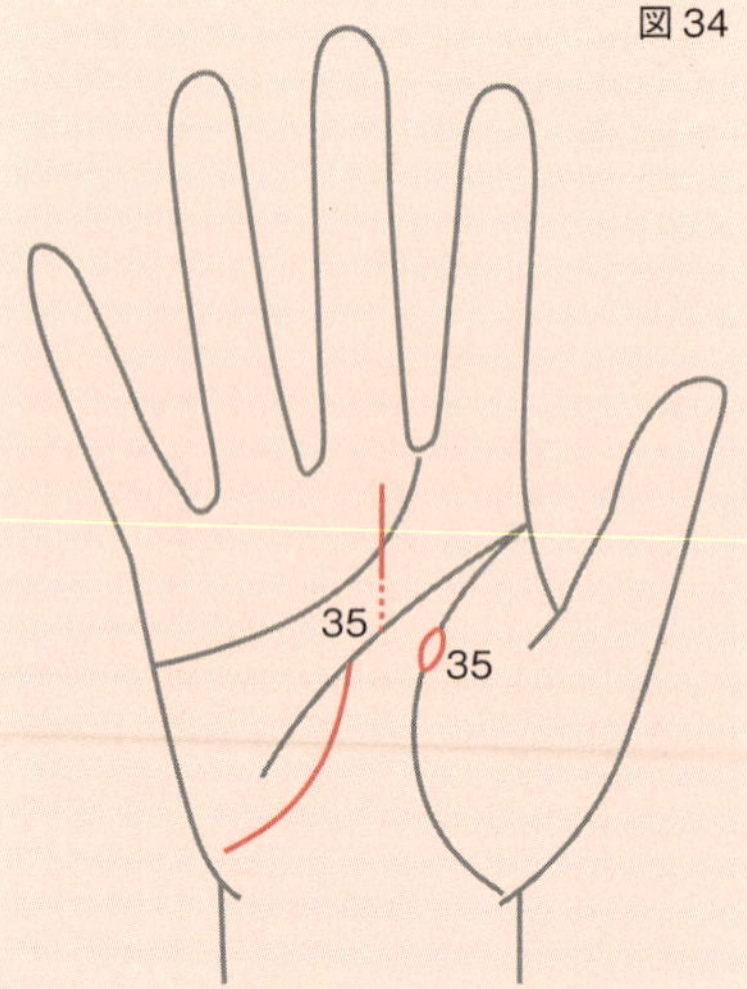

一つは、35歳からしばらく運気が停滞して何をやっても上手くいかないという見方。もう一つは、島が生命線の中ほどにあり、身体部位の消化器のあたりに相当するので、消化器系の不調を起こすという見方。

こうした相が現れたら誰でも気落ちするものですが、こんなとき再び運命線を確かめます。すると、35歳以降に、まだぼんやりとはしていますが新しい運命線が現れています。そこでこの相の持ち主は、新たな人生の軌道に乗るまで時間を要するかもしれないけれど、困難を乗り越えていくことができると読むことができます。

このようにして、運命線と生命線を合わせて観ることで、見えてくる未来の可能性があります。そこで、運命線と生命線のタイムラインを知っておくことが大切なのです。

「生命線」のタイムラインも西洋の手相家たちの手法とゆきまるメソッド（基本形）を紹介します。

「生命線」の流年法1

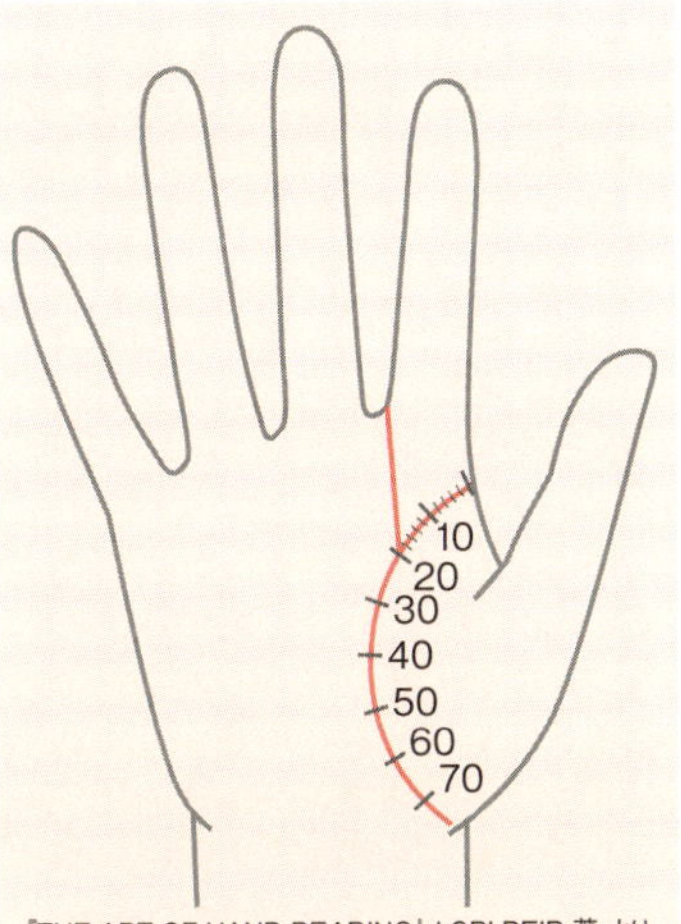

『THE ART OF HAND READING』LORI REID著より

①人差し指付け根の内側から、生命線まで垂直な線を引いたとき、この線と生命線との交点を20歳と読む。
②生命線の起点を0歳として、0歳から20歳まで目盛りをつける。このとき、1年は1㎜として考える。
③20歳以降も1年を1㎜として、5年、10年間隔で目盛りつけて読む。

「生命線」の流年法2

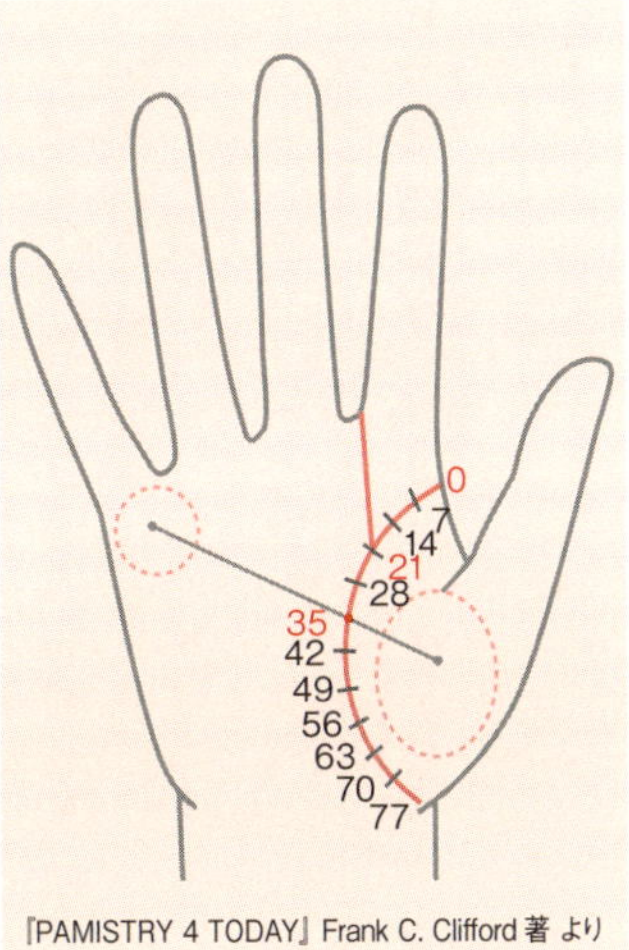

『PAMISTRY 4 TODAY』Frank C. Clifford著より

①人差し指付け根の内側から、生命線まで垂直な線を引いたとき、この線と生命線との交点を21歳と読む。
②水星丘の中心から金星丘の中心へ向かって、直線を引く。この線と生命線の交点を35歳と読む。
③21歳と35歳のポイントが取れたら、生命線の起点を0歳として、7歳区切りで読む（14歳、21歳、28歳、35歳、42歳、49歳、56歳……）。

「生命線」の流年法3

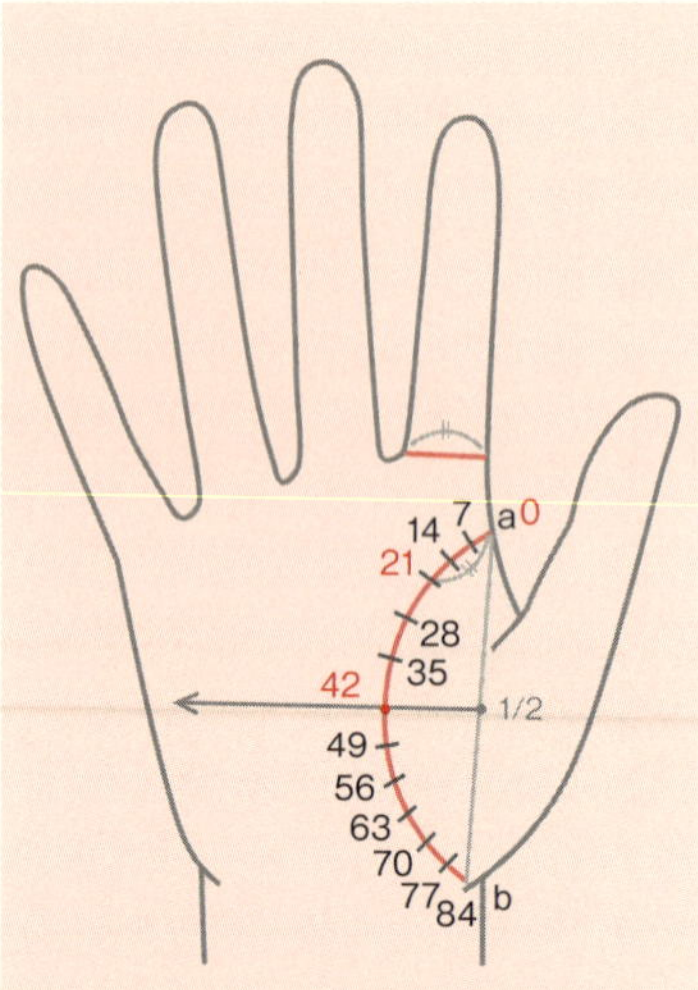

ゆきまるメソッド（基本形）

①人差し指幅と同じ長さを、生命線上に取る。このポイントを21歳として読む。
②ａｂポイントを結んだ1／2のポイントから生命線に向かって水平に線を引く。この線と生命線の交点を42歳と読む。
③21歳と42歳のポイントが取れたら、生命線の起点を0歳として、7歳区切りで読む（7歳、14歳、21歳、28歳、35歳、42歳、49歳、56歳……）。

以上は「運命線」の流年法と同様に、手相家一人ひとりの経験によるものです。
なお、ゆきまるメソッドは基本形を紹介しました。上記についてのさらなる詳細と例外については、講座にて伝授しています。

まずは、「生命線」の流年法1・2・3を試してみましょう。

3 転機についての考察

「運命線」や「生命線」に現れる「転機」について考えてみたいと思います。

『広辞苑』には「他の状態・状況にかわる機会。転換の時期」とあります。つまり、日本語でいう「転機」は、物事の状態や状況が変わる時期というニュアンスが強く、その状態や状況に良いも悪いもありません。けれども、なぜか多くの人は、転機＝悪いこと、ととらえる傾向にあるようです。

英語だと「a turning point」ですが、その説明として「the time when an important change starts, especially one that improves the situation」(『ロングマン現代アメリカ英語辞典』）とあります。大きな変化が起きるとき、特に物事が進展、改善されるとき、という意味になります。そして正確には、その変化は既に始まっているというニュアンスが含まれます。

日本語の「転機」と比べて、物事の変化をより積極的に受け入れようとする前向きな姿勢が感じられます。

私が考える手相上の転機は、ちょうど「転機」と「a turning point」を足して2で割ったとらえ方です。

「転機とは、怖いものでも何でもなく、環境の変化やそれに伴う心境の変化が訪れる時期。同時に人生の方向性を定めて、手に入れたいものをつかむチャンスの時期」です。

ただし、これには条件があります。日々を何となく過ごしていても意味がありません。

転機には、ぜひ、二つのことを試して欲しいのです。一つめは、これまでの人生を振り返ったとき、卒業すべきモノや人間関係があれば、それらを思い切って手放すことです。

二つめは、心の底からこうありたいと願っていることを実現させることです。しかしもし、すぐに実現させることが難しいのであれば、こうありたいと願っていることを、こうする！　と決心してほしいのです。

　このどちらも簡単なことではありません。特に、手相上に現れた転機を迎えたとき、心の中はいつも忙しく、穏やかな状態を保つことが大変です。それでも前へと進むためには、自分の人生を選択する勇気を持つよりほかないのです。

「転機」のとらえ方一つで、人生の流れは大きく変わります。

　でも大丈夫。手のひらは、大切なことをちゃんと教えてくれます。そして、転機を上手に過ごした暁には、頑張って歩いてきたことを運命線の輝きに変えてみせてくれるのです。

第12章　ケース・スタディ

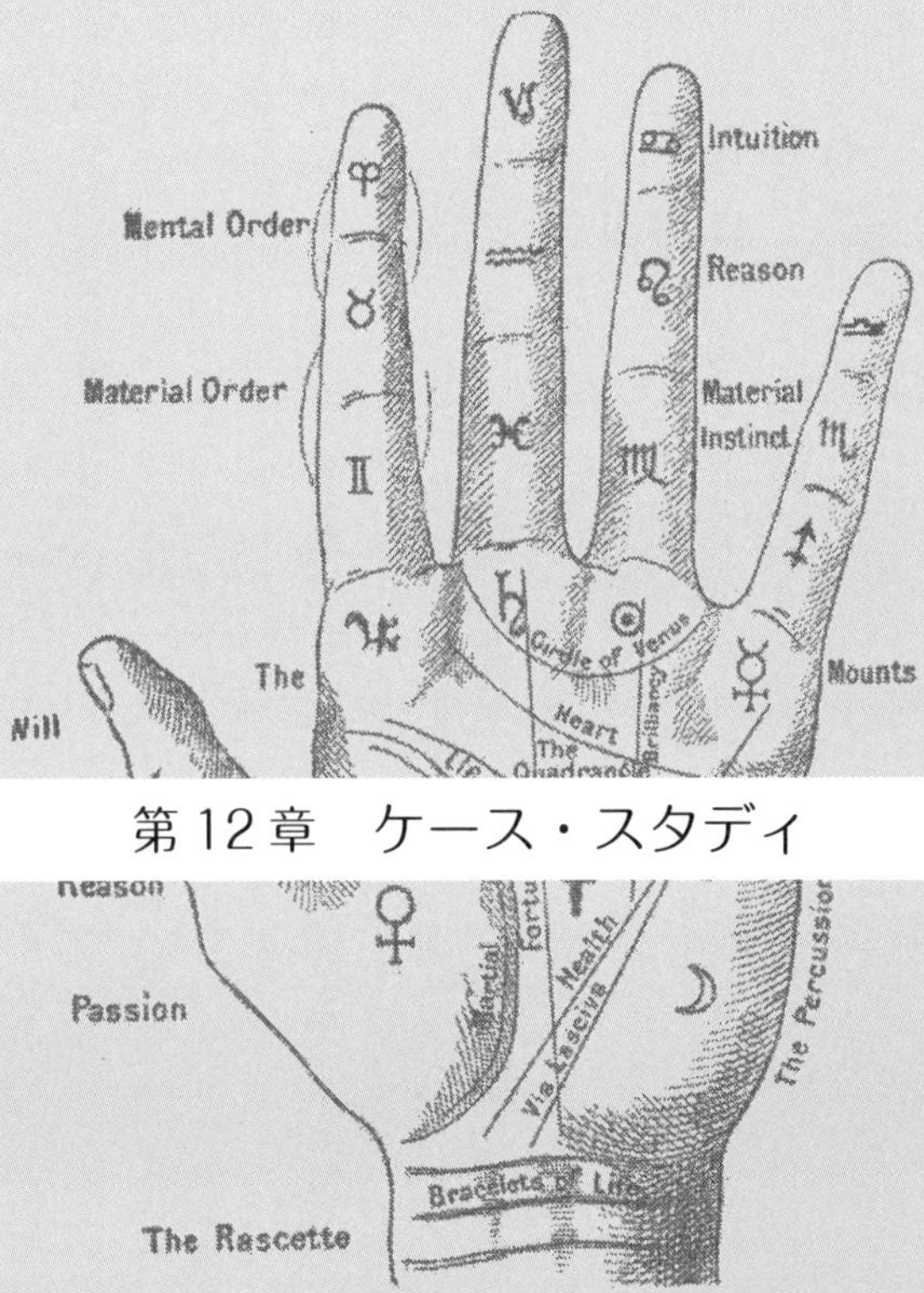

PLATE VII.—THE MAP OF THE HAND.

手相の基本を習得したら、手相リーディングの疑似体験をしてみましょう。

本章では「恋愛」「結婚」「仕事」「お金」「健康」の項目に分けてあります。手相講座では受講生の方々に「手相からどのようなことを読んでみたいでしょうか」というアンケートを取りますが、これらのケース・スタディはそのアンケートを参考にして例を挙げています。

本来は両手を観てリーディングするものですが、まずはリーディングの基礎を学んでほしいため、本書では右手で読んでいきます。

〈ケース・スタディの進め方〉

①手相リーディングの内容を項目から選ぶ。
②依頼者データ（性別・年齢など）を確認。
③チェック部分を読む。
④考察する。
⑤総合結果を確認。

ただし、依頼者の質問にどのように答えるかについては、読者の皆さん自身で考えてください。

手相のセッションでは、読み手のフィルターを通して依頼者へメッセージを伝えます。依頼者は、当然のことながら読み手の言葉や態度によっていろいろな影響を受けるものです。

この点については別の機会に十分に学ぶ必要がありますが、ここでは割愛し、本書の最後で少し触れておきたいと思います。

それでは、手相リーディングを始めてみましょう。

1 ケース・スタディ

【恋愛1】「恋愛期（モテ期）はいつですか？」

依頼者データ：女性・30歳・独身
チェック：運命線・結婚線・金星丘・水星丘など

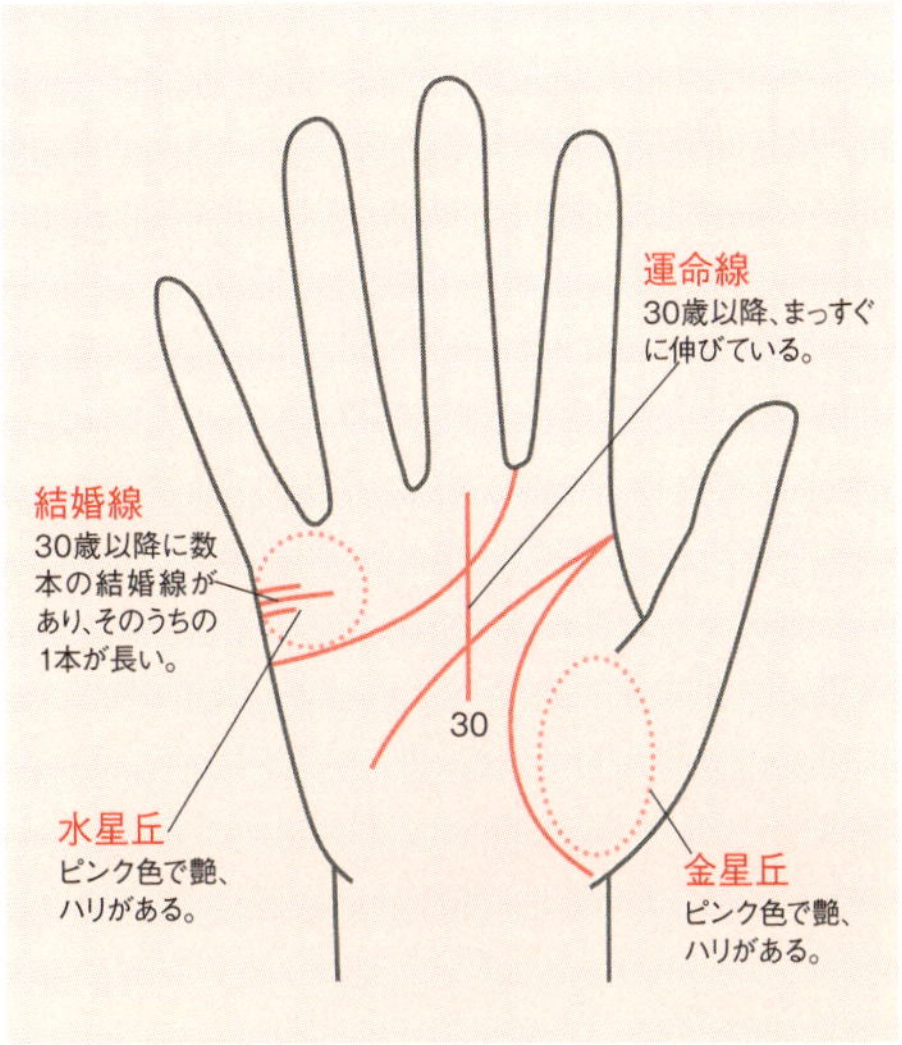
運命線
30歳以降、まっすぐに伸びている。
結婚線
30歳以降に数本の結婚線があり、そのうちの1本が長い。
30
水星丘
ピンク色で艶、ハリがある。
金星丘
ピンク色で艶、ハリがある。

総合結果

運命線が30歳以降ハッキリと現れていることから、今後、運の流れは良い時期に入っていくと読みます。結婚線も同様に30歳以降に数本現れているので、これからいくつかの出会いと恋愛を重ねていきます。しかも、1本長い結婚線が現れているということは、その中から人生のパートナーが見つかる可能性も暗示しています。

現在、愛情を表す金星丘とコミュニケーション力を表す水星丘がとても良い状態ですから、総合的に考えると、まさに30歳からモテ期に入ります。

なお、女性の場合、水星丘の状態が良いと女性ホルモンが活性化している時期として考えます。また、結婚線が赤く色づいている場合、婚期が近づいているとして読みます。

【恋愛2】「現在つき合っている人と別れるべきでしょうか?」

依頼者データ：女性・32歳・独身
チェック：頭脳線・運命線・結婚線・金星丘・水星丘など

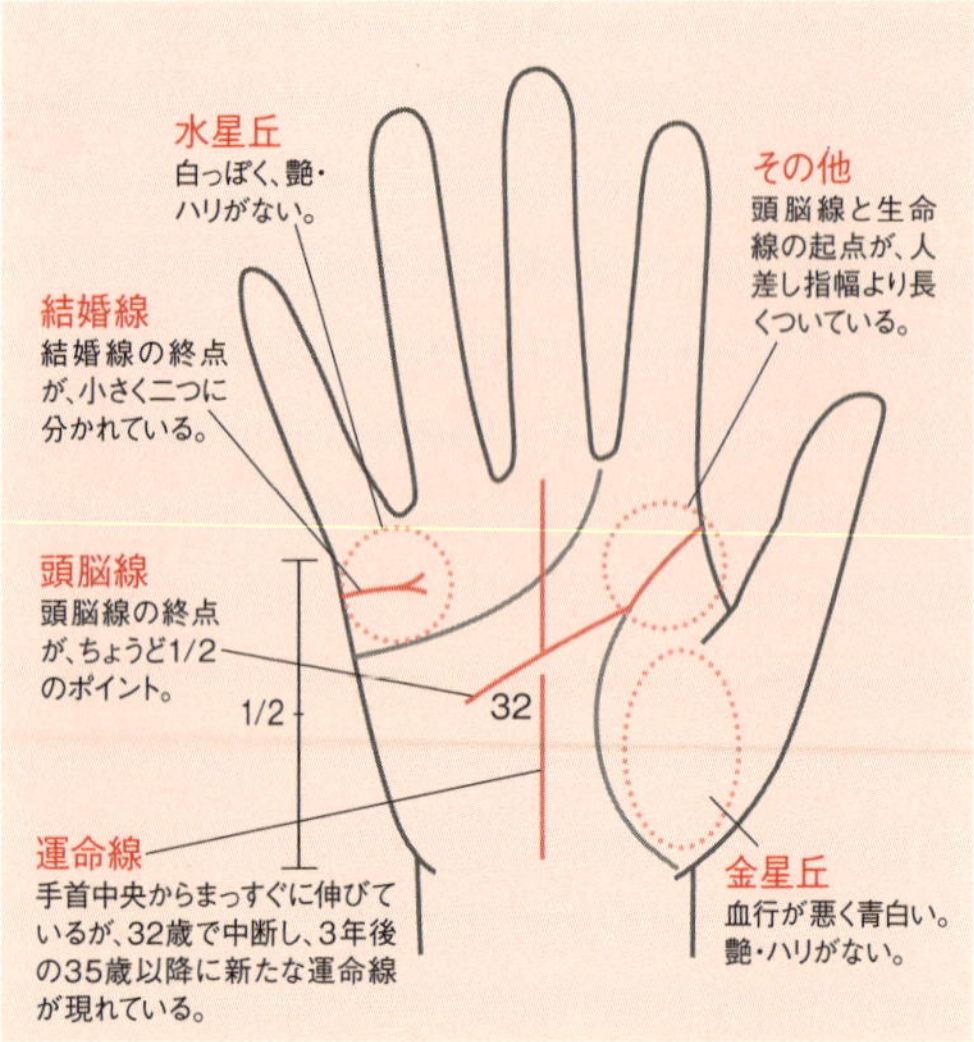
水星丘
白っぽく、艶・ハリがない。
結婚線
結婚線の終点が、小さく二つに分かれている。
頭脳線
頭脳線の終点が、ちょうど1/2のポイント。
1/2
32
運命線
手首中央からまっすぐに伸びているが、32歳で中断し、3年後の35歳以降に新たな運命線が現れている。
その他
頭脳線と生命線の起点が、人差し指幅より長くついている。
金星丘
血行が悪く青白い。艶・ハリがない。

総合結果

頭脳線はバランスタイプなので、基本的には、状況によって臨機応変に対応する力を持っています。しかし、頭脳線と生命線の起点が人差し指幅より長くついていることから、物事を慎重にとらえる傾向があり、すぐには行動に移すタイプではないことがわかります。

運命線は自力本願タイプですが、32歳から3年間、運命線が現れていないことが気になります。これは、自らの人生を模索する期間に入ったということです。

結婚線を見ると、終点が小さく二つに分かれています。恋人との距離が生じ始めていることは事実ですが、今であれば修復は不可能ではありません。ただ、金星丘と水星丘の状態から、愛情不足によって物事に対して消極的になっている様子が伺えます。

そこで、ひとまず十分に休息して冷静な思考を取り戻すことです。別れるかどうかは依頼者自身が決めなければならないことですが、その前に、「自分の人生をどう生きたいか」ということを考える時間が必要です。

【恋愛3】「遠距離恋愛をしています。パートナーとの関係は続けられますか？」

依頼者データ：女性・20歳・学生
チェック：頭脳線・運命線・結婚線・金星丘・水星丘など

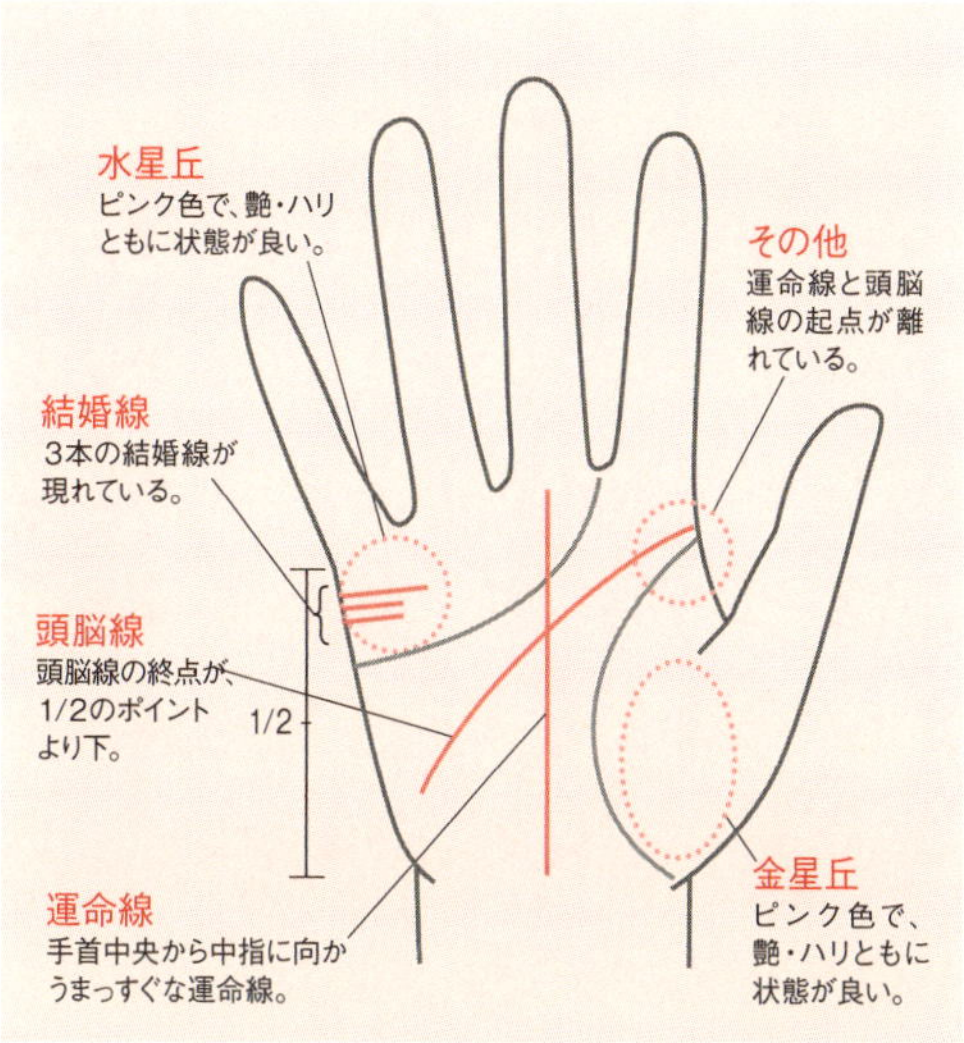
水星丘
ピンク色で、艶・ハリともに状態が良い。
その他
運命線と頭脳線の起点が離れている。
結婚線
3本の結婚線が現れている。
頭脳線
頭脳線の終点が、1/2のポイントより下。
1/2
金星丘
ピンク色で、艶・ハリともに状態が良い。
運命線
手首中央から中指に向かうまっすぐな運命線。

総合結果

依頼者は学生であり、20歳という年齢に注目します。手相上において20歳は、個人差はありますが、まだまだ未熟な手相といえます（女性の場合、25歳くらいになると徐々に手相が成長して、大きく変化します）。

頭脳線はロマンティストな資質があり、運命線は自分の意志で突き進む自力本願タイプ。さらに、頭脳線と運命線の起点が離れていますから、強固な意志の持ち主だとわかります。現在、金星丘・水星丘はともに良い状態で、結婚線は3本現れているので、いくつかの恋愛経験の中からパートナーを見つける相です。

以上から、依頼者が遠距離恋愛によるハードルを乗り越える覚悟さえあれば、パートナーとの関係を続けられる可能性が大きいです。

メモ　パートナーの手相がわかれば、二人の関係を明確に読むことができますが、パートナーの手相がわからない場合、依頼者の手のひらに現れていることから判断します。

【恋愛4】「不倫関係をどうするべきでしょうか？」

依頼者データ：女性・38歳・会社員・独身
チェック：頭脳線・感情線・生命線・運命線・結婚線など

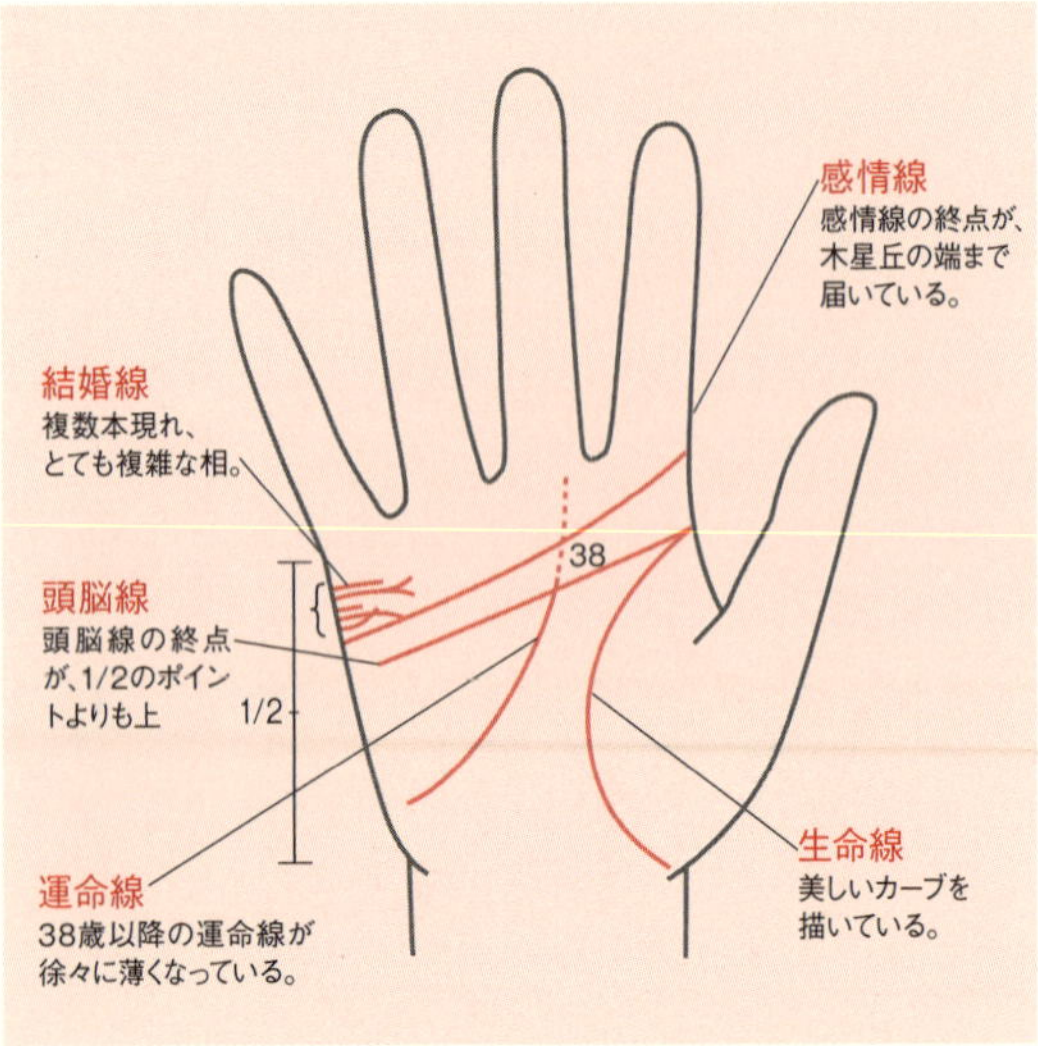
感情線
感情線の終点が、木星丘の端まで届いている。
結婚線
複数本現れ、とても複雑な相。
頭脳線
頭脳線の終点が、1/2のポイントよりも上
1/2
38
生命線
美しいカーブを描いている。
運命線
38歳以降の運命線が徐々に薄くなっている。

総合結果

頭脳線は物事を論理的に考える現実主義なので、不倫関係に本物の愛を見出すことができなければ、二人の関係に明るい未来がないことは頭ではわかっています。しかし、感情線の終点が木星丘の端まで届く場合、特に恋愛面においては執着心の強い傾向にあるため、この状況を手放すことが難しいのです。

しかも、運命線が38歳以降薄くなっているのは、今後の人生の目標が見えず不安な気持ちを抱えている証拠。さらに、結婚線が複数本あり複雑なのは、結婚に対して何らかの抵抗があるか、波乱万丈な人生を選ぶ要素を持っているということです。

依頼者は心の中にたくさんの葛藤を抱えているので、この恋愛から抜け出すには、余程の決心と努力が必要であることはいうまでもありません。

【恋愛5】「結婚と仕事、どちらを優先したらいいでしょうか？」

依頼者データ：女性・30歳・会社員・独身
チェック：頭脳線・運命線・生命線・結婚線・金星丘・水星丘など

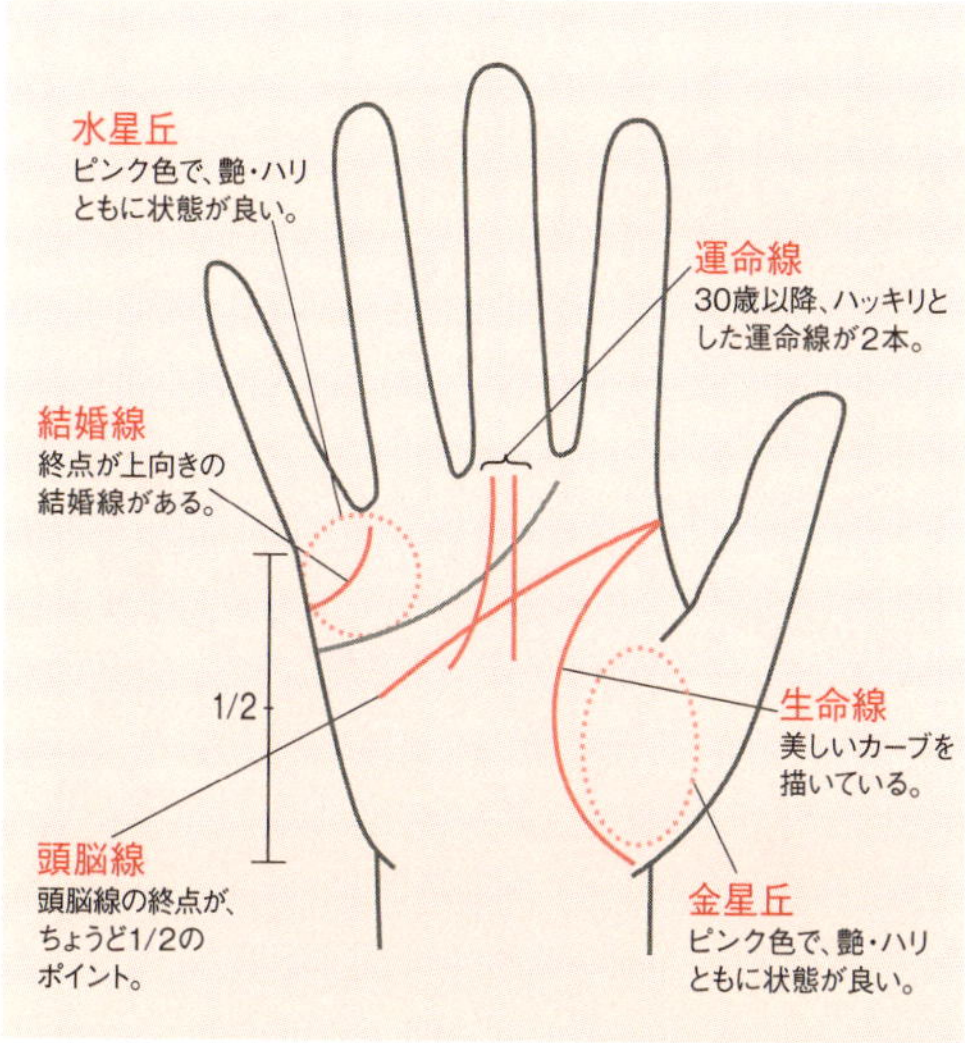
水星丘
ピンク色で、艶・ハリともに状態が良い。
運命線
30歳以降、ハッキリとした運命線が2本。
結婚線
終点が上向きの結婚線がある。
1/2
生命線
美しいカーブを描いている。
頭脳線
頭脳線の終点が、ちょうど1/2のポイント。
金星丘
ピンク色で、艶・ハリともに状態が良い。

総合結果

30歳以降に現れている2本の運命線は、二つの運勢を同時に生きる可能性を意味します。女性であれば、結婚と仕事の二足のわらじという読み方ができます。

生命線は美しいカーブを描き、生命エネルギーを表す金星丘の状態も理想的なので、体力には十分恵まれています。さらに、頭脳線はバランスタイプですので、結婚と仕事を両立していくためのワークライフバランス能力も高いと考えます。水星丘も良好ですので、女性性も高く魅力的であることがわかります。

結婚線を見ると、終点が上向きの結婚線ですので独身謳歌の傾向にありますが、見方を変えれば、結婚後も仕事を継続し、社会とのつながりを積極的に持つことで輝くことができます。

以上から、パートナーの結婚に対する価値観にもよりますが、結婚と仕事のどちらを優先したらいいか、という考え方にとらわれなくてもよいということがわかります。

【結婚1】「結婚はできますか?」

依頼者データ：女性・32歳・女性・独身・会社員
チェック：頭脳線・運命線・生命線・結婚線・金星丘・水星丘・など

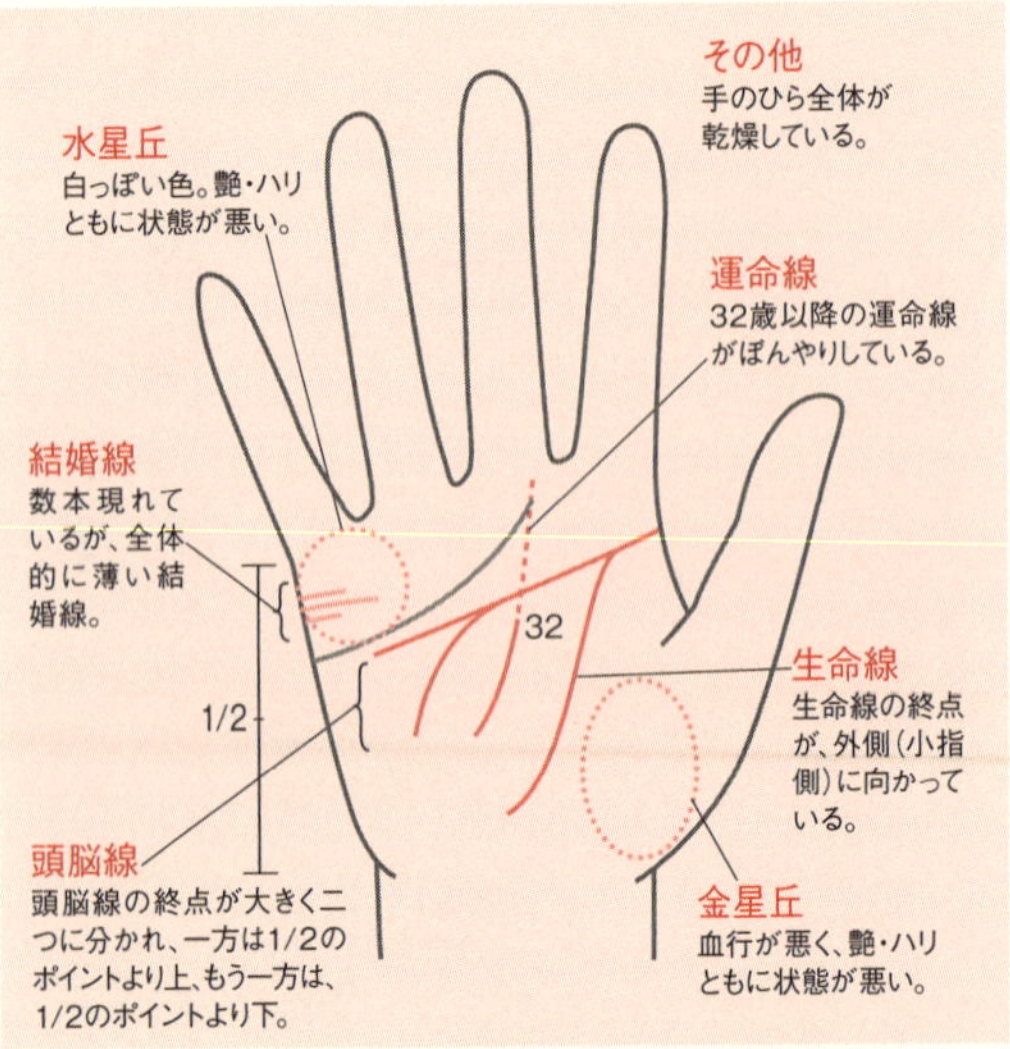

その他
手のひら全体が乾燥している。
水星丘
白っぽい色。艶・ハリともに状態が悪い。
運命線
32歳以降の運命線がぼんやりしている。
結婚線
数本現れているが、全体的に薄い結婚線。
32
1/2
生命線
生命線の終点が、外側（小指側）に向かっている。
頭脳線
頭脳線の終点が大きく二つに分かれ、一方は1/2のポイントより上、もう一方は、1/2のポイントより下。
金星丘
血行が悪く、艶・ハリともに状態が悪い。

総合結果

まず結婚線を見ると、薄いとはいえ数本現れています。結婚線があること自体、将来の結婚の可能性を示しています。ただし、あくまでも依頼者が人生において結婚を選択するかどうかによります。

頭脳線の終点が二つに分かれているということは、論理的思考と想像力を兼ね備えています。生命線の流れを見ると、人生に安定を求めるよりも変化や刺激を求める傾向があるので、本来は精神的に活動的なタイプだということがわかります。しかし運命線は、32歳以降の流れがぼんやりとして未来のビジョンがまだハッキリしていません。さらには、愛情を表す金星丘とコミュニケーション力を表す水星丘の状態が悪く、手のひら全体が乾燥しています。

これらのことから、今は恋する心の準備が整っていないことを意味します。「結婚できますか?」という漠然とした問いの真意と、依頼者の現実を手のひらは語っています。

【結婚2】「つき合っている人との結婚を考えた場合、経済的に不安です。大丈夫でしょうか?」

依頼者データ：女性・28歳・独身・会社員
チェック：頭脳線・感情線・生命線・運命線・水星丘・太陽線・金運線など

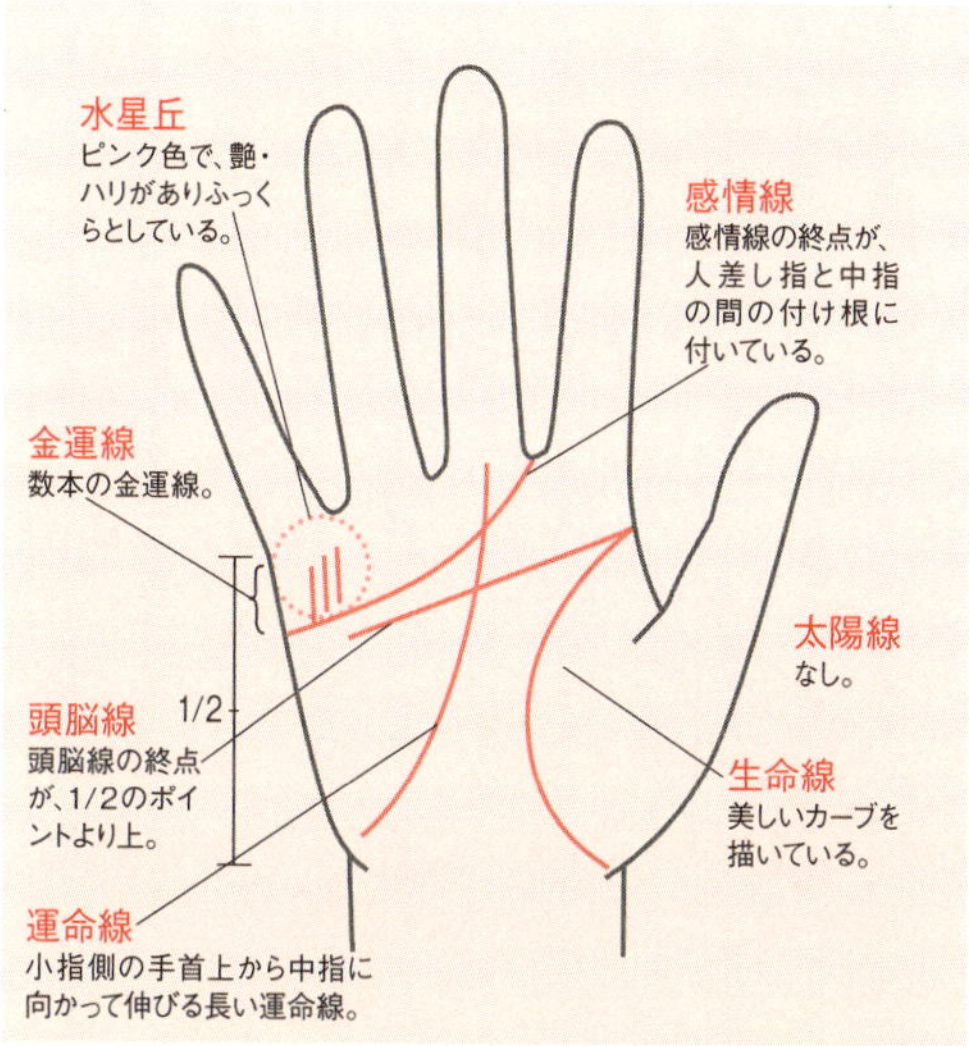
水星丘
ピンク色で、艶・ハリがありふっくらとしている。
感情線
感情線の終点が、人差し指と中指の間の付け根に付いている。
金運線
数本の金運線。
太陽線
なし。
1/2
頭脳線
頭脳線の終点が、1/2のポイントより上。
生命線
美しいカーブを描いている。
運命線
小指側の手首上から中指に向かって伸びる長い運命線。

総合結果

頭脳線は現実主義です。ゆえに「大丈夫でしょうか?」と質問していますが、心の中では「このままでは大丈夫ではない」という視点から質問していると考えられます。しかも感情線は、状況に妥協せずに理想や目標を高く掲げるタイプ。そこでこのケースでは、具体的な対策プラン求められます。依頼者が経済的な不安から逃れるためには、本人の生活力も当然問われます。生命線を見ると体力に恵まれていることが、運命線からは周りのサポートを得られることがわかります。さらに、商才を表す水星丘もふっくらとしていますから、仕事運に期待が持てます。現在、太陽線はありませんが、金運線を見ると貯蓄を心がけることで生活に足るだけのお金はなんとかなりそうです。28歳であれば、これから経済的に豊かになるチャンスはあります。つき合っている相手と結婚したいという思いが強ければ、案ずるより産むが易しという考え方もあるでしょう。

【結婚3】「離婚するべきでしょうか?」

依頼者データ：女性・35歳・専業主婦
チェック：頭脳線・運命線・結婚線・金星丘・水星丘など

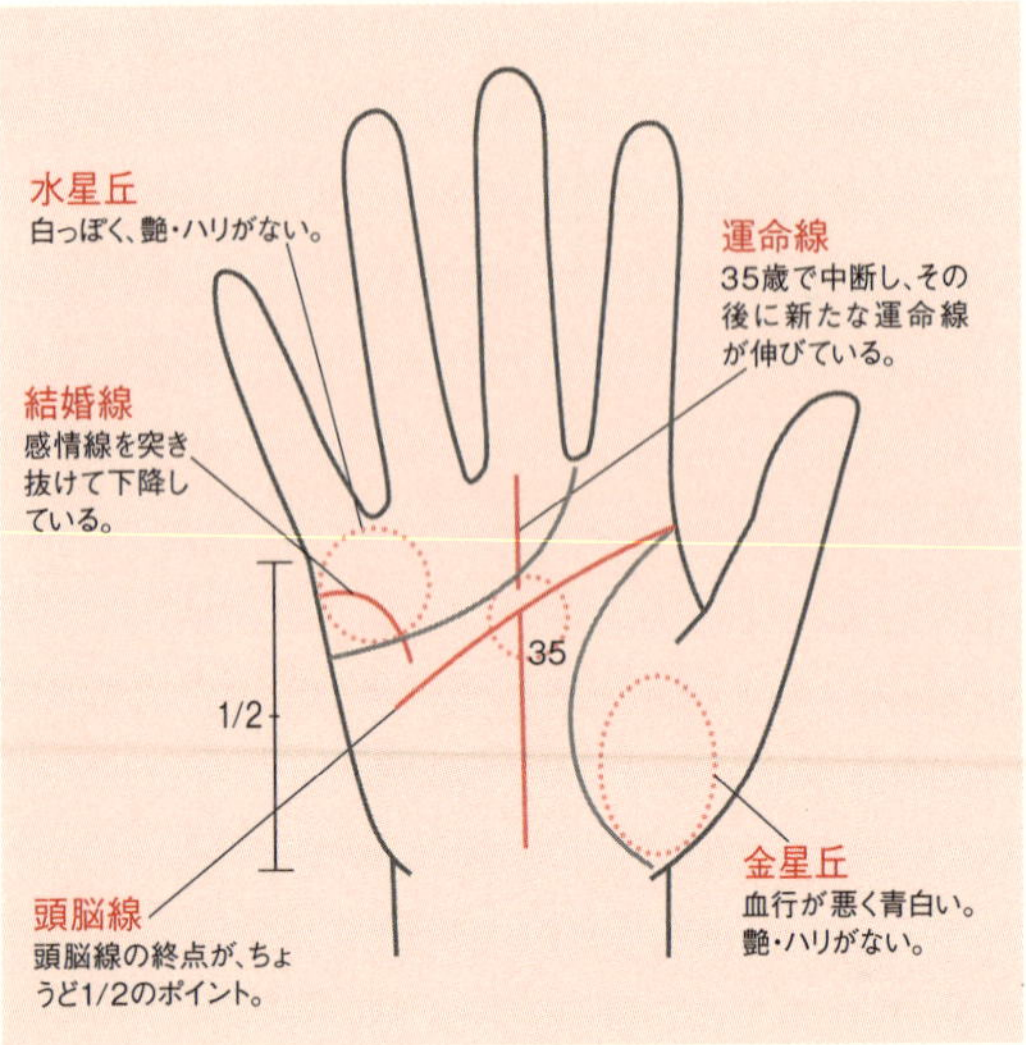

水星丘
白っぽく、艶・ハリがない。
運命線
35歳で中断し、その後に新たな運命線が伸びている。
結婚線
感情線を突き抜けて下降している。
35
1/2
金星丘
血行が悪く青白い。艶・ハリがない。
頭脳線
頭脳線の終点が、ちょうど1/2のポイント。

総合結果

頭脳線は物事を客観的にとらえるバランスタイプ。次に、注目すべきは下降している結婚線です。しかも、結婚線の終点が感情線を突き抜けています。

これは、夫に対する不満が積もりに積もって、もはや二人の関係を修復するのが困難な状況を意味します。また、愛情を表す金星丘の状態が悪く、コミュニケーション力を表す水星丘も同様な状態です。このことから、やはり依頼者は夫婦関係に希望を見出したくとも、なかなか見出せない状況へと追いつめられていることがわかります。

離婚するかどうかは依頼者自身が決めなければならないことですが、運命線を見ると、35歳以降に新たな運命線が伸びています。そこで、たとえ離婚を決意したとしても、その後の人生に希望の光が差していることがわかります。

【結婚4】「バツイチですが、再婚の相手は現れるのでしょうか？」

依頼者データ：女性・40歳・会社員・子ども（10歳）
チェック：頭脳線・生命線・運命線・結婚線・水星丘・金星丘・金星環など

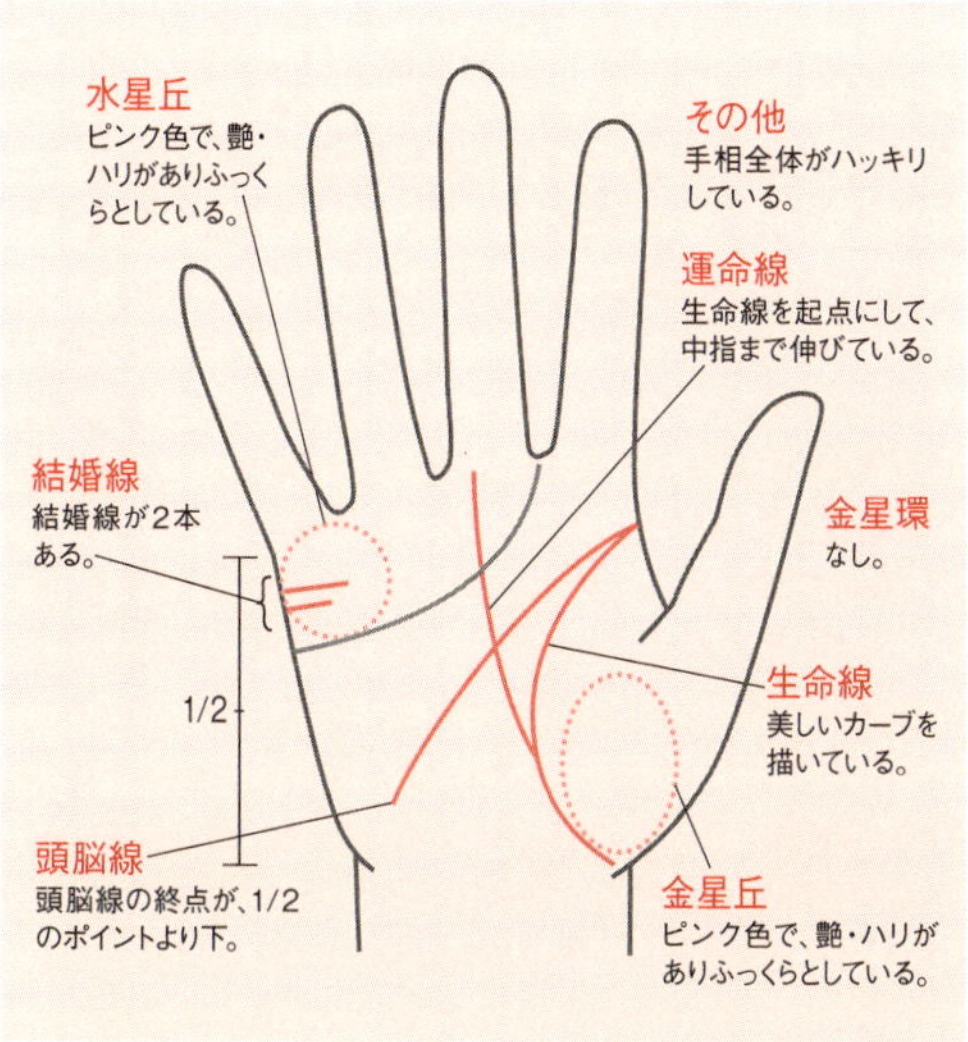
水星丘
ピンク色で、艶・ハリがありふっくらとしている。
その他
手相全体がハッキリしている。
運命線
生命線を起点にして、中指まで伸びている。
結婚線
結婚線が2本ある。
金星環
なし。
生命線
美しいカーブを描いている。
1/2
頭脳線
頭脳線の終点が、1/2のポイントより下。
金星丘
ピンク色で、艶・ハリがありふっくらとしている。

総合結果

10歳の子どもの母親です。子どもはまだまだ手のかかる年頃ですが、幼児とは違いますので、男性とデートをする時間は工夫できそうです。

生命線からはバイタリティが感じられ、水星丘や金星丘も理想的な状態なので、活気のある生活を送っている様子が伺えます。また、運命線は生命線を起点としているので、独立心が旺盛です。手相全体もハッキリとしているので、体力に恵まれたパワフルタイプだとわかります。

これらのことから、恋をするパワーを十分に持っていることが感じられます。感受性を表す金星環はありませんが、頭脳線からはロマンティストな資質があるとわかります。最終的な決め手は、結婚線が2本現れていること。二度の結婚の可能性を暗示していますので、離婚後に再び恋をして再婚する可能性は大いにあると読みます。

【結婚5】「玉の輿に乗れるでしょうか?」

依頼者データ：女性・25歳・独身
チェック：頭脳線・感情線・運命線・結婚線・各丘など

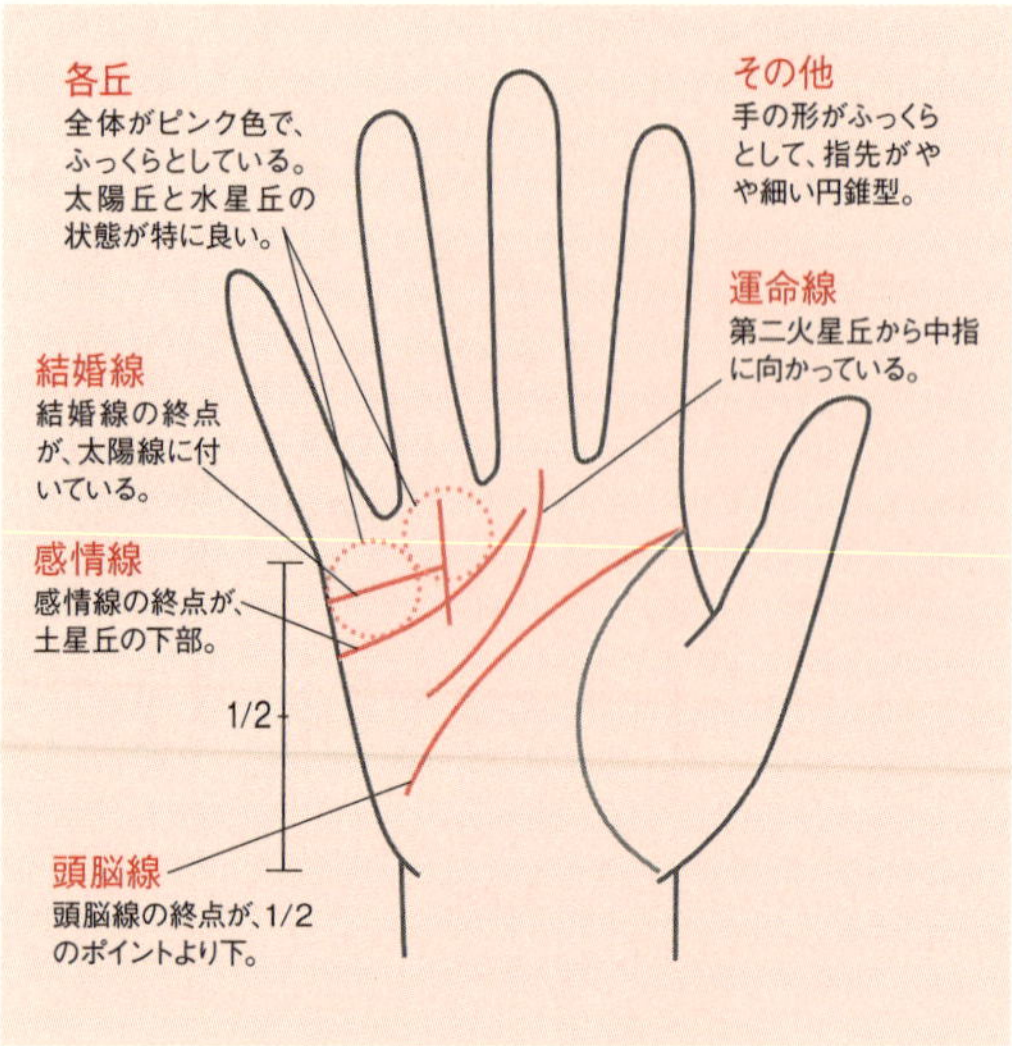
各丘
全体がピンク色で、ふっくらとしている。太陽丘と水星丘の状態が特に良い。
その他
手の形がふっくらとして、指先がやや細い円錐型。
運命線
第二火星丘から中指に向かっている。
結婚線
結婚線の終点が、太陽線に付いている。
感情線
感情線の終点が、土星丘の下部。
1/2
頭脳線
頭脳線の終点が、1/2のポイントより下。

総合結果

手全体がふっくらとして、指先がやや細い円錐型は、芸術的センスを持ち、社交性にも優れているタイプです。その上、各丘とも色・艶・ハリが理想的な状態で、中でも太陽丘と水星丘の肉づきが良いのは、人気や名声に恵まれた運とコミュニケーション能力が高い証拠です。

感情線は、新しい世界にわくわくする好奇心旺盛なタイプ。さらに運命線を見ると、20代はあまりパッとしない人生かもしれませんが、30代以降は周りのサポートを得て自然と開運する大器晩成型です。決定的なのは、太陽線に向かって長く伸びる結婚線。これこそ、まさに玉の輿を暗示しています。

これらのことから、依頼者が人生に求めるものが玉の輿婚であれば、経済的に豊かで華やかな生活が期待できます。

メモ　太陽丘まで伸びる長い結婚線の終点に、スターが現れている場合も、玉の輿の相として読みます。

【仕事1】「適職は何でしょうか？」

依頼者データ：男性・30歳・会社員
チェック：頭脳線・感情線・生命線・運命線・各丘など

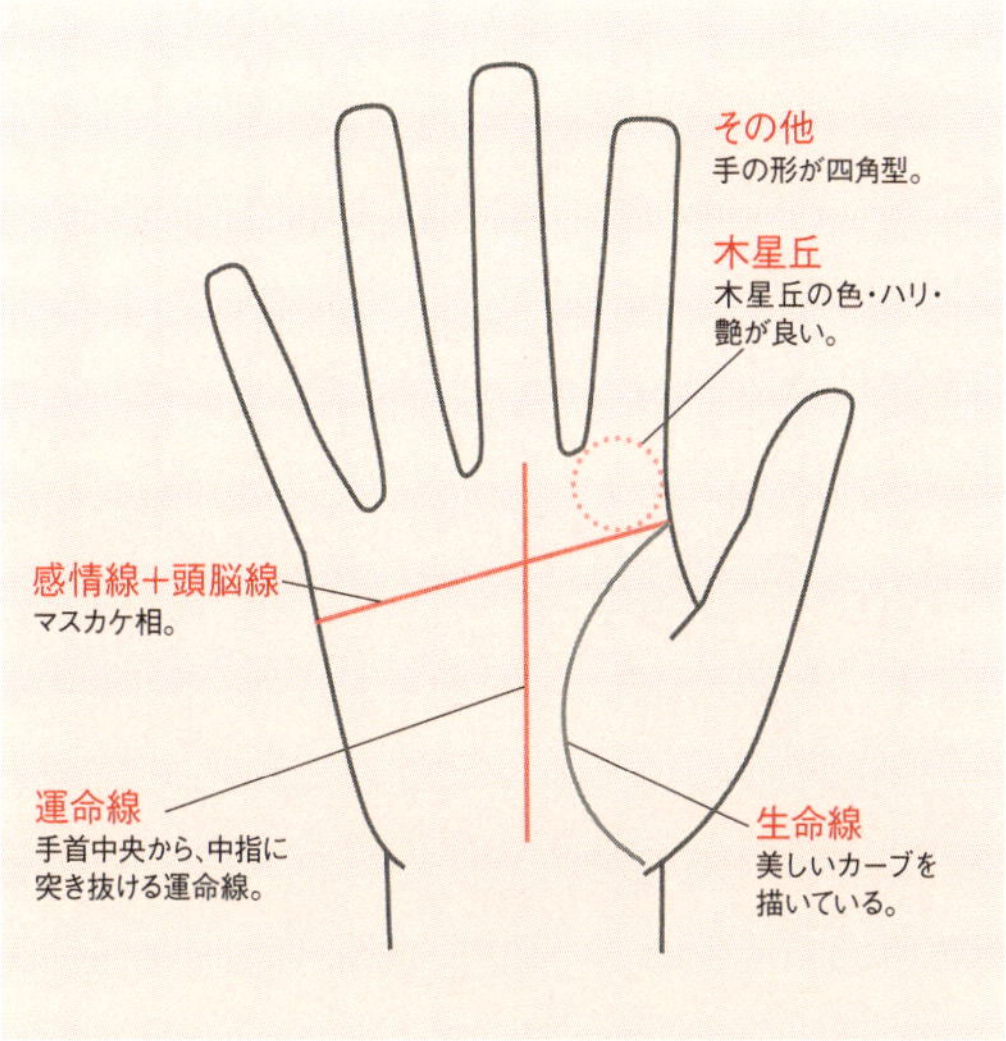

その他
手の形が四角型。
木星丘
木星丘の色・ハリ・艶が良い。
感情線＋頭脳線
マスカケ相。
運命線
手首中央から、中指に突き抜ける運命線。
生命線
美しいカーブを描いている。

総合結果

まず注目したいのは、マスカケ相であるということ。マスカケ相は精神的にエネルギッシュで、仕事に関しては、天職と巡り合うことができれば素晴らしい個性を発揮するという気質。創造力も豊かです。それゆえに、マスカケ相の場合は適職を限定することはできません。

ただし、フリーランスで仕事をした方が才能を活かせる傾向にあります。

運命線を見ると、中指に向かって力強く伸びていることから、依頼者の場合、意志をもって行動すれば自分の道を切り開いていけることがわかります。さらに木星丘の状態が良いのは、人生において社会的地位や名誉を手に入れる可能性を持っているということ。また四角型の手は、頭でイメージしたことを実現していく力があります。


以上を総合的に考えると、起業することも選択肢の一つとして考えられます。

【仕事2】「転職したいのですが、タイミングを教えてください。」

依頼者データ：男性・35歳・会社員
チェック：頭脳線・感情線・生命線・運命線・太陽線・各丘など

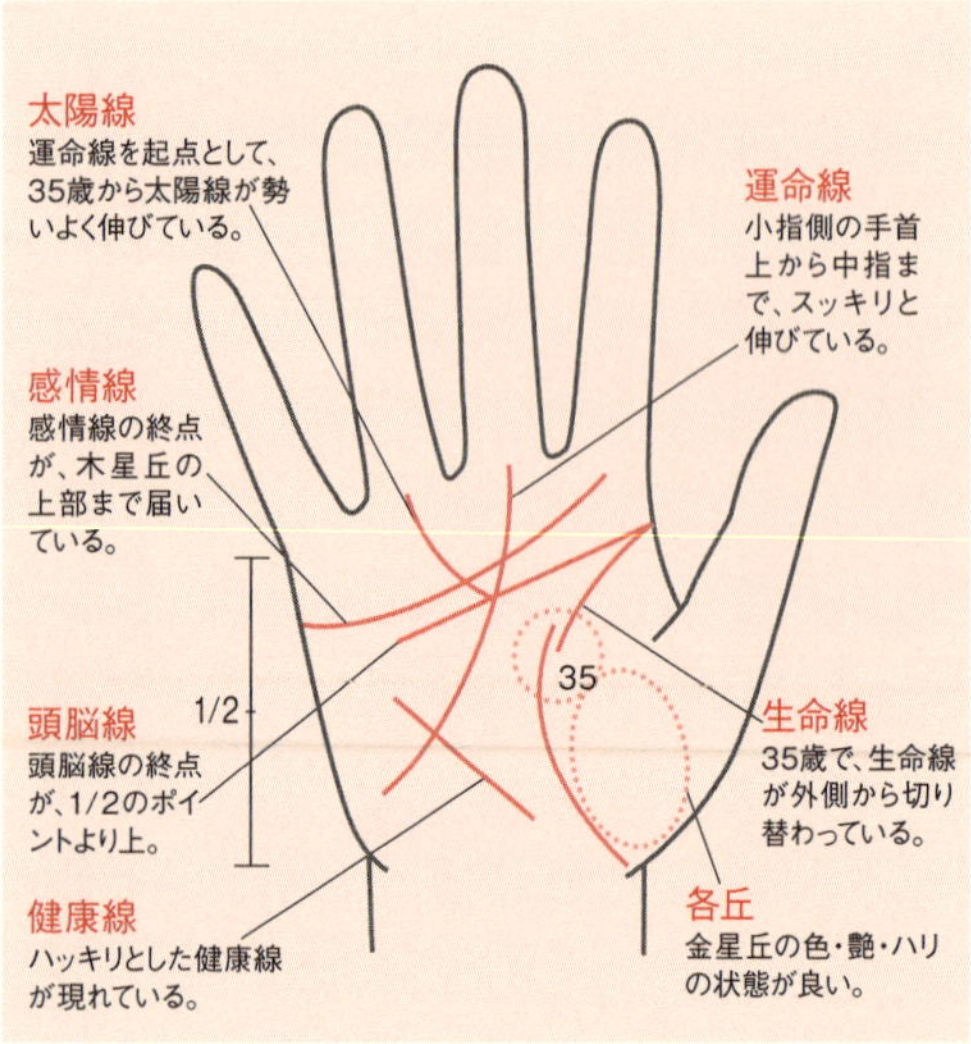

太陽線
運命線を起点として、35歳から太陽線が勢いよく伸びている。
運命線
小指側の手首上から中指まで、スッキリと伸びている。
感情線
感情線の終点が、木星丘の上部まで届いている。
35
1/2
頭脳線
頭脳線の終点が、1/2のポイントより上。
生命線
35歳で、生命線が外側から切り替わっている。
健康線
ハッキリとした健康線が現れている。
各丘
金星丘の色・艶・ハリの状態が良い。

総合結果

頭脳線の終点が1／2より上なので、仕事選びのポイントは自分の能力が正当に評価され、それに見合っただけの収入を得ることが大事です。感情線を見ると、人や物事にじっくりと情熱を傾けていくタイプです。仕事に対しても同様に努力を惜しまずコツコツと成果を積み上げていきます。運命線の流れは良く、周囲からの助けに恵まれますが、生命線が35歳で切り替わっている意味を考えなくてはなりません。生命線の切り替わりは人生の転機を意味しますが、依頼者の場合、金星丘の状態が良く、健康線もクリアな線なので、体力には恵まれていて病気の可能性は低いようです。さらに、運命線上の35歳を起点として、勢いのある太陽線が伸びていることを考えると、生命線の切り替わりは引越や転職の可能性として読むことができます。

メモ　生命線が切り替わる際、外側から現れているパターンは心配いりませんが、内側から現れているパターンは、病気や怪我に対する注意が必要です。

【仕事3】「会社を退職して独立したいと思っています。独立しても大丈夫でしょうか？」

依頼者データ：女性・30歳・既婚
チェック：頭脳線・感情線・生命線・運命線・健康線・各丘など

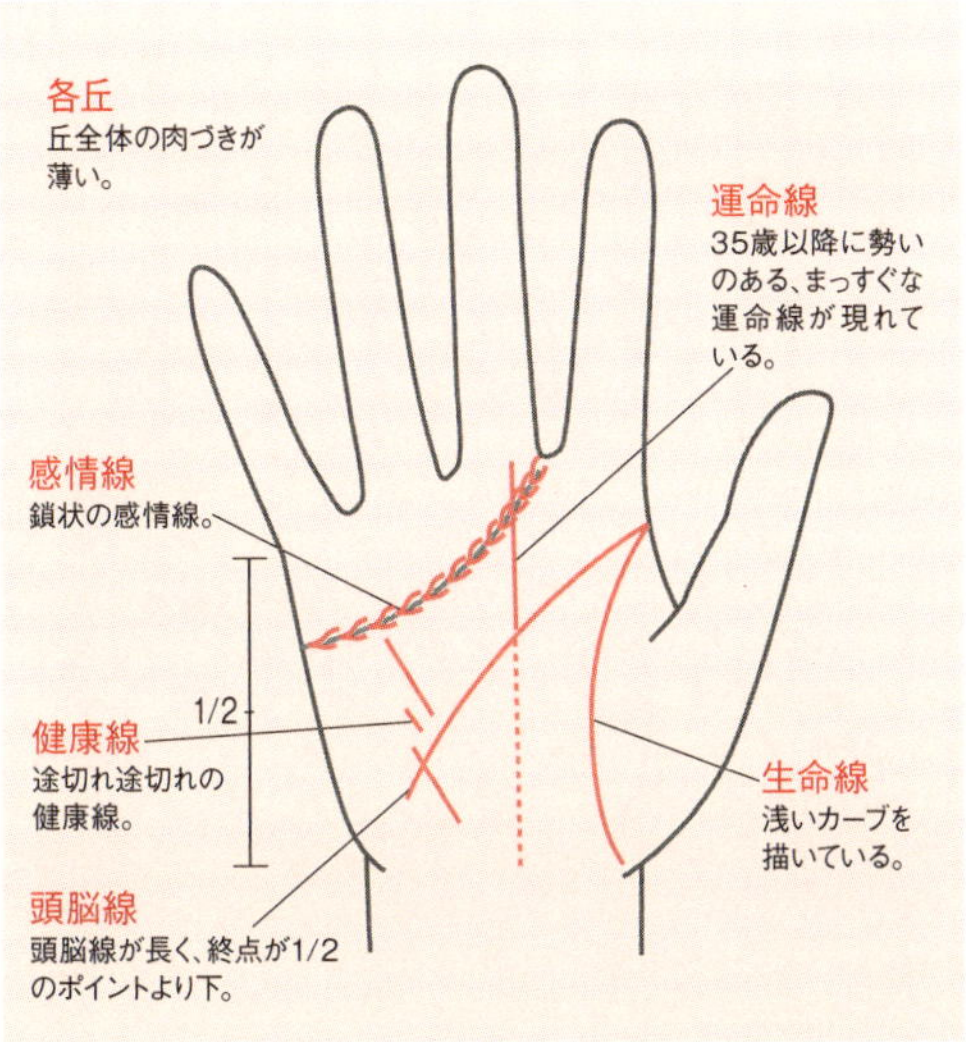
各丘
丘全体の肉づきが薄い。
運命線
35歳以降に勢いのある、まっすぐな運命線が現れている。
感情線
鎖状の感情線。
1/2
健康線
途切れ途切れの健康線。
生命線
浅いカーブを描いている。
頭脳線
頭脳線が長く、終点が1/2のポイントより下。

総合結果

頭脳線が長いのは、物事をじっくり吟味する熟考タイプ。頭脳線の終点が1／2より下の場合、仕事に関しては、収入面よりも仕事から得られる充実感や喜びを重視します。そのため、お金の管理は信頼のおけるプロにお願いした方が安心でしょう。

感情線は鎖状の性質から感性は豊かですが、反面、繊細なところもあります。さらに丘全体の肉づきが薄く、生命線は浅いカーブなので、独立して経営していくだけの気力や体力が続いていくかどうかが課題です。また健康線は途切れ途切れのため、精神的ストレスが消化器系の不調というかたちで現れる傾向があります。運命線を見ると、35歳から運気が上がる予感です。

そこで、独立の時期を焦らずにじっくり検討した方が賢明といえます。結婚生活もありますから、その点も考慮した上で、独立時期の目標を定めて慎重に準備していく方が向いています。

【仕事4】「苦手な上司がいます。その人と良い関係を築くにはどうしたらいいでしょうか?」

依頼者データ:女性・28歳・独身・会社員
チェック:頭脳線・感情線・生命線・運命線・水星丘など

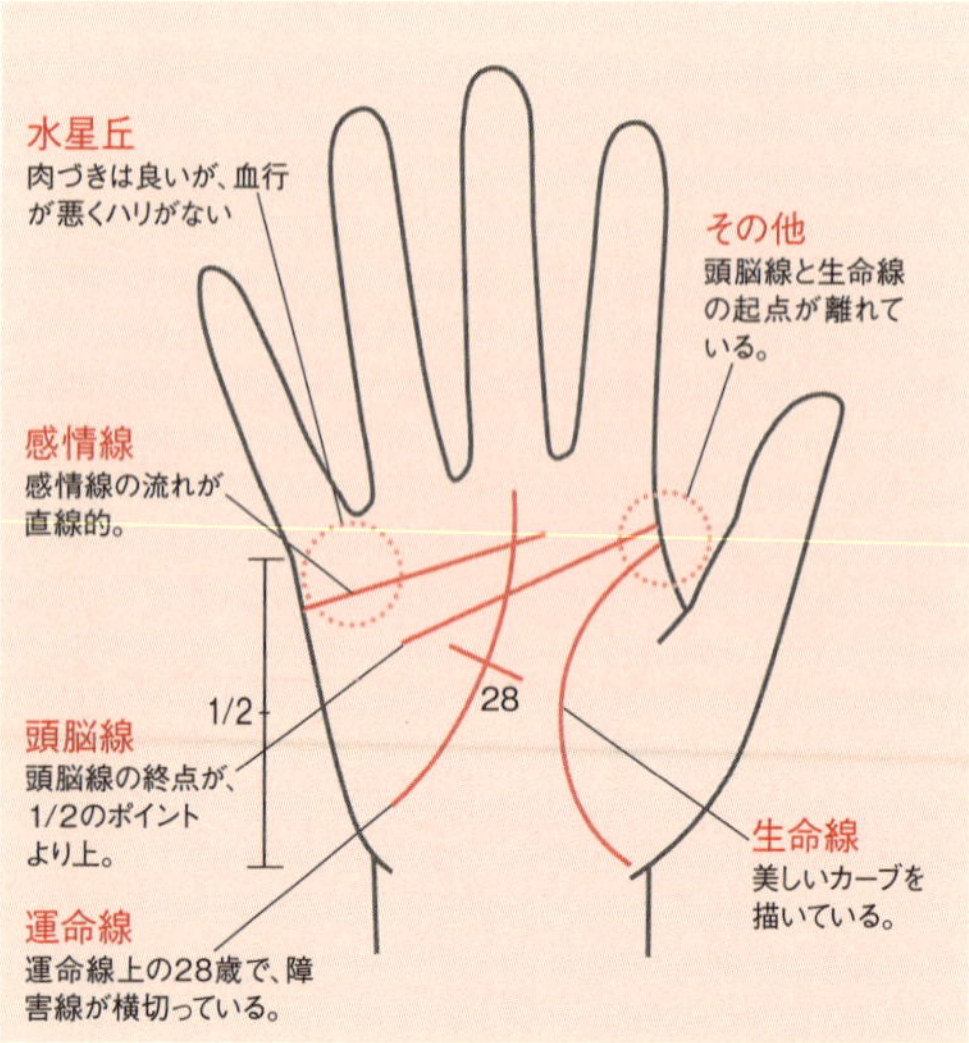
水星丘
肉づきは良いが、血行が悪くハリがない
その他
頭脳線と生命線の起点が離れている。
感情線
感情線の流れが直線的。
1/2
28
頭脳線
頭脳線の終点が、1/2のポイントより上。
生命線
美しいカーブを描いている。
運命線
運命線上の28歳で、障害線が横切っている。

総合結果

頭脳線の特徴は物事を合理的に考える傾向があり、さらに、頭脳線と生命線の起点が離れていることから、自分の意志を貫き通す意志の強さを持っていることがわかります。感情線は直線的なので、心で感じたことをストレートに表現するタイプです。続いて水星丘を見ると、肉づきは良いのでコミュニケーション能力はあるのですが、現在は色やハリが良好ではないので、その力を活かしきれていない様子。自分の意見をハッキリと伝えられることは長所です。しかし相手に理解をしてもらうためには、意見の伝え方に工夫が必要です。例えば、ゆっくりと丁寧に語ってみることで話し手の印象がソフトになり、さらに、聞き手も注意深く耳を傾けようとします。依頼者の運命線には28歳のポイントに障害線が横切っているため、まさに今が人生の転機といえます。現状から目を背けずに自らの問題と向き合うことで、人生がワンランク上がるチャンスといえます。

メモ　障害線が横切る時期は、人生の課題をこなしていく時期としてとらえます。

【仕事5】

「現在フリーターですが、定職に就きたいと思っています。仕事は見つかるでしょうか?」

依頼者データ：男性・25歳・独身
チェック：頭脳線・生命線・運命線・健康線・各丘など

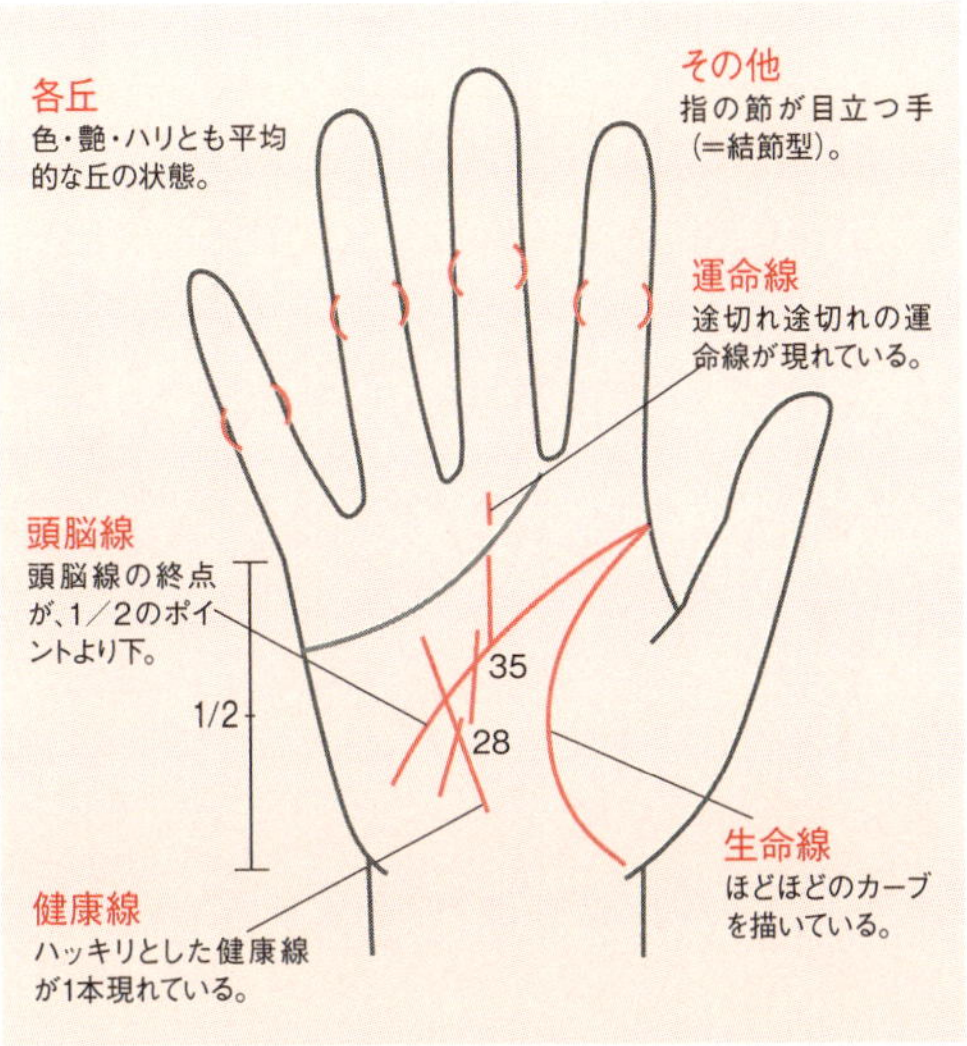
各丘
色・艶・ハリとも平均的な丘の状態。
その他
指の節が目立つ手（＝結節型）。
運命線
途切れ途切れの運命線が現れている。
頭脳線
頭脳線の終点が、1／2のポイントより下。
1/2
35
28
生命線
ほどほどのカーブを描いている。
健康線
ハッキリとした健康線が1本現れている。

総合結果

依頼者は25歳です。頭脳線からはイメージ力を、手の形からは哲学的思考や独創力を持っていることがわかります。物事をさまざまな視点からとらえる個性があります。健康面では、生命線や健康線の状態から平均的な体力はあると考えられるので問題ありません。

各丘の状態は、現時点では特に目立つ丘はありませんが、年を重ねるにつれ社会的な経験が増えていけば、全体的に育っていきます。運命線が途切れ途切れなのは、依頼者の人生には幾つもの転機が訪れるということです。

そこで、転機が訪れる年齢（28歳・35歳など）を目標として、仕事面でのスキルアップを目指すことで運勢は徐々に上がってきます。今すぐには定職に就けなくとも、チャンスは必ず巡ってくると考えます。

メモ　男性の場合、個人差はありますが25歳の手相はまだまだ未熟。女性よりやや遅れて30歳前後になると、徐々に成長してきます。

【お金1】「お金持ちになれるのでしょうか？」

依頼者データ：女性・45歳・独身
チェック：頭脳線・生命線・運命線・金運線など

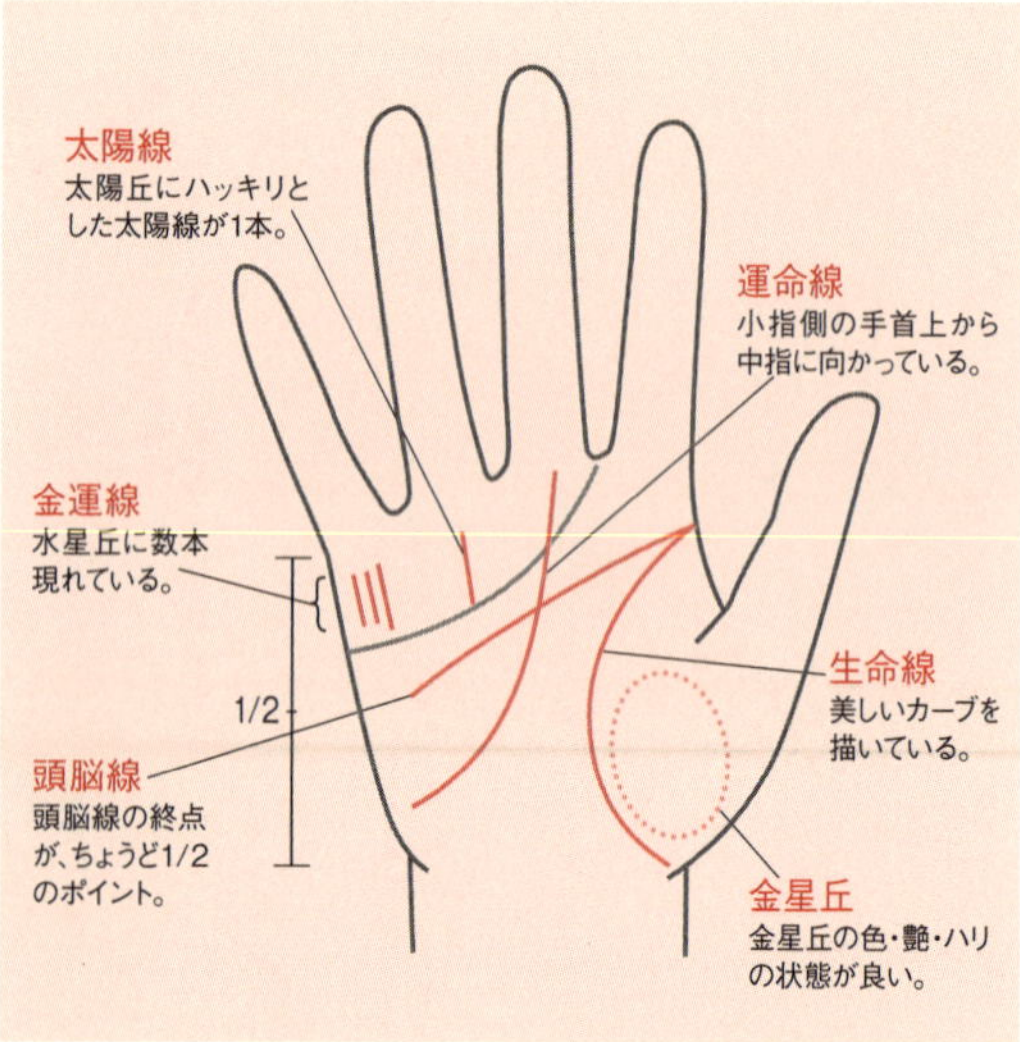

太陽線
太陽丘にハッキリとした太陽線が1本。
運命線
小指側の手首上から中指に向かっている。
金運線
水星丘に数本現れている。
生命線
美しいカーブを描いている。
1/2
頭脳線
頭脳線の終点が、ちょうど1/2のポイント。
金星丘
金星丘の色・艶・ハリの状態が良い。

総合結果

手相上でお金に関することを読む場合、基本的に依頼者のお金の価値観が現れていると考えることが大事です。そこで、依頼者の考える「お金持ち」のイメージがどの程度なのかによります。

頭脳線は、物事を客観的にとらえるバランスタイプ。生命線や金星丘を見ると体力に恵まれていることがわかります。運命線も大きな滞りがないスッキリとした流れです。運命線には人生に対する満足度も現れますから、現時点では生活に足るだけの経済力はあると考えます。太陽線を見ると、太陽丘に1本の太陽線。流年で読むと56歳以降ですが、人生後半に太陽線が現れていること自体、幸せなことです。

また、金運線も数本現れていますから、現状からは有り余るほどのお金は期待できませんが、これから生活していく上で必要な分だけのお金が入ってくると読みます。

【お金2】「お金を増やしていく方法を教えてください。」

依頼者データ：女性・56歳・既婚
チェック：頭脳線・生命線・運命線・金運線・各丘など

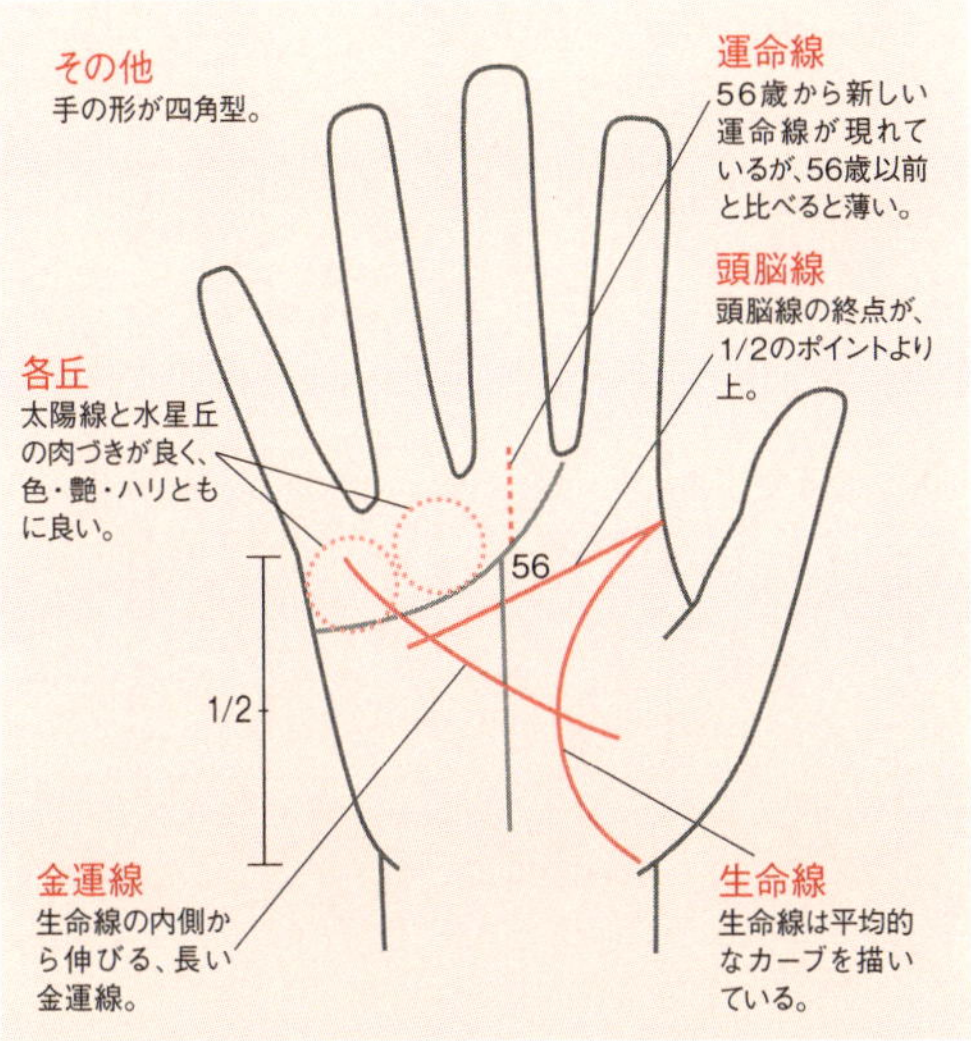

その他
手の形が四角型。
運命線
56歳から新しい運命線が現れているが、56歳以前と比べると薄い。
頭脳線
頭脳線の終点が、1/2のポイントより上。
各丘
太陽線と水星丘の肉づきが良く、色・艶・ハリともに良い。
56
1/2
金運線
生命線の内側から伸びる、長い金運線。
生命線
生命線は平均的なカーブを描いている。

総合結果

四角型の手に、頭脳線の終点が1／2のポイントより上ということは、地に足をつけて生きていく堅実な人柄だということが伺えます。地道な努力を惜しまない働き者です。これらの気質から、自ら仕事をして得たお金や家族の収入をコツコツと貯蓄することが性に合っていると考えられます（もし、株や投資を考えるのであれば、その道のプロに話を聞くことが賢明でしょう）。

生命線のカーブは平均的なので体力もほどほどにあります。56歳から新しい運命線が現れているということは、人生は新しいステージに入ったということです。56歳以降の運命線は薄いですが、これは悪いことではありません。これまでは活動的に生きてきましたが、ここからは少し歩調を緩めて、人生の楽しみを味わうという生き方も考えられるからです。

最後に金運線ですが、家族や身内からもたらされる金運に期待ができそうです。依頼者の場合、お金を増やす目的が明確であれば、財を蓄えることが可能です。

【お金3】「金運が上がる時期はいつですか?」

依頼者データ：男性・32歳・会社員
チェック：頭脳線・生命線・運命線・太陽線・金運線・各丘など

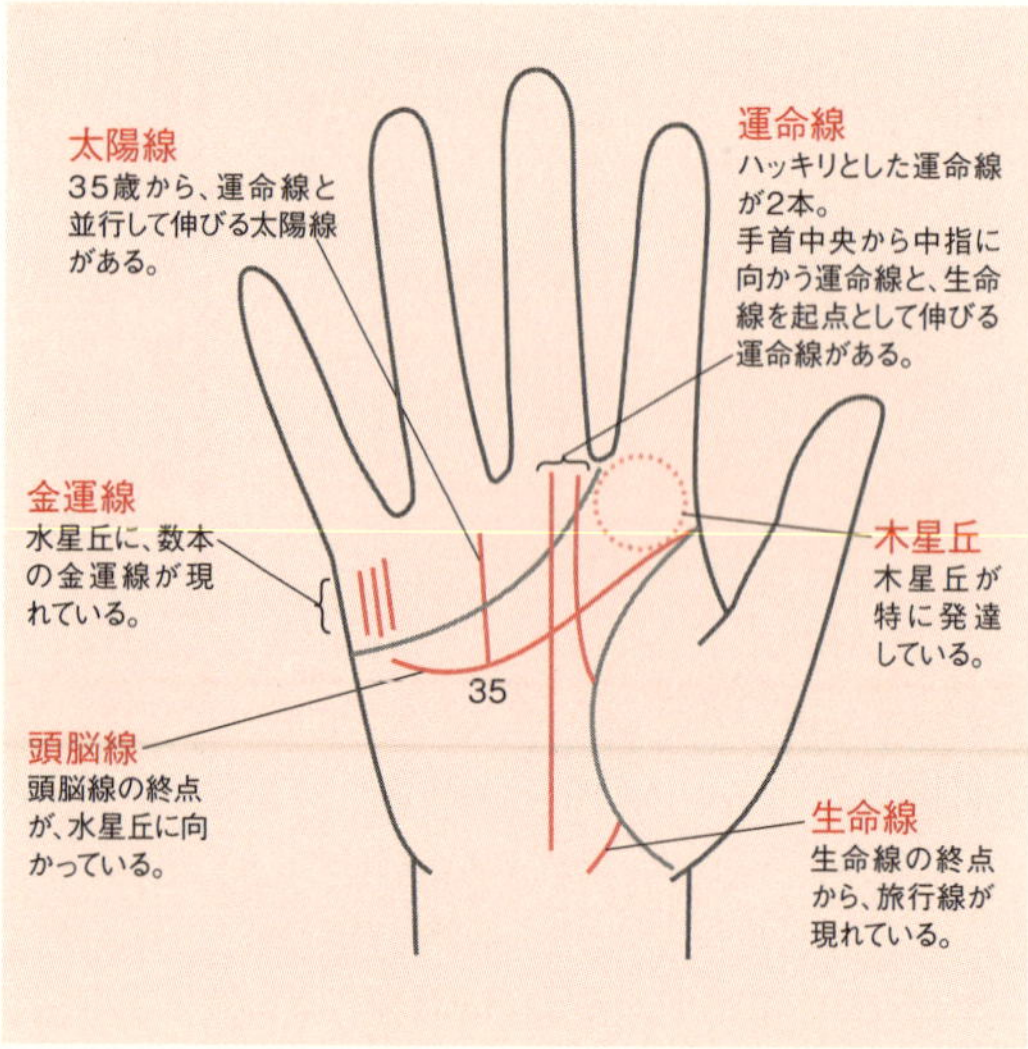

運命線
ハッキリとした運命線が2本。
手首中央から中指に向かう運命線と、生命線を起点として伸びる運命線がある。
太陽線
35歳から、運命線と並行して伸びる太陽線がある。
金運線
水星丘に、数本の金運線が現れている。
木星丘
木星丘が特に発達している。
35
頭脳線
頭脳線の終点が、水星丘に向かっている。
生命線
生命線の終点から、旅行線が現れている。

総合結果

依頼者は「金運が上がる時期はいつか?」と質問していますが、まずは、どのようなお金の価値観を持っているのかを読みます。すると、頭脳線の終点が水星丘へと向かっているので、ビジネスセンスがあり、お金に執着する気質を表しています。また、権威を表す木星丘が特に発達しているところから、大きな野心を持っていることが考えられます。さらに、勢いのある運命線が2本現れているので、複数の仕事を同時にこなす能力を持ちます。

太陽線を見ると、35歳からそれらの仕事が実を結んで成功を手にする可能性を暗示しています。生命線から伸びる旅行線は、依頼者のフットワークの軽さを語っています。数本の金運線は、現在はまだ貯蓄をする時期であることを教えています。

これらのことから、35歳以降に金運が良くなる兆しが見えます。ただし、頭脳線が表すお金への執着心が原因で、思わぬ落とし穴に落ちる可能性も。

【お金4】「退職後が心配です。この先、金運はどうでしょうか？」

依頼者データ：男性・59歳・会社員
チェック：頭脳線・生命線・運命線・太陽線・金運線・各丘など

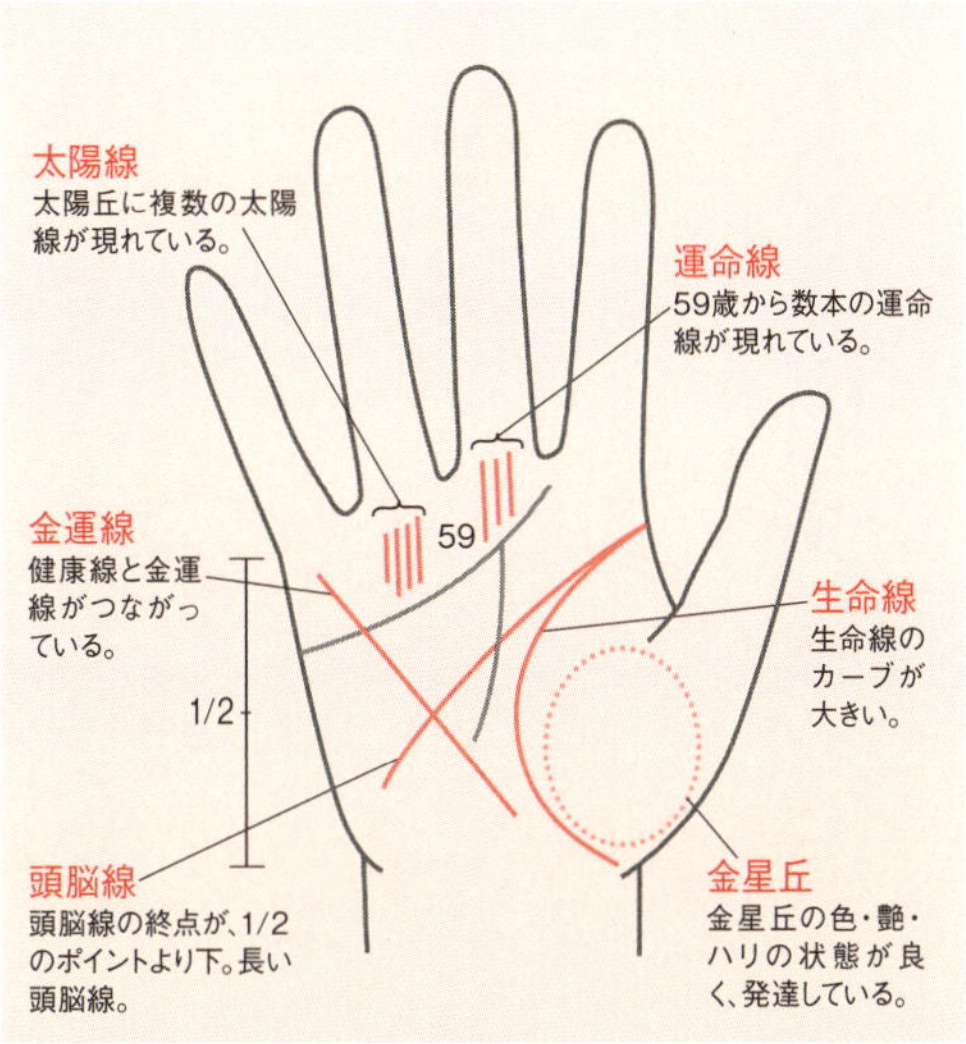
太陽線
太陽丘に複数の太陽線が現れている。
運命線
59歳から数本の運命線が現れている。
59
金運線
健康線と金運線がつながっている。
生命線
生命線のカーブが大きい。
1/2
頭脳線
頭脳線の終点が、1/2のポイントより下。長い頭脳線。
金星丘
金星丘の色・艶・ハリの状態が良く、発達している。

総合結果

お金の価値観を見ると、頭脳線が長く、終点が1／2のポイントより下であることから、夢を追いかける気質があり、プライスレスな人生を送ることに興味があるとわかります。

生命線は平均よりも大きなカーブを描き、金星丘の状態も良く発達しているので、バイタリティがあり人生を積極的に楽しむ人柄が伺えます。また、複数の太陽線からは大らかさが伝わってきます。

運命線が59歳から数本現れているので、退職後の人生に飽きることなく、まだまだ第2、第3の人生を謳歌するようです。そのためには、健康であることに加えてお金も必要ですが、健康線と金運線が見事につながっていますので、退職後に新たな仕事に就くことが可能です。そこで退職後の金運は、仕事を続けることが条件ですが、悪くないと考えます。

【お金5】「子どもに頼らずに、自立して暮らしていけるでしょうか?」

依頼者データ：女性・60歳・離婚歴がある・元会社員
チェック：頭脳線・生命線・運命線・太陽線・金運線・各丘など

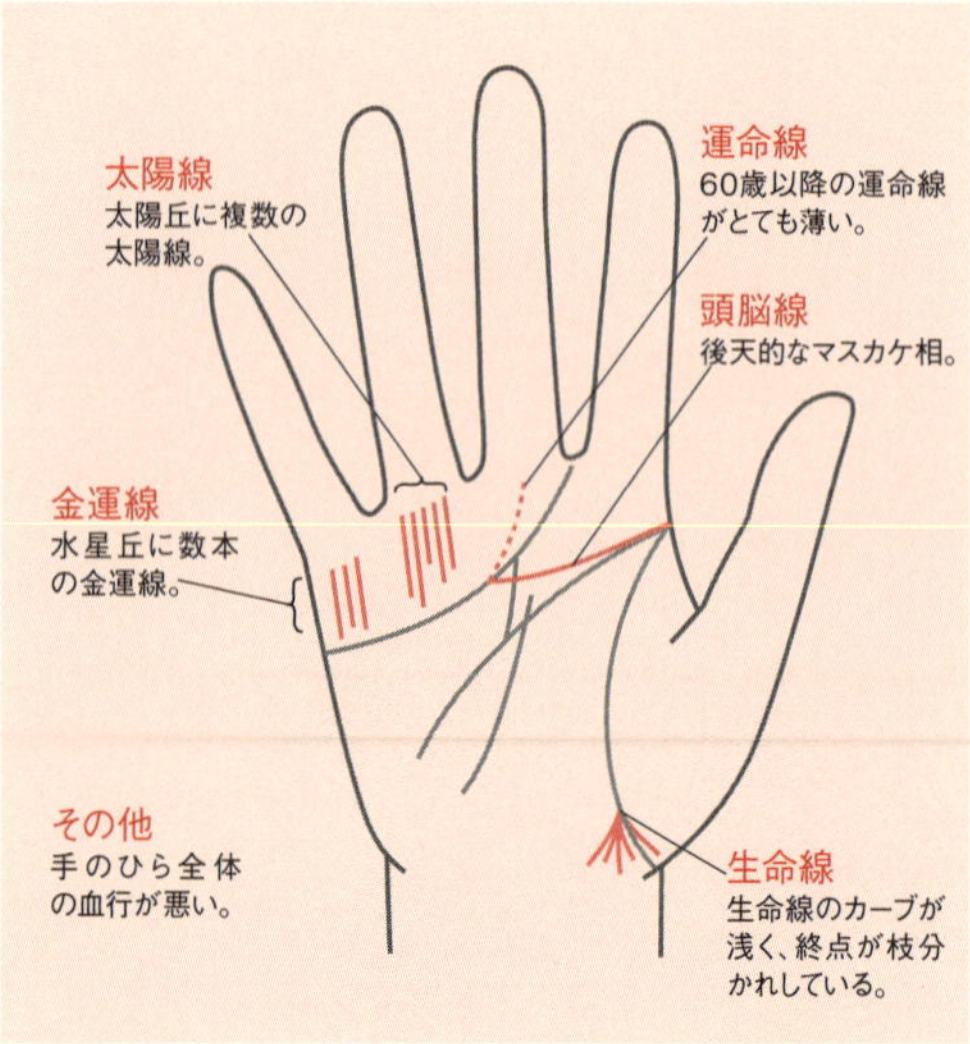

太陽線
太陽丘に複数の太陽線。
運命線
60歳以降の運命線がとても薄い。
頭脳線
後天的なマスカケ相。
金運線
水星丘に数本の金運線。
その他
手のひら全体の血行が悪い。
生命線
生命線のカーブが浅く、終点が枝分かれしている。

総合結果

頭脳線が後天的マスカケ相に成長しているところから、さまざまな経験を重ねて精神的にタフになってきたことを意味します。その一方、生命線の終点が枝分かれしているので、体力の衰えが気になるところです。また、手のひら全体の血行が悪いのは、例えば、睡眠の質が落ちているか、基礎体力が低下しているか、慢性の病気を抱えているかなど、いろいろな要因が考えられます。

太陽丘に複数の太陽線があるので、周囲の人たちの心をほのぼのさせるような温かさがあります。水星丘にある数本の金運線からは、必要以上のお金は貯めこまない生き方が見えます。運命線からは、のんびり暮らしていこうという思いが伺えます。

これらのことから、堅実な暮らしを心がければ経済的にはやっていけそうですが、健康面に関しては一人で無理をせずに、場合によっては周囲の助けを求める必要性もあります。

【健康1】「健康状態はどうでしょうか?」

依頼者データ：女性・30歳・独身
チェック：頭脳線・感情線・生命線・運命線・健康線・金星丘など

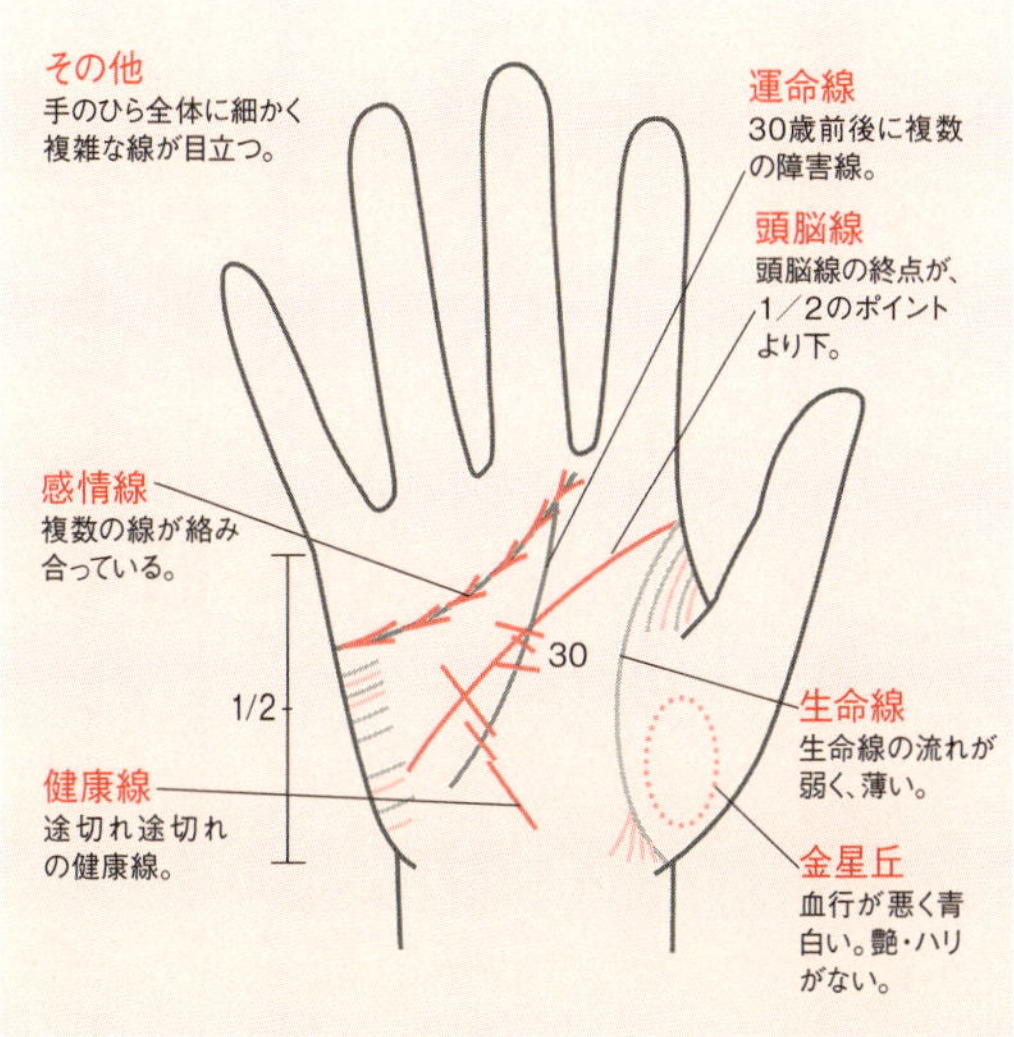
その他
手のひら全体に細かく複雑な線が目立つ。
運命線
30歳前後に複数の障害線。
頭脳線
頭脳線の終点が、1／2のポイントより下。
感情線
複数の線が絡み合っている。
30
1/2
生命線
生命線の流れが弱く、薄い。
健康線
途切れ途切れの健康線。
金星丘
血行が悪く青白い。艶・ハリがない。

総合結果

手のひら全体をパッと見た様子から、総じて基礎代謝が低いことがわかります。頭脳線の終点が1／2のポイントより下の場合、ネガティブ思考に陥ると悩み事を繰り返し考える傾向にあり、それが引き金となり体調を崩しやすくなります。また感情線そのものも絡み合って複雑ですから、感情表現に繊細さが伺えます。さらに生命線の流れが弱く、途切れ途切れの健康線に、血色の悪い金星丘を考えると、女性ですので冷え性体質の可能性が極めて高いです。

加えて、手のひら全体に細かく複雑な線も目立つことから、自律神経が乱れやすい傾向も読み取ることができます。運命線の流れを見ると30歳前後に複数の障害線が見られるので、依頼者にとって今は辛い時期のようです。乗り越えなくてはならない事柄が多数あります。

このような状況から考えて、まずは心身共に健康でいられるよう生活全体を改善する努力が必須です。

【健康2】「今後、病気の可能性はありますか？ どんなことに注意したらいいのでしょうか。」

依頼者データ：男性・42歳・既婚・会社員
チェック：生命線・健康線・金星丘・頭脳線・感情線・運命線など

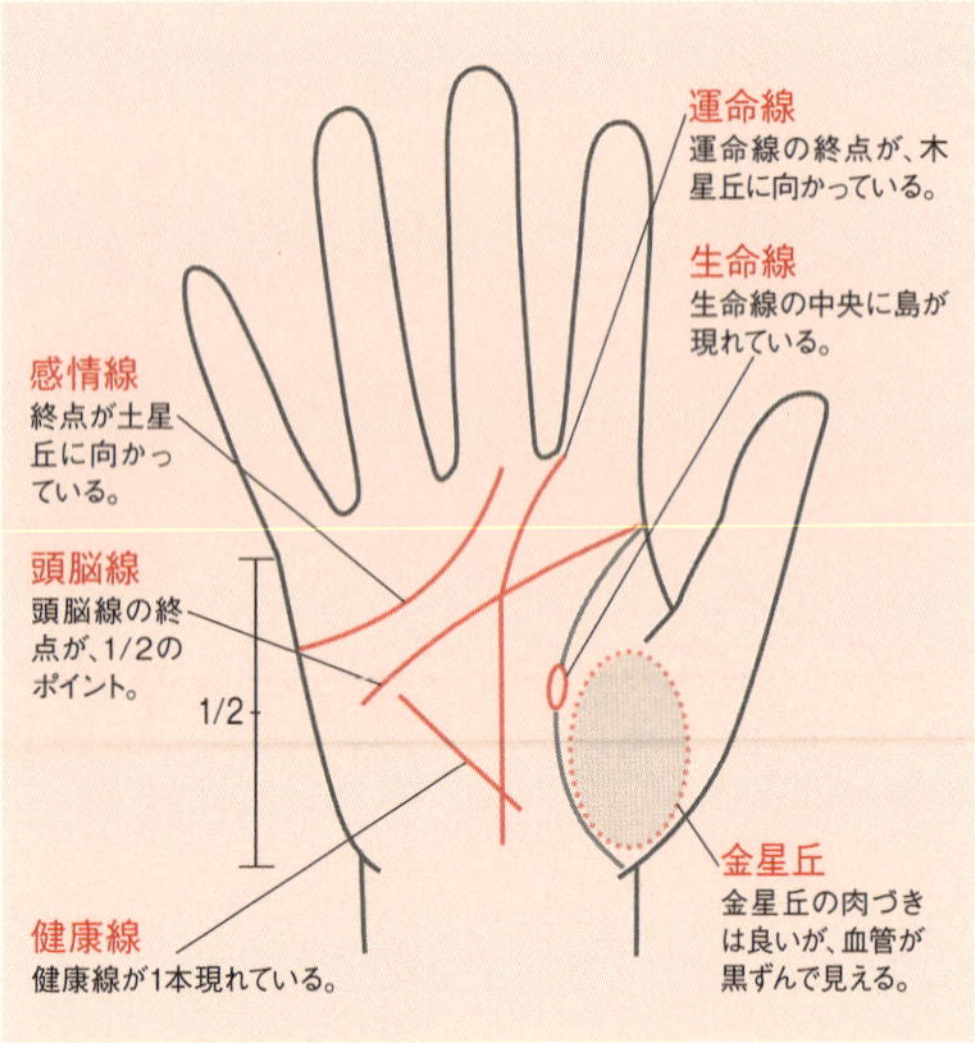

運命線
運命線の終点が、木星丘に向かっている。
生命線
生命線の中央に島が現れている。
感情線
終点が土星丘に向かっている。
頭脳線
頭脳線の終点が、1/2のポイント。
1/2
健康線
健康線が1本現れている。
金星丘
金星丘の肉づきは良いが、血管が黒ずんで見える。

総合結果

働き盛りの42歳。生命線を見ると中央に島があります。流年で読んだ場合、まさに42歳前後であり、身体部位で読むと消化器系の不調が考えられます。深刻になりすぎることはよくありませんが、島が現れたということは健康に何らかの問題があるという可能性も考えなくてはなりません。健康線は特に問題はありませんが、金星丘には黒ずんだ血管が見えます。血行の悪さは当然のことながら健康面の問題を指摘しています。この場合、睡眠不足や疲労が蓄積している可能性があります。頭脳線はバランスタイプなので、自分自身の状況を客観的にとらえることができます。しかし、感情線はやや短めなので、目の前の楽しい事柄に流される面も。運命線は終点が木星丘に向かう珍しいタイプで、生涯現役で仕事を続ける可能性を暗示しています。

以上から、依頼者の生活は活動的で多忙であると考えられます。今後は生活全体を見直し、もし体の不調を感じたら迷わず専門医にかかることが大切です。

【健康3】「長い間、鬱病を患っています。生きる希望を見出せません。治るのでしょうか?」

依頼者データ：男性・37歳・独身・会社員
チェック：頭脳線・感情線・生命線・運命線・金星丘・各丘など

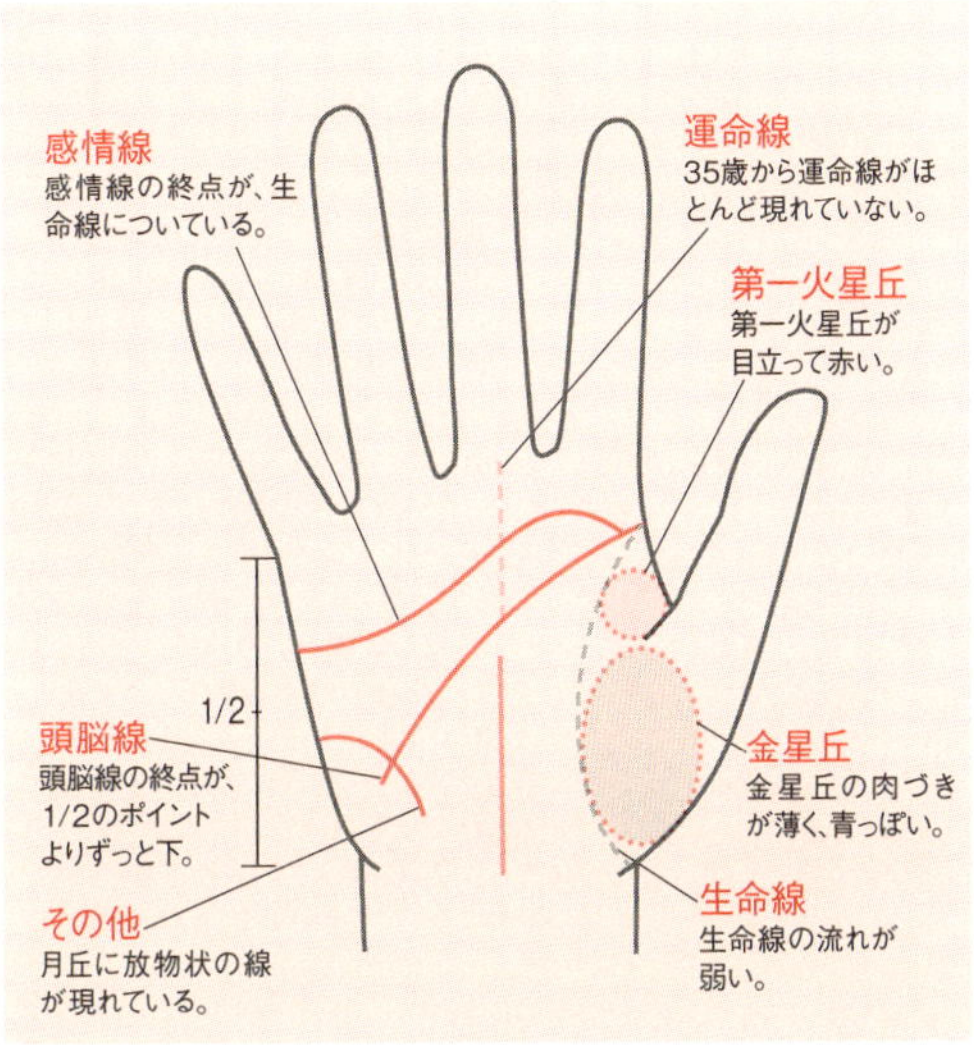
感情線
感情線の終点が、生命線についている。
運命線
35歳から運命線がほとんど現れていない。
第一火星丘
第一火星丘が目立って赤い。
1/2
頭脳線
頭脳線の終点が、1/2のポイントよりずっと下。
金星丘
金星丘の肉づきが薄く、青っぽい。
その他
月丘に放物状の線が現れている。
生命線
生命線の流れが弱い。

総合結果

頭脳線を見ると熟考タイプです。しかし、その気質がネガティブに働くと悩み事からなかなか抜けられない状態になります。感情線の終点が生命線についていることから、人や物事に対して疑心暗鬼の傾向があり、自分に自信を無くしていることもわかります。生命線の流れが弱いことや金星丘の状態が良くないことから、体力の低下も見られます。心身共に衰弱している様子が見られますが、第一火星丘が目立って赤いのは、心の内側には何らかの怒りを抱えていることが伺えます。月丘に現れる放物状の線は、手相上では鬱病傾向を表していますが、断定的な発言は控えるべきです。運命線を見ると、2年前から運の流れが停滞していて、37歳以降も明るい兆しは現れていません。以上から、「生きる希望が見出せない」という言葉は、決して大げさな表現ではないのです。この場合、手相観にできることは、ただ依頼者の話に耳を傾けること以外何もありません。医者ではないということをきちんと自覚しておくことが大切です。

【健康4】「寿命はいつですか?」

依頼者データ：男性・30歳・独身
チェック：生命線・健康線・金星丘・頭脳線・感情線・運命線など

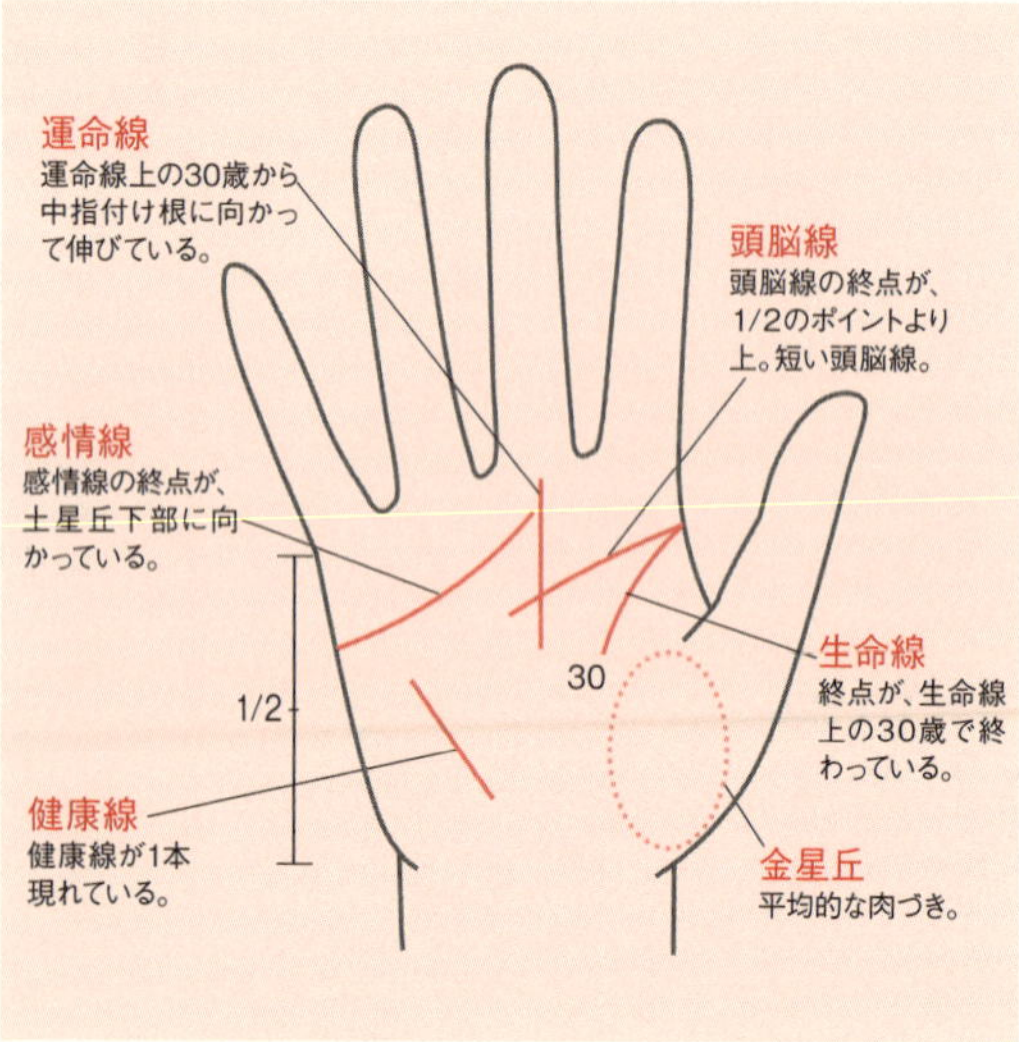
運命線
運命線上の30歳から中指付け根に向かって伸びている。
頭脳線
頭脳線の終点が、1/2のポイントより上。短い頭脳線。
感情線
感情線の終点が、土星丘下部に向かっている。
生命線
終点が、生命線上の30歳で終わっている。
30
1/2
健康線
健康線が1本現れている。
金星丘
平均的な肉づき。

総合結果

「寿命はいつか?」という質問は男性に多いのですが、手相から、寿命を読むことはできません。ただ、依頼者のように生命線が短いために寿命のことを気にしているケースがあります。しかし、短い生命線＝短命ではありません。生命線の終点の年齢（この場合、30歳）で転機が訪れるという読み方をするのです。

どのような転機になるかは運命線と合わせて読むとでわかります。運命線は、30歳から中指付け根に向かってスッキリと伸びているので、今後の展望は明るいと考えます。体力の有無という点で見ると、健康線や金星丘には特に問題は見られません。そこで生命線も合わせて考えると、ほどほどの体力、もしくは、やや基礎体力に劣ると考えます。

依頼者の気質は、感情線からは好奇心旺盛なタイプであるということ、頭脳線の長さからは、物事を判断する際に理屈ではなく直感が働く傾向があるとわかります。短くストレートな頭脳線はやや短気な面もあります。

【健康5】「健康面のウィークポイントを教えてください。」

依頼者データ：女性・27才・独身
チェック：生命線・健康線・金星丘・頭脳線・感情線・運命線など

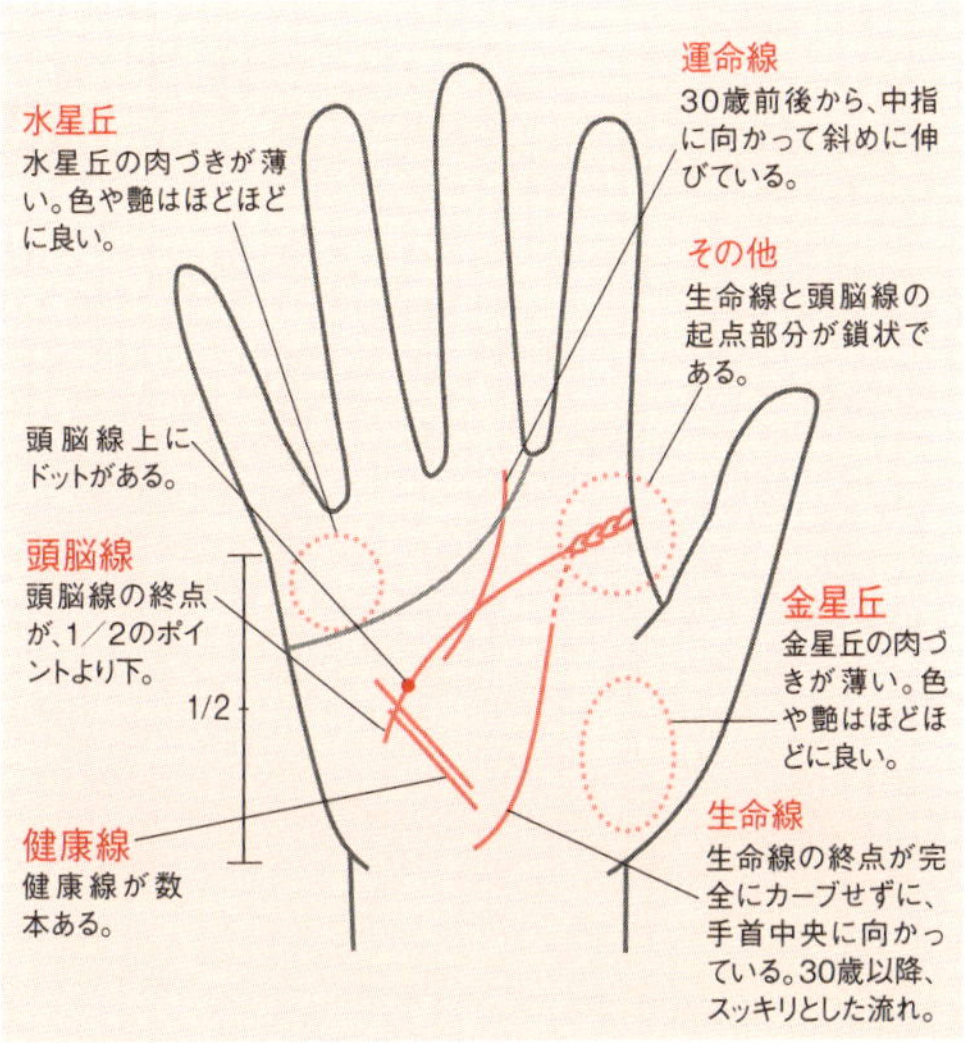

運命線
30歳前後から、中指に向かって斜めに伸びている。
水星丘
水星丘の肉づきが薄い。色や艶はほどほどに良い。
その他
生命線と頭脳線の起点部分が鎖状である。
頭脳線上にドットがある。
頭脳線
頭脳線の終点が、1／2のポイントより下。
1/2
金星丘
金星丘の肉づきが薄い。色や艶はほどほどに良い。
生命線
生命線の終点が完全にカーブせずに、手首中央に向かっている。30歳以降、スッキリとした流れ。
健康線
健康線が数本ある。

総合結果

生命線の流れ、金星丘、水星丘、健康線の様子から、基本的な体力はやや劣ると考えます。さらに、生命線と頭脳線の起点部分が鎖状なので、呼吸器系がウィークポイントです。この相は、アレルギー体質に多く、気管支炎や喘息持ちの人も珍しくありません。また、普段はそのような症状は現れなくとも、季節の変わり目に体調を崩し、喉の不調から風邪をひきやすい体質といえます。

続いて頭脳線上にドット（班点）があることが気になります。これは、偏頭痛持ちである可能性が高いです。運命線と生命線が30歳以降からスッキリと良い状態で伸びているので、10代や20代よりも30歳以降の方が、体質改善の見込みがあると考えます。

基礎体力を高める努力を続けることで、各丘の肉づきが良くなり徐々に健康的な相に変わります。

②手相リーディングの心得

手のひらのメッセージを読むときは、手相のプロはもちろん、これからプロを目指している人も、そうでない人も含めて、真摯な気持ちで向き合うことが大切です。

ときどき、こんな話を耳にします。

以前に手相を観てもらったことがあり、そのときに「男運が全くないから、結婚などできない」といわれたとか、またあるときには「将来、絶対認知症になる！」、さらには「ものすごく悪いことを言われて、ずっと気にしている」などなど……。

もしかしたら、そのとき手相を読んだ人は、良かれと思って伝えたのかもしれないし、状況はわかりませんが、手相を観てもらった人が、長い間、心に傷を抱えてきたことは事実です。

なぜ、このようなことが起きるのでしょうか。

それは、読み手の言葉の選択や伝え方が、相手に対してふさわしくなかったということです。人の心に触れるということは、とても繊細な行為であることを自覚しておく必要があります。そのためにも、読み手はどんなときも澄んだ心で手のひらを観ることを心がけたいものです。

ルール75 手相リーディングのまとめ

〈用意するもの〉

差し棒・ルーペ・ノートなど

① 両手全体をくまなく観る。
② 手のひらの相を観て、第一印象をとらえる。
③ 基本3大線（感情線・頭脳線・生命線）の特徴ととらえる。
④ 運命線を観る。
⑤ 複線を観る。

参考文献

M.Le Capitaine, C.S. D'Arpentigny and Edward Heron-Allen
『The Science of the Hand or the Art of Recognizing the Tendencies of the Human Mind by the Observation of the Formation of the HAND』1889
by Kessinger Publishing

CHEIRO『Cheiro's Language of the Hand Special Edition』1895
by The TRANSATLANTIC PUBLISHING COMPANY

FRED GETTINGS『THE BOOK OF THE HAND』1965
by Paul Hamlyn Ltd.

LORI REID『THE ART OF HAND READING』1996
by DK PUBLISHING,INC

LIZKA RAYMOND GIBSON
『Fell's Official Know-IT-All Guide PALM REAING』1999
by Frederick Fell Publishers.Inc.

LORI RIED『Your Health in Your Hands』2002
by Gill & Macmillan Ltd

Johnny Fincham
『The Spellbinding Power of Palmistry　New insights into an ancient art』2005
by Green Magic

STACI MENDOZA, DAVID BOURNE
『PLAM READING FIND OUT YOUR FUTURE』2008
by Anness Publishing Ltd

LORNA GREEN『YOUR HOROSDOPE IN YOUR HANDS』2008
by The Wessex Astrologer Ltd

Frank C.Clifford『PALMISTRY 4 TODAY』2009
by Flare Publications

伊泉龍一、ジューン澁澤『西洋手相術の世界　『手』に宿された星々の言葉』(駒草出版)

R. スペリー著　訳:須田勇、足立千鶴子
『融合する心と脳　科学と価値観の優先順位』(誠信書房)

日経サイエンス『瞑想　神経科学で解明　マインドフルネスの効用』(日経サイエンス社)

おわりに

先日のこと、手相講座の受講生たちが、全10回の受講を終えて素晴らしい笑顔で卒業していきました。

本講座では、第9回講座で手相モデルの方をお招きして、受講生たちによる公開セッションを行いますが、今回もまた皆それぞれに緊張しながらも、大変心のこもった温かいセッションとなりました。このときクラスは、いつも感動と興奮に包まれます。これまで学んできた手相の知識を、自らの言葉で心をこめて伝える、そういう気持ちが相手の心にも届いた瞬間、言葉では表せない喜びが互いに生まれます。

改めて、この本を読んでくださった皆さんに問います。

あなたにとって、手相とは何でしょうか。

今後、手相から得た学びを、自分のために活かす人もいれば、身近にいる大切な人たちのために活かす人もいれば、手相読みのプロとして不特定多数の人たちのために活かす人もいるでしょう。

人それぞれだと思いますが、手のひらのメッセージを通じて一人ひとりの人生が豊かになれば、日常のどんなにささいな出来事の中にも、これまでには感じたことのない驚きや発見を経験して、わくわくするに違いありません。

本書は、手のひらを平面的に読むのではなく、立体的・全体的に俯瞰して大きくとらえることに視点を置いて書きました。そのため、手相における数多くのラインや相のすべてを盛り込むことはしませんでした。

その点については、続編を書くチャンスが巡ってきたときにお伝えできればと思います。

最後に、本書を手に取ってくださった読者の皆さまに、これまでセッションを受けてくださったすべての皆さまに、手相講座の受講生の皆さまに、私の仕事を支えてくださった皆さまに、そして、私の友人に、家族に、心より感謝を申し上げます。

手のひらのメッセージが、あなたの願う、幸せの道へと導いてくれますように。

ゆきまる

静岡県生まれ。10代より手相に興味を持つ。音楽業界で仕事をするも、いつの間にか好きが高じて手相観となる。これまでに著名人、文化人などの手相を多数鑑定し、信頼を得ている。また、執筆、手相講師としての活動、TV出演などを経て現在に至る。著書に『手は物語る　キロ　手相の書』（ディスカヴァー・トゥエンティワン）、『"パッと見"手相占い』（講談社）、『リアルにあたる！　ハッピー手相占い』（池田書店）、『恋する手相』（ヴィレッジブックス）、『あなたの願いがかなう手相リーディング』（大和出版）などがある。

手相観ゆきまる　公式サイト <http://yukimaru.jp/>

説話社占い選書シリーズ創刊の辞

説話社は創業以来、占いや運命学を通じて
「安心できる情報」や「感動が得られる情報」
そして「元気になれる情報」をみなさまに提供し続けてきました。
「説話社占い選書シリーズ」は、占いの専門出版社の説話社が
「21 世紀に残したい占い」をテーマに創刊いたしました。
運命学の知恵の源である占いを、現代の生活や考え方に沿うよう、
よりわかりやすく、そしてコンパクトな形で編集してあります。

みなさまのお役に立てることを願っております。

2014 年　説話社

説話社占い選書4
手《て》のひらで心《こころ》が読《よ》める 西洋手相占《せいようてそううらな》い

発行日　2015 年 10 月 15 日　初版発行
著　者　ゆきまる
発行者　酒井文人
発行所　株式会社説話社
〒169－8077　東京都新宿区西早稲田1－1－6
電話／ 03-3204-8288（販売）03-3204-5185（編集）
振替口座／ 00160-8-69378
URL http://www.setsuwasha.com/

デザイン・イラスト　市川さとみ
編集担当　高木利幸
印刷・製本　株式会社平河工業社

ISBN 978-4-906828-17-3　C 2011